| 法律法规新解读 |

治安管理处罚法
解读与应用

第二版

张润 编著

中国法治出版社
CHINA LEGAL PUBLISHING HOUSE

出版说明

"法律法规新解读"丛书作为一套实用型法律图书，以其专业、实用、易懂的优点，赢得了广大读者的认可。本丛书立足"实用"，以关注民生、服务大众为宗旨，切实提升内容实用性；致力"易懂"，使本丛书真正成为"遇事找法者"运用法律维护权利和利益的利器。本丛书选取与日常生活密切相关的法律领域，将各领域的核心法律作为"主体法"，并且将与主体法密切相关的法律规定汇编收录。

"法律法规新解读"丛书独家打造六重法律价值：

1. 出版专业

中国法治出版社是中华人民共和国司法部主管主办的中央级法律类专业出版社，是国家法律法规标准文本的权威出版机构。

2. 条文解读精炼到位

重难点法条以【条文解读】形式进行阐释，解读内容在吸取全国人大常委会法制工作委员会、最高人民法院等部门对条文的权威解读的基础上，结合实际编写，简单明了、通俗易懂。

3. 实务应用精准答疑

根据日常生活中经常遇到的纠纷与难题，以【实务应用】形式提炼归纳出问题点，对标热点难点，精准答疑解惑。

4. 案例指引权威实用

专设【案例指引】板块，选取最高人民法院公报案例、典型案例、各地区法院公布的经典案例以及中国裁判文书网的终审案例等，以案说法，生动地展示解决法律问题的实例。同时，原文收录一部分最高人民法院、最高人民检察院公布的指导性案例，指导实践更准确、更有力。

5. 关联参见检索便捷

除精选与主体法相关联的法律规定外，在主体法中以【关联参见】的方式链接相关重要条文，帮助读者全方位理解相关规定内容。

6. 附录内容实用丰富

书末收录经提炼的法律流程图、诉讼文书、纠纷处理常用数据、重要法律术语速查表等内容，帮助读者大大提高处理法律事务的效率。

中国法治出版社

中华人民共和国治安管理处罚法
法律适用提示

党中央、国务院高度重视社会治安管理工作。习近平总书记强调，要强化社会治安整体防控，依法严惩群众反映强烈的各类违法犯罪活动。李强总理要求强化社会治安综合治理。《治安管理处罚法》[①] 自 2006 年 3 月 1 日施行以来，在维护社会治安秩序，保障公共安全，保护公民、法人和其他组织的合法权益等方面发挥了重要作用。随着全面依法治国深入推进、社会治安形势发展变化，在工作中也发现一些问题，急需通过修改完善《治安管理处罚法》加以解决。一是我国社会治安管理领域出现了新情况新问题，诸如高空抛物、无人机"黑飞"、"软暴力"、侵害个人信息权益等情形需要纳入治安管理处罚范围。二是国家治理体系和治理能力现代化水平不断提高，治安管理工作中一些好的机制和做法需要通过法律形式予以确认。三是公安机关执法规范化建设持续推进，治安管理智能化水平不断提升，治安管理处罚程序需要予以优化、完善。

新修订的《治安管理处罚法》共 6 章 144 条，包括总则、处罚的种类和适用、违反治安管理的行为和处罚、处罚程序、执法监督、附则。本次修订深入贯彻习近平法治思想，全面贯彻落实总体国家安全观，一是强调社会治安综合治理工作要坚持党的领导；二是立足及时有效化解矛盾纠纷、维护社会治安秩序，将新出现的影响社会治安的行为纳入管理范围，并增加相应的处罚措施；三是与新修订的《行政处罚法》等其

---

① 为便于阅读，本书中相关法律文件标题中的"中华人民共和国"字样都予以省略。

他法律衔接协调，进一步合理设定处罚措施和幅度，优化处罚程序。

本次修订的主要内容包括：

（一）坚持党的领导。在现行法规定"各级人民政府应当加强社会治安综合治理，采取有效措施，预防和化解社会矛盾纠纷，增进社会和谐，维护社会稳定"的基础上，明确规定"治安管理工作坚持中国共产党的领导，坚持综合治理"，并规定"县级以上地方各级人民政府公安机关负责本行政区域内的治安管理工作"。

（二）增列违反治安管理应予处罚的行为。一是将考试作弊、组织领导传销、从事有损英雄烈士保护等行为增列为扰乱公共秩序的行为并给予处罚。二是将以抢夺方向盘等方式妨碍公共交通工具驾驶、升放携带明火的孔明灯、高空抛物、无人机"黑飞"等行为增列为妨害公共安全的行为并给予处罚。三是将违反证人保护措施、采取滋扰纠缠等方法干扰他人正常生活、虐待所监护的幼老病残人员、违法出售或者提供个人信息等行为增列为侵犯人身权利、财产权利的行为并给予处罚。四是将娱乐场所和特定行业经营者不履行信息登记义务，非法安装、使用、提供使用窃听、窃照专用器材，非法生产、经营制毒物品等行为增列为妨害社会管理的行为并给予处罚。

（三）合理设定处罚措施和幅度。一是推进治安管理处罚与当事人自行和解、人民调解委员会调解相衔接，明确对于因民间纠纷引起的打架斗殴或者损毁他人财物等情节较轻的违反治安管理行为，当事人自行和解或者经人民调解委员会调解达成协议并履行，书面申请经公安机关认可的，不予处罚。二是增加从轻处罚规定，建立认错认罚从宽制度。三是将6个月内曾受过治安管理处罚的从重处罚情形延长至1年；规定已满14周岁不满16周岁或者70周岁以上的违反治安管理行为人，1年内2次以上违反治安管理的，可以执行行政拘留。四是根据经济社会发展水平适当提高罚款幅度，并重点针对非法携带枪支、弹药进入公共场所、拒不整改大型群众性活动安全事故隐患、非法以社会组织名义活动、在公共场所拉客招嫖等行为加大处罚力度。

（四）优化处罚程序。一是完善立案、集体讨论决定、法制审核等程序规定，与新修订的《行政处罚法》相衔接。二是明确公安机关进行调解、当场处罚和在执法办案场所进行询问等可由一名人民警察处理的情形，并要求公安机关履行同步录音录像运行安全管理职责，完善技术措施，定期维护设施设备，保障录音录像设备运行连续、稳定、安全。三是完善强制传唤、询问查证、场所检查程序，增加对异地询问及远程视频询问制度的规定。四是增加公安机关实施人身检查、采集人体生物识别信息的职权，并对个人信息保护提出要求。五是将参加升学考试、子女出生或者近亲属病危、死亡等增加为被处罚人可以提出暂缓执行行政拘留的情形。

（五）加强对未成年人的保护。一是对涉及损害未成年人权益的行为，明确规定从重处罚。二是规定询问不满18周岁的违反治安管理行为人时，其父母或者其他监护人不能到场的，可以通知其他成年亲属，如所在学校、单位、居住地基层组织或者未成年人保护组织的代表等合适成年人到场。

（六）增设治安违法记录封存制度。增加规定：违反治安管理的记录应当予以封存，不得向任何单位和个人提供或者公开，但有关国家机关为办案需要或者有关单位根据国家规定进行查询的除外。依法进行查询的单位，应当对被封存的违法记录的情况予以保密。

此外，为进一步做好《治安管理处罚法》与《刑法》的衔接，本次修订增加规定：违反治安管理行为构成犯罪，应当依法追究刑事责任的，不得以治安管理处罚代替刑事处罚。

目 录

中华人民共和国治安管理处罚法

第一章 总 则
第 一 条 【立法目的和根据】 / 3
第 二 条 【党的领导和综合治理】 / 4
第 三 条 【违反治安管理行为与犯罪行为的界分】 / 4
第 四 条 【治安管理处罚的程序】 / 6
第 五 条 【适用范围】 / 7
第 六 条 【治安管理处罚的原则】 / 9
第 七 条 【主管部门和管辖】 / 13
第 八 条 【民事责任、不得以罚代刑】 / 14
第 九 条 【治安案件的调解】 / 17

第二章 处罚的种类和适用
第 十 条 【治安管理处罚的种类】 / 20
第十一条 【涉案财物的处理】 / 22
第十二条 【未成年人违反治安管理的处罚】 / 24
第十三条 【精神病人、智力残疾人违反治安管理的处罚】 / 27
第十四条 【盲人、聋哑人违反治安管理的处罚】 / 29
第十五条 【醉酒的人违反治安管理的处罚】 / 30
第十六条 【数种违法行为的并罚】 / 31
第十七条 【共同违反治安管理和教唆、胁迫、诱骗他人违反治安管理的处罚】 / 32
第十八条 【单位违反治安管理的处罚】 / 33
第十九条 【为免受不法侵害而采取的制止行为】 / 34

第二十条　【从轻、减轻或者不予处罚的情形】　/ 35
　第二十一条　【认错认罚从宽处理】　/ 36
　第二十二条　【从重处罚的情形】　/ 37
　第二十三条　【不执行行政拘留处罚的情形与例外】　/ 38
　第二十四条　【未成年人矫治教育等措施】　/ 39
　第二十五条　【追究时效】　/ 40

第三章　违反治安管理的行为和处罚

第一节　扰乱公共秩序的行为和处罚

　第二十六条　【扰乱单位、公共场所、公共交通工具、选举等秩序】　/ 42
　第二十七条　【扰乱国家考试秩序】　/ 43
　第二十八条　【扰乱大型群众性活动秩序】　/ 53
　第二十九条　【以虚构事实、投放虚假危险物质、扬言危害公共安全方式扰乱公共秩序】　/ 54
　第 三十 条　【寻衅滋事】　/ 56
　第三十一条　【邪教、会道门及相关非法活动】　/ 58
　第三十二条　【扰乱无线电管理秩序】　/ 59
　第三十三条　【危害计算机信息系统安全】　/ 59
　第三十四条　【组织、领导传销活动，胁迫、诱骗他人参加传销活动】　/ 61
　第三十五条　【扰乱国家重要活动，亵渎英雄烈士，宣扬美化侵略战争或行为】　/ 62

第二节　妨害公共安全的行为和处罚

　第三十六条　【非法从事与危险物质相关活动】　/ 63
　第三十七条　【危险物质被盗抢、丢失不报告】　/ 64
　第三十八条　【非法携带枪支、弹药或者管制器具】　/ 64
　第三十九条　【盗窃、损毁重要公共设施，妨碍国（边）境标志、界线走向管理】　/ 65
　第 四十 条　【妨害航空器飞行安全，妨害公共交通工具行驶安全】　/ 66
　第四十一条　【妨害铁路运行安全】　/ 67
　第四十二条　【妨害列车行车安全】　/ 68

第四十三条　【擅自安装使用电网，道路施工妨碍行人安全，破坏道路施工安全设施，破坏公共设施，违反规定升放升空物体妨害消防安全，高空抛物】　/ 69

第四十四条　【举办大型活动违反安全规定】　/ 70

第四十五条　【公共活动场所违反安全规定】　/ 71

第四十六条　【违规飞行民用无人驾驶航空器、航空运动器材或者升空物体妨害空域管理】　/ 75

第三节　侵犯人身权利、财产权利的行为和处罚

第四十七条　【组织、胁迫、诱骗进行恐怖表演，强迫劳动，非法限制人身自由，非法侵入住宅，非法搜查人身】　/ 76

第四十八条　【组织、胁迫未成年人有偿陪侍】　/ 78

第四十九条　【胁迫、诱骗、利用他人乞讨，以滋扰他人的方式乞讨】　/ 78

第五十条　【恐吓、侮辱、诽谤、诬告陷害、打击报复证人、滋扰他人、侵犯隐私等侵犯人身权利行为】　/ 80

第五十一条　【殴打他人，故意伤害他人身体】　/ 81

第五十二条　【猥亵他人，公然裸露隐私部位】　/ 83

第五十三条　【虐待家庭成员，虐待被监护人和被看护人，遗弃被抚养人】　/ 83

第五十四条　【强迫交易】　/ 84

第五十五条　【煽动民族仇恨、民族歧视，刊载民族歧视、侮辱内容】　/ 85

第五十六条　【违反规定出售或者提供个人信息】　/ 86

第五十七条　【侵犯通信自由】　/ 87

第五十八条　【盗窃、诈骗、哄抢、抢夺、敲诈勒索】　/ 87

第五十九条　【故意损毁公私财物】　/ 88

第六十条　【对学生欺凌行为的处理】　/ 90

第四节　妨害社会管理的行为和处罚

第六十一条　【阻碍依法执行公务】　/ 91

第六十二条　【招摇撞骗】　/ 95

第六十三条　【伪造、变造、买卖、出租、出借公文、证件、证明文件、印章，伪造、变造、倒卖有价票证、船舶户牌等】　/ 96

第六十四条	【船舶擅自进入、停靠国家禁止、限制进入的水域或者岛屿】	/ 97
第六十五条	【社会组织非法活动，擅自经营需公安许可行业】	/ 98
第六十六条	【煽动、策划非法集会、游行、示威】	/ 100
第六十七条	【旅馆业工作人员违反治安管理规定】	/ 100
第六十八条	【房屋出租人违反治安管理规定】	/ 102
第六十九条	【特定行业经营者未按照规定登记信息】	/ 103
第七十条	【非法安装、使用、提供窃听、窃照专用器材】	/ 104
第七十一条	【典当业、废旧物品收购业违反治安管理规定】	/ 105
第七十二条	【妨害行政执法秩序，违反刑事监督管理规定】	/ 106
第七十三条	【违反有关机关依法作出的禁止性决定】	/ 106
第七十四条	【脱逃】	/ 108
第七十五条	【故意损坏文物、名胜古迹】	/ 108
第七十六条	【偷开他人车、船、航空器，无证驾驶航空器、船舶】	/ 109
第七十七条	【破坏他人坟墓、尸骨、骨灰，违法停放尸体】	/ 111
第七十八条	【卖淫、嫖娼，拉客招嫖】	/ 112
第七十九条	【引诱、容留、介绍卖淫】	/ 113
第八十条	【制作、运输、复制、出售、出租淫秽物品，传播淫秽信息】	/ 114
第八十一条	【组织播放淫秽音像，组织或者进行淫秽表演，参与聚众淫乱活动】	/ 115
第八十二条	【为赌博提供条件、赌博】	/ 116
第八十三条	【违反毒品原植物规定的行为】	/ 118
第八十四条	【非法持有、向他人提供毒品，吸毒，胁迫、欺骗开具麻醉药品、精神药品】	/ 119
第八十五条	【引诱、教唆、欺骗、强迫、容留他人吸食、注射毒品，介绍买卖毒品】	/ 121
第八十六条	【非法生产、经营、购买、运输用于制造毒品的原料、配剂】	/ 121

第八十七条	【为吸毒、赌博、卖淫、嫖娼人员通风报信或者提供其他条件】	/122
第八十八条	【社会生活噪声干扰他人】	/123
第八十九条	【饲养动物干扰他人，违法出售、饲养危险动物，饲养动物致人伤害，驱使动物伤害他人】	/125

第四章 处罚程序

第一节 调 查

第九十条	【立案调查】	/126
第九十一条	【严禁非法收集证据】	/128
第九十二条	【收集、调取证据】	/129
第九十三条	【其他案件证据材料的使用】	/130
第九十四条	【保密义务】	/130
第九十五条	【人民警察的回避】	/132
第九十六条	【传唤与强制传唤】	/133
第九十七条	【询问查证时限和通知家属】	/136
第九十八条	【制作询问笔录，询问未成年人】	/137
第九十九条	【询问被侵害人和其他证人】	/138
第一百条	【代为询问、远程视频询问】	/139
第一百零一条	【询问聋哑人和不通晓当地通用的语言文字的人】	/140
第一百零二条	【检查和提取、采集生物信息或样本】	/141
第一百零三条	【对有关场所、物品及人身的检查】	/142
第一百零四条	【检查笔录的制作】	/143
第一百零五条	【对物品的扣押】	/143
第一百零六条	【鉴定】	/146
第一百零七条	【辨认】	/147
第一百零八条	【两人执法、一人执法及录音录像】	/148

第二节 决 定

第一百零九条	【治安管理处罚的决定机关】	/149
第一百一十条	【行政拘留的折抵】	/150

第一百一十一条	【本人陈述的证据地位】	/ 151
第一百一十二条	【告知义务、陈述与申辩权】	/ 152
第一百一十三条	【治安案件调查结束后的处理】	/ 153
第一百一十四条	【法制审核】	/ 155
第一百一十五条	【处罚决定书的内容】	/ 156
第一百一十六条	【处罚决定书的宣告、通知和送达】	/ 157
第一百一十七条	【听证】	/ 157
第一百一十八条	【办案期限】	/ 159
第一百一十九条	【当场处罚】	/ 162
第一百二十条	【当场处罚的程序】	/ 164
第一百二十一条	【行政复议和行政诉讼】	/ 165

第三节 执 行

第一百二十二条	【行政拘留处罚的执行】	/ 167
第一百二十三条	【罚款处罚的执行】	/ 168
第一百二十四条	【上交当场收缴的罚款】	/ 170
第一百二十五条	【专用票据】	/ 170
第一百二十六条	【暂缓行政拘留和出所】	/ 170
第一百二十七条	【担保人的条件】	/ 172
第一百二十八条	【担保人的义务及法律责任】	/ 173
第一百二十九条	【保证金的没收】	/ 174
第一百三十条	【保证金的退还】	/ 175

第五章 执法监督

第一百三十一条	【执法原则】	/ 176
第一百三十二条	【禁止性规定】	/ 176
第一百三十三条	【社会监督】	/ 177
第一百三十四条	【治安处罚与政务处分衔接】	/ 177
第一百三十五条	【罚款决定与罚款收缴分离】	/ 178
第一百三十六条	【治安违法记录封存】	/ 179
第一百三十七条	【同步录音录像运行安全管理】	/ 180
第一百三十八条	【个人信息保护】	/ 180

第一百三十九条　【违法行为及其处罚】　　　　　　/ 181
第一百四十条　　【赔偿责任】　　　　　　　　　　/ 182

第六章　附　　则

第一百四十一条　【相关法律的衔接适用】　　　　　/ 186
第一百四十二条　【海警机构海上治安管理职责与职权】/ 186
第一百四十三条　【"以上、以下、以内"的含义】　　/ 187
第一百四十四条　【施行日期】　　　　　　　　　　/ 187

关联法规

中华人民共和国刑法（节录）　　　　　　　　　　　/ 191
　　（2023年12月29日）
中华人民共和国民法典（节录）　　　　　　　　　　/ 203
　　（2020年5月28日）
公安机关办理行政案件程序规定　　　　　　　　　　/ 204
　　（2020年8月6日）

实用附录

询问查证（传唤）　　　　　　　　　　　　　　　　/ 265
询问违反治安管理行为人　　　　　　　　　　　　　/ 266
听证的告知、申请和受理　　　　　　　　　　　　　/ 267
听证的举行　　　　　　　　　　　　　　　　　　　/ 268
行政拘留　　　　　　　　　　　　　　　　　　　　/ 269
当场收缴罚款　　　　　　　　　　　　　　　　　　/ 270
重点法律术语速查表　　　　　　　　　　　　　　　/ 271

实务应用速查表

01. 如何区分违反治安管理行为和犯罪行为？／5
02. 对于治安管理处罚的程序，如何选择适用《治安管理处罚法》与《行政处罚法》？／7
03. 外国人、中国港澳台居民在中国大陆违反治安管理的，是否可以处罚？／8
04. 已经制定并经相关部门讨论通过但尚未公布的关于行政处罚的规定，能否作为行政处罚的依据？／10
05. 对同一违法案件，多个公安机关都有管辖权的，如何处理？／13
06. 铁路、交通、民航、森林公安机关、海关缉私机构对哪些案件行使管辖权？／14
07. 治安管理案件中的受害人是否可以要求精神损害赔偿？／15
08. 损害赔偿如何确定和计算？／16
09. 哪些治安案件可以进行调解？哪些不可以进行调解？／18
10. 行政拘留前因同一行为已经被限制人身自由的，可否折抵拘留时间？／22
11. 对外国人如何适用治安管理处罚？／22
12. 公安机关对于被收缴的财物，如何处理？／23
13. 如何确定收缴非法财物和追缴违法所得的范围？／23
14. 如何计算违反治安管理行为人的年龄？／25
15. 从轻处罚与减轻处罚有何区别？／25
16. 精神病人违反治安管理造成他人损害的，由谁承担赔偿责任？／28
17. 对醉酒的人可以采取哪些保护性措施？／30
18. 如何计算行政拘留的时间？／32
19. 对共同违反治安管理行为人在分别处罚时，如何具体操作？／33

20. 违法行为轻微并且及时纠正的，是否适用本条？／36

21. 哪些情形不属于"初次违反治安管理"？／39

22. 违反治安管理行为的被侵害人在追究时效内向公安机关提出控告，公安机关应当受理而不受理的，如何计算追诉时效？／41

23. 违反治安管理行为超过法定追诉时效的，是否意味着将没有任何法律后果？／41

24. 如何理解"责令其六个月至一年以内不得进入体育场馆、演出场馆观看同类比赛、演出"？／54

25. 违反安全规定举办大型活动的具体情形有哪些？／70

26. 旅馆、饭店等公共场所有哪些"安全规定"？／71

27. 怎样处置流浪乞讨人员？／79

28. 在殴打他人的或者故意伤害他人身体的治安处罚案件中，能否以加重处罚作为解决矛盾的手段？／82

29. 在处理非法社团问题上公安机关如何与民政部门分工？／99

30. 偷开他人机动车的违反治安管理行为与盗窃机动车有哪些区别？／110

31. 如何认定情节较轻的卖淫、嫖娼行为？／113

32. 无主赌资如何处理？／117

33. 认定饲养动物违法行为应注意哪些问题？／126

34. 公安机关不受理的，报案人、控告人、举报人、投案人是否可以申请行政复议？／128

35. 人民警察在查处治安案件时有泄露因查验、扣押身份证而知悉的个人信息的行为的，是否构成对公民隐私权的侵犯？／131

36. 具有应当回避的情形，但本人没有自行回避，也没有被申请回避的，如何处理？／133

37. 人民警察对回避决定有异议的，是否可以申请复核？／133

38. 对现场发现的违反治安管理行为嫌疑人是否可以适用继续盘问？／135

39. 强制传唤时是否可以使用警械？／135

40. 是否可以连续传唤违法嫌疑人？/ 137

41. 实践中，如何计算询问查证时间？/ 137

42. 实践中，对于被扣押的物品有哪些处理方式？/ 144

43. 扣押是否有时间限制？/ 145

44. 多人参加的鉴定，鉴定意见不一致的如何处理？/ 146

45. 违反治安管理的行为人或者被侵害人不服鉴定结论，是否可以申请重新鉴定？/ 147

46. 公安派出所可否对违反治安管理的外国人附加作出限期出境或者驱逐出境的处罚？/ 149

47. 被刑事拘留前因同一行为被行政拘留的时间已经超过依法被决定的行政拘留时间，如何处理？/ 150

48. 因同一行为被监视居住、取保候审的时间是否折抵被行政拘留的时间？/ 151

49. 在共同违反治安管理案件中，只有共同违反治安管理行为人的陈述，可否作出治安管理处罚决定？/ 152

50. 一人有两种以上违法行为时，如何制作决定书？/ 156

51. 违反治安管理行为人要求听证的，应当何时提出？/ 158

52. 共同违反治安管理行为人中的两人或者两人以上都要求听证的，是否可以合并举行听证？/ 159

53. 调解达成协议后不履行的，治安案件的办理期限如何计算？/ 160

54. 哪些情形可以当场收缴罚款？/ 163

55. 对违反治安管理行为当场处罚的决定是否可以申请行政复议或者提起行政诉讼？/ 163

56. 治安行政诉讼案件中由谁出庭参加应诉？/ 166

57. 行政复议、行政诉讼期间，治安管理处罚决定是否可以停止或者暂缓执行？/ 166

58. 对县级以上人大代表治安拘留应履行何种手续？/ 167

59. 被拘留人在被拘留期间是否享有选举权和被选举权？／168

60. 被处罚人是否可以暂缓或者分期缴纳罚款？／169

61. 哪些情形不适用暂缓执行行政拘留？／171

62. 被拘留人申请行政拘留暂缓执行的，公安机关是否可以释放被拘留人？／172

63. 担保人履行了担保义务，但被担保人仍逃避行政拘留处罚的，是否追究担保人的责任？／174

64. 担保人中途是否可以退出担保？／174

65. 打骂、虐待或者侮辱违反治安管理行为人将受到何种处罚？／176

案例指引速查表

01. 公安机关不考虑实际情况所作的行政处罚是否显失公正？ / 11
02. 受害人与侵害人在公安机关的调解下达成调解协议后，受害人能否再要求对侵害人进行处罚？ / 19
03. 未成年人违反治安管理的，如何处罚？ / 26
04. "国家机关受法律委任制定的行政法规、规章中规定的国家考试"是否属于"法律规定的国家考试"？ / 44
05. 治安案件中的"寻衅滋事行为"应如何认定？ / 56
06. 任意损毁他人财物是否构成"寻衅滋事"？ / 57
07. 当事人不服行政处罚决定，起诉至法院请求撤销被诉处罚决定，是否可以要求审查被诉处罚决定所依据的规范性文件？ / 72
08. 踹了村会议室大门一脚，被处拘留5日是否过罚失当？ / 89
09. 在治安案件中"阻碍国家机关工作人员依法执行职务"的情形应当如何认定？ / 93
10. 偷开他人机动车，造成机动车损坏的，如何处罚？ / 110
11. 对赌博违法行为的行政处罚如何进行自由裁量？ / 117
12. 社区其他居民在楼下跳广场舞，严重影响居民生活安宁，其能否提起行政诉讼？ / 124
13. 公安机关办理治安案件超期时是否需要继续作出处罚决定？ / 161
14. 被害人死亡因他人犯罪行为所致，公安机关违法拖延出警是否应当承担相应的赔偿责任？ / 184

法律法规新解读丛书

中华人民共和国治安管理处罚法

治安管理处罚法
解读与应用

中华人民共和国治安管理处罚法

- 2005年8月28日第十届全国人民代表大会常务委员会第十七次会议通过
- 根据2012年10月26日第十一届全国人民代表大会常务委员会第二十九次会议《关于修改〈中华人民共和国治安管理处罚法〉的决定》修正
- 2025年6月27日第十四届全国人民代表大会常务委员会第十六次会议修订
- 2025年6月27日中华人民共和国主席令第49号公布
- 自2026年1月1日起施行

第一章 总 则

第一条 【立法目的和根据】[①] 为了维护社会治安秩序，保障公共安全，保护公民、法人和其他组织的合法权益，规范和保障公安机关及其人民警察依法履行治安管理职责，根据宪法，制定本法。

条文解读

本条规定了本法的立法目的，主要包括以下三个方面：第一，维护社会秩序，保障公共安全；第二，保护公民、法人和其他组织的合法权益；第三，规范和保障治安管理处罚权的行使。社会秩序，是指统治阶级规定或确定的为了维护社会共同生活而要求人们应当遵守的行为规范。在我国，社会秩序是由法律、社会团体和企事业单位的规章制度以及社会善良风俗等组成，内容广泛，最集中表现为公共场所和某些重点地区的治安秩序。公共安全，是指不特定多数人的生命健康和公私财产

[①] 本书条文主旨为编者所加，为方便读者检索使用，仅供参考，下同。

的安全。本法的立法目的体现了对治安管理处罚权既"规范"又"保障"的双重目的,不可偏废。

第二条 【党的领导和综合治理】治安管理工作坚持中国共产党的领导,坚持综合治理。

各级人民政府应当加强社会治安综合治理,采取有效措施,预防和化解社会矛盾纠纷,增进社会和谐,维护社会稳定。

条文解读

本条1款增加了坚持"党的领导"和"综合治理",即要求治安管理工作坚持中国共产党的领导、坚持综合治理。本条第2款是在修订前的《治安管理处罚法》第6条的基础上修改而来,增加"预防"社会矛盾纠纷的内容。"党的领导"入法是贯彻落实《宪法》第1条第2款关于"中国共产党领导是中国特色社会主义最本质的特征"的规定,是党领导国家法治建设衍生出来的中国特色法治实践。

加强社会治安综合治理,是坚持人民民主专政的一项重要工作,也是解决我国社会治安问题的根本途径。社会治安问题是社会各种矛盾的综合反映,必须动员和组织全社会的力量,运用政治的、法律的、行政的、经济的、文化的、教育的等多种手段进行综合治理,从根本上预防和减少违法犯罪,维护社会秩序,保障社会稳定,并作为全社会的共同任务,长期坚持下去。

关联参见

《全国人民代表大会常务委员会关于加强社会治安综合治理的决定》

第三条 【违反治安管理行为与犯罪行为的界分】扰乱公共秩序,妨害公共安全,侵犯人身权利、财产权利,妨害社会管理,具有社会危害性,依照《中华人民共和国刑法》的规定构成犯罪的，依法追究刑事责任；尚不够刑事处罚的，由公安机关依照本法给予治安管理处罚。

实务应用

01. 如何区分违反治安管理行为和犯罪行为？

违反治安管理行为和犯罪行为都是危害社会的违法行为，有时甚至在行为表现上完全相同（我国的许多违反治安管理行为在一些国家直接被作为犯罪处理），在实际工作中，我们可以从以下几个方面区分违反治安管理行为和犯罪行为：

（1）看情节是否严重。有些行为情节严重的，就构成犯罪；情节不严重的，就是违反治安管理行为。例如，强拿硬要或者任意损毁、占用公私财物的行为等。

（2）看情节是否恶劣。有些行为情节恶劣的，就构成犯罪；情节不恶劣的，就是违反治安管理行为。例如，虐待家庭成员的行为、遗弃没有独立生活能力的被扶养人的行为等。

（3）看后果是否严重。有些行为后果严重的，就构成犯罪；后果不严重的，就是违反治安管理行为。例如，故意伤害他人身体的行为，致人轻伤或者重伤的，是犯罪行为；致人轻伤以下的，是违反治安管理行为。

（4）看数额是否较大。有些行为数额较大的，就构成犯罪；数额较小的，就是违反治安管理行为。例如，盗窃行为（多次盗窃除外）等。

（5）看次数是否多次。有些行为多次实施的，就构成犯罪；不是多次实施的，就是违反治安管理行为。例如，盗窃行为，若"二年内盗窃三次以上的"，即为"多次盗窃"，构成盗窃罪。

（6）看是否使用暴力、威胁方法。有些行为已使用暴力、威胁方法的，就构成犯罪；未使用暴力、威胁方法的，就是违反治安管理行为。例如，阻碍国家机关工作人员依法执行职务行为等。

（7）看是否为特定主体。有些行为只有特定主体实施时才构成犯罪。例如，卖淫、嫖娼行为，如明知自己患有梅毒、淋病等严重性病卖淫、嫖娼的，是犯罪行为；其他人卖淫、嫖娼的，是违反治安管理行为。

（8）看是否针对特定对象。有些行为只有针对特定对象实施时才构成犯罪。例如，嫖娼行为，如嫖宿不满14周岁幼女的，是犯罪行为；嫖宿其他人的，是违反治安管理行为。

（9）看是否以此为业。有些行为只有当行为人以此为业时，才构成犯罪。例如，赌博行为，如以赌博为业的，是犯罪行为；不以赌博为业，但参与赌博且赌资较大的，是违反治安管理行为。

此外，有些违反治安管理行为的表现形态，与犯罪行为完全一致，没有后果、次数、情节、数额等区分。例如，本法第85条规定的"引诱、教唆、欺骗或者强迫他人吸食、注射毒品"的行为，与《刑法》第353条第1款规定的"引诱、教唆、欺骗他人吸食、注射毒品"的行为，在行为表现上完全一致。此时，应当依照《刑法》第13条但书，即"但是情节显著轻微危害不大的，不认为是犯罪"的规定，综合考虑行为的性质、情节以及社会危害程度，准确判定是犯罪行为还是违反治安管理行为。

第四条　【治安管理处罚的程序】治安管理处罚的程序，适用本法的规定；本法没有规定的，适用《中华人民共和国行政处罚法》、《中华人民共和国行政强制法》的有关规定。

▎条文解读

本条对治安管理处罚程序适用的法律依据作出了规定，即在实施治安管理处罚时，如果本法已经作出了专门性规定，就应该适用本法，如果本法对某个事项未作出专门性规定，那就应当适用《行政处罚法》和《行政强制法》的相关规定。

▎实务应用

02. 对于治安管理处罚的程序，如何选择适用《治安管理处罚法》与《行政处罚法》？

行政法是以大量的单行法的形式存在的，而且很多单行行政法具有实体性和程序性规范结合在一起进行立法的特点，即在同一部行政法律中，往往既有关于行政权的设定等实体性规定，又有关于行政权行使的程序性规定，如《治安管理处罚法》《道路交通安全法》等。因而，在适用法律的时候可以根据行政管理领域管理事项的不同适用不同的程序性规定。本法中的程序性规定是按照《行政处罚法》所确定的基本原则，并结合治安管理处罚自身的特点作出的，是对治安管理处罚程序适用的衔接性规定，即在处罚程序方面，本法有规定的适用本法，本法没有规定的，适用《行政处罚法》规定的处罚程序。

此外，因为本法与《行政处罚法》之间是特别法与一般法的关系，且本法生效在后，根据特别法优于一般法以及后法优于前法的原则，在两部法律出现内容上的冲突时，应当优先适用《治安管理处罚法》。

第五条　【适用范围】在中华人民共和国领域内发生的违反治安管理行为，除法律有特别规定的外，适用本法。

在中华人民共和国船舶和航空器内发生的违反治安管理行为，除法律有特别规定的外，适用本法。

在外国船舶和航空器内发生的违反治安管理行为，依照中华人民共和国缔结或者参加的国际条约，中华人民共和国行使管辖权的，适用本法。

▎条文解读

本条是关于本法适用范围的规定。

中华人民共和国领域内的全部区域，是指我国行使国家主权的地域，包括领陆、领水和领空。在我国领域内违反治安管理的人，包括自然人、法人和其他组织。其中，自然人包括中国公民、外国人和国籍不明的人。

本法规定了《治安管理处罚法》适用的空间效力和对人的效力。在空间效力上，除法律有特别规定的外，本法适用于我国的整个领域；在对人效力上，除法律有特别规定的外，本法适用于所有在我国领域内违反治安管理的人。

本条第 1 款规定的"除法律有特别规定的外"是指两种情况：一是享有外交特权和豁免权的外国人在我国领域内，不适用本法，应该通过外交途径解决；二是我国香港、澳门两个特别行政区基本法中的例外规定和对我国台湾地区的例外规定。另外，我国的船舶和航空器，按照国际条约和国际惯例，被视为是我国领土的延伸部分，在此范围内发生的违反治安管理行为，应当适用本法。

本条第 3 款是此次修订新增的内容，明确了在外国船舶和航空器内发生的违反治安管理行为，如果依照中华人民共和国缔结或者参加的国际条约，由中华人民共和国行使管辖权的，可以适用本法的规定进行管辖。这样规定使得《治安管理处罚法》的管辖范围更加周延。

实务应用

03. 外国人、中国港澳台居民在中国大陆违反治安管理的，是否可以处罚？

按照本条的规定，不论违反治安管理行为人是中国公民还是外国人（含无国籍人），也不论是中国（内地）大陆居民还是港澳台居民，除享有外交特权和豁免权的外国人违反治安管理的法律责任通过外交途径解决的外，均应适用本法。但办理外国人、中国港澳台居民违反治安管理的案件与办理中国（内地）大陆居民违反治安管理的案件有以下两点主要区别：

（1）对违反治安管理的外国人可以附加特定处罚。按照本法第 10

条的规定，对违反治安管理的外国人（含无国籍人），除依法给予警告、罚款、行政拘留外（对违法的外国法人或者其他组织还可以依法吊销公安机关发放的许可证件），还可以附加适用限期出境或者驱逐出境处罚。但是对中国（内地）大陆居民和港澳台居民则不能附加适用限期出境或者驱逐出境处罚。

（2）办理外国人、中国港澳台居民违反治安管理的案件有特殊的程序。比如，根据《公安机关办理行政案件程序规定》第255条的规定，外国人在被行政拘留、拘留审查或者其他限制人身自由以及限制活动范围期间死亡的，有关省级公安机关应当通知该外国人所属国家驻华使馆、领馆，同时报告公安部并通报同级人民政府外事部门。

第六条 【治安管理处罚的原则】治安管理处罚必须以事实为依据，与违反治安管理的事实、性质、情节以及社会危害程度相当。

实施治安管理处罚，应当公开、公正，尊重和保障人权，保护公民的人格尊严。

办理治安案件应当坚持教育与处罚相结合的原则，充分释法说理，教育公民、法人或者其他组织自觉守法。

条文解读

处罚适当原则 ➡ 治安管理处罚的适当性原则要求治安管理处罚必须根据存在的违法事实进行裁判，并且，设定或执行的处罚也必须与违反治安管理行为的性质、情节以及社会危害程度相当，不能过重或过轻。

公开原则 ➡ 实施治安管理处罚应当公开的主要目的是保障治安管理处罚的公开性和透明度。本原则主要体现为：处罚依据公开和处罚程序公开。

公正原则 ➡ 公正原则就是在实施治安管理处罚时，对当事人要平等对待，不得偏袒。公正包括实体公正和程序公正两个方面。实体公正要求治安管理处罚的结果不偏不倚，根据事实，考虑违法行为的情节、社会危害程度等方面的基本因素，作出适当的处罚决定。程序公正是实体公正的实现途径和表现方式，具体表现很多，如处罚机关相关人员的回避制度、被处罚人的陈述、申辩、听证、行政复议、行政诉讼等权利。

尊重和保障人权原则 ➡ 尊重和保障人权是我国《宪法》确立的原则，本条规定是该原则在本法中的体现。公安机关及其人民警察实施治安管理处罚时，要尊重和保障人权，保护公民的人格尊严，保障公民的人身和财产权利等。

教育与处罚相结合原则 ➡ 本条第3款除了强调"教育与处罚相结合"的原则，同时也新增了要"充分释法说理，教育公民、法人或者其他组织自觉守法"。教育与处罚相结合是由治安管理处罚的性质决定的。违反治安管理的行为属于一般违法行为，并未触犯刑法，尚未构成犯罪。治安管理处罚是人民群众自我教育、自我约束社会生活的行为准则，也是对少数违反治安管理行为人实施处罚、进行教育的工具。在社会经济秩序平稳运行的当前，治安管理处罚不能单纯以制裁违法行为为目的，而应以处罚为手段，对违法人起到警示教育、认识错误、自觉守法防止再犯的效果。因此，充分释法说理，能够增强当事人对治安处罚的可接受度，真正实现自觉守法。

实务应用

04. 已经制定并经相关部门讨论通过但尚未公布的关于行政处罚的规定，能否作为行政处罚的依据？

根据本条以及《行政处罚法》第5条的规定，对于违法行为进行处罚的依据必须公开，否则不得作为处罚的依据，这就是公开原则的一个方面的要求。因此，已经制定并经相关部门讨论通过但尚未公布的关于行政处罚的规定因为其并没有公布出来为行政相对人所知悉，故不能作为行政处罚的依据。

案例指引

01. 公安机关不考虑实际情况所作的行政处罚是否显失公正？[①]

原告何某系杭州市西湖区转塘街道某村村民，因村里道路建设与某村委发生土地纠纷，之后双方多次协商未能达成一致意见。2012年10月9日18时许，何某认为村道建设施工侵占了其承包地，持洋镐对挖掘机驾驶员葛某祥进行威胁并将挖掘机车窗玻璃砸碎，胁迫葛某祥将已建成的部分道路挖损。杭州市公安局西湖区分局所属转塘派出所民警接110指令出警，并当即进行调查取证。次日，西湖公安分局根据调查情况，经依法告知并听取意见后，作出公安行政处罚决定，认定何某的行为已构成故意损坏公私财物，且情节较重，根据《治安管理处罚法》第49条[②]、第11条第1款[③]之规定，决定给予何某行政拘留10日的处罚，收缴"洋镐"一把。何某不服，经申请行政复议维持后提起行政诉讼。

杭州市西湖区人民法院一审判决驳回了其诉讼请求，何某不服提起上诉。杭州市中级人民法院二审审理认为，何某损毁车窗玻璃的主观意愿系维护自己的土地使用权，西湖公安分局在查明何某与某村委关于案涉土地确有纠纷且土地归属无法查实的情况下，认定何某的行为属"情节较重"，给予行政拘留10日处罚，量罚过重，故依法判决变更对何某行政拘留10日为行政拘留5日。

存在问题

1. 未能全面把握案情，定性不当。《治安管理处罚法》第49条规定："盗窃、诈骗、哄抢、抢夺、敲诈勒索或者故意损毁公私财物，

[①] 参见《浙江省高级人民法院2014年全省法院行政案件司法审查情况报告新闻发布稿》，行政机关败诉典型案例五件之案例四："公安机关不考虑实际情况，所作行政处罚显失公正"，载浙江法院网，https://www.zjsfgkw.gov.cn/art/2015/4/29/art_124_2916.html，最后访问日期：2025年6月27日。

[②] 对应2025年《治安管理处罚法》第59条，下同。

[③] 对应2025年《治安管理处罚法》第11条第1款。

处五日以上十日以下拘留,可以并处五百元以下罚款;情节较重的,处十日以上十五日以下拘留,可以并处一千元以下罚款。"① 本案原告何某故意损毁公私财物的事实确实存在,依法应当受到处罚。但《治安管理处罚法》第5条第1款还规定:"治安管理处罚必须以事实为依据,与违反治安管理行为的性质、情节以及社会危害程度相当。"② 原告何某与村委发生土地纠纷后,未能通过合法途径维护自身合法的土地使用权,而是采取过激行为阻止施工并损毁了部分已建成道路,其行为确属违法,但其主观上是出于维护自身的合法权益,与无故毁坏公私财物有本质差别,其主观恶性相对较小。公安机关未能充分考虑其主观因素,简单地认定属"情节较重",显属不当。

2. 未正确适用法律,处罚显失公正。错误地认定何某毁坏公私财物的行为属"情节较重",从而导致行政处罚适用法律不当,量罚也明显失当。另外,从《治安管理处罚法》第9条③规定的精神来看,本案是否适宜给予拘留处罚也值得斟酌。根据该条规定,对于因民间纠纷引起的损毁他人财物等违反治安管理行为,情节较轻的,公安机关可以调解处理。这说明《治安管理处罚法》的立法本意就是,对于因民间纠纷引起的违反治安管理的行为,特别是被处罚人的行为属于事出有因时,不要轻易给予治安处罚,特别是拘留这种比较严厉的处罚,否则不利于矛盾的妥善化解和社会的和谐稳定。公安机关在行使自由裁量权时应当充分考虑违法行为的性质、情节和社会危害程度等各种裁量因素,在法定范围内选择最符合立法本意的裁量结果,做到量罚适当。

---

① 对应2025年《治安管理处罚法》第59条:"故意损毁公私财物的,处五日以下拘留或者一千元以下罚款;情节较重的,处五日以上十日以下拘留,可以并处三千元以下罚款。"

② 对应2025年《治安管理处罚法》第6条第1款:"治安管理处罚必须以事实为依据,与违反治安管理的事实、性质、情节以及社会危害程度相当。"

③ 对应2025年《治安管理处罚法》第9条。

> 关联参见

《行政处罚法》第5条;《公安机关办理行政案件程序规定》第4—5条

第七条 【主管部门和管辖】 国务院公安部门负责全国的治安管理工作。县级以上地方各级人民政府公安机关负责本行政区域内的治安管理工作。

治安案件的管辖由国务院公安部门规定。

> 条文解读

根据本条规定,全国的治安管理工作的主管部门是公安部。在地方,治安管理工作的主管部门是县级以上地方各级人民政府公安机关,具体包括各省、自治区、直辖市公安厅(局),各市、州公安局及其公安分局,各县(市)公安局等。

> 实务应用

05. 对同一违法案件,多个公安机关都有管辖权的,如何处理?

《公安机关办理行政案件程序规定》第14条规定:"几个公安机关都有权管辖的行政案件,由最初受理的公安机关管辖。必要时,可以由主要违法行为地公安机关管辖。"第15条规定:"对管辖权发生争议的,报请共同的上级公安机关指定管辖。对于重大、复杂的案件,上级公安机关可以直接办理或者指定管辖。上级公安机关直接办理或者指定管辖的,应当书面通知被指定管辖的公安机关和其他有关的公安机关。原受理案件的公安机关自收到上级公安机关书面通知之日起不再行使管辖权,并立即将案卷材料移送被指定管辖的公安机关或者办理的上级公安机关,及时书面通知当事人。"据此,当多个公安机关都有权管辖行政违法案件时,由最初受理的公安机关管辖。但是,当由主要违法行为地公安机关管辖更为适宜时，可以由主要违法行为地公安机关管辖。管辖权发生争议的，报请共同的上一级公安机关指定管辖。特殊情形的，上级公安机关可以直接办理或者指定管辖。

06. 铁路、交通、民航、森林公安机关、海关缉私机构对哪些案件行使管辖权？

《公安机关办理行政案件程序规定》第16条规定："铁路公安机关管辖列车上、火车站工作区域内、铁路系统的机关、厂、段、所、队等单位内发生的行政案件，以及在铁路线上放置障碍物或者损毁、移动铁路设施等可能影响铁路运输安全、盗窃铁路设施的行政案件。对倒卖、伪造、变造火车票案件，由最初受理的铁路或者地方公安机关管辖。必要时，可以移送主要违法行为发生地的铁路或者地方公安机关管辖。交通公安机关管辖港航管理机构管理的轮船上、港口、码头工作区域内和港航系统的机关、厂、所、队等单位内发生的行政案件。民航公安机关管辖民航管理机构管理的机场工作区域以及民航系统的机关、厂、所、队等单位内和民航飞机上发生的行政案件。国有林区的森林公安机关管辖林区内发生的行政案件。海关缉私机构管辖阻碍海关缉私警察依法执行职务的治安案件。"

关联参见

《行政处罚法》第22—27条；《公安机关办理行政案件程序规定》第10—16条

第八条　【民事责任、不得以罚代刑】 违反治安管理行为对他人造成损害的，除依照本法给予治安管理处罚外，行为人或者其监护人还应当依法承担民事责任。

违反治安管理行为构成犯罪，应当依法追究刑事责任的，不得以治安管理处罚代替刑事处罚。

条文解读

本条第 1 款规定了治安管理处罚与民事责任承担的关系。治安管理处罚在法律性质上属于行政法的范畴，本条第 1 款的规定是《治安管理处罚法》与民事侵权法律之间的衔接，是为了保证违反治安管理行为的受害人因违反治安管理行为所遭受的损害能够及时得到民事赔偿。在《治安管理处罚法》规定的众多违法行为中，很多都兼具行政违法性和民事侵权性的双重特征。关于具体民事责任的范围、承担方式等问题，都需要依照有关民事法律来确定。值得注意的是，除本法第 9 条规定的情形外，不得以民事责任的承担替代治安管理处罚。

本条第 2 款是此次修订新增的内容，明确了治安管理处罚与刑事责任追究的关系，强调了违反治安管理行为构成犯罪，应当依法追究刑事责任，不得以治安管理处罚代替刑事处罚。事实上，《行政处罚法》第 8 条、第 27 条也对行政处罚与民事责任、刑事责任承担之间的关系进行了规定。

实务应用

07. 治安管理案件中的受害人是否可以要求精神损害赔偿？

违反治安管理的行为是一种侵权行为，因过错侵害他人的财产或者人身权利，依法应当承担赔偿责任。关于民事责任中的精神损害赔偿问题，应当根据被害人的请求和违反治安管理的行为人的过错、行为方式、损害后果等情形来确定。要做到既保证被害人的精神损害得到应有的安抚和慰藉，又要注意被害人提出的要求的合理性，防止利用精神损害要求高价索赔。《民法典》第 1183 条规定："侵害自然人人身权益造成严重精神损害的，被侵权人有权请求精神损害赔偿。因故意或者重大过失侵害自然人具有人身意义的特定物造成严重精神损害的，被侵权人有权请求精神损害赔偿。"《最高人民法院关于确定民事侵权精神损害赔偿责任若干问题的解释》第 1 条规定："因人身权益或者具有人身意义的特定物受到侵害，自然人或者其近亲属向人民法院提起诉讼请求精神损害赔偿的，人民法院应当依法予以受理。"第5条规定："精神损害的赔偿数额根据以下因素确定：（一）侵权人的过错程度，但是法律另有规定的除外；（二）侵权行为的目的、方式、场合等具体情节；（三）侵权行为所造成的后果；（四）侵权人的获利情况；（五）侵权人承担责任的经济能力；（六）受理诉讼法院所在地的平均生活水平。"可见，治安案件的被害人是可以要求精神损害赔偿的。

08. 损害赔偿如何确定和计算？

（1）关于财产损失的赔偿。根据财产损失全部赔偿的原则，因侵害他人财产所有权而造成财产损失的，应当先返还原物或者恢复原状，或者用质量、数量相当的实物赔偿，或者折价赔偿。赔偿损失的多少，应当根据财产损失的大小来确定。赔偿全部财产损失，除赔偿直接的财产损失外，还应当赔偿受害人失去的"可得利益"。

（2）关于人身损害的赔偿。对因人身损害所引起的财产损失的赔偿，应当依据损害的程度和情况的不同，依法作出不同的处理。人身损害分为三种情况：一般伤害、人身残废和死亡。而违反治安管理行为只能是造成轻伤以下的伤害，如果造成受害人残废或者死亡，则应当立为刑事案件进行侦查。

关于损害赔偿的范围，根据《民法典》第1179条的规定："侵害他人造成人身损害的，应当赔偿医疗费、护理费、交通费、营养费、住院伙食补助费等为治疗和康复支出的合理费用，以及因误工减少的收入。造成残疾的，还应当赔偿辅助器具费和残疾赔偿金；造成死亡的，还应当赔偿丧葬费和死亡赔偿金。"

关联参见

《民法典》第1179条、第1183条；《最高人民法院关于确定民事侵权精神损害赔偿责任若干问题的解释》第1条、第5条

第九条 【治安案件的调解】对于因民间纠纷引起的打架斗殴或者损毁他人财物等违反治安管理行为,情节较轻的,公安机关可以调解处理。

调解处理治安案件,应当查明事实,并遵循合法、公正、自愿、及时的原则,注重教育和疏导,促进化解矛盾纠纷。

经公安机关调解,当事人达成协议的,不予处罚。经调解未达成协议或者达成协议后不履行的,公安机关应当依照本法的规定对违反治安管理行为作出处理,并告知当事人可以就民事争议依法向人民法院提起民事诉讼。

对属于第一款规定的调解范围的治安案件,公安机关作出处理决定前,当事人自行和解或者经人民调解委员会调解达成协议并履行,书面申请经公安机关认可的,不予处罚。

条文解读

本条第1款明确了公安机关调解民间纠纷的范围和条件。民间纠纷是指公民之间、公民和单位之间,在生活、工作、生产经营等活动中产生的纠纷。因这些纠纷而引起的打架斗殴或损毁他人财物等违反治安管理的行为,情节一般较轻,公安机关可以通过调解的方式处理。注意,公安机关可以调解处理,也可以不调解。

本条第2款规定了公安机关调解处理治安案件应当遵循的原则。为确保调解取得良好效果,调解前应当及时依法做深入细致的调查取证工作,以查明事实、收集证据、分清责任。治安调解工作不是"和稀泥",而是要查明事实,遵循合法、公正、自愿、及时的原则,同时还要求在调解时注重教育和疏导,切实促进矛盾纠纷的实质性化解。

本条第3款规定了调解协议的达成及履行问题。一方面,明确了经过公安机关调解,当事人达成协议的,不予处罚;另一方面,如果未达成调解协议或达成调解协议后不履行的,此时公安机关的职责是根据本法的规定进行治安处罚和告知当事人可以就民事争议依法向人民法院提起民事诉讼。

本条第 4 款规定了当事人自行和解和人民调解委员会调解达成协议的处理方式。实践中，在公安机关作出处理决定前，当事人往往会自行和解或者向人民调解委员会申请调解，如果达成和解协议或调解协议并履行的，仍对其进行处罚，不利于矛盾纠纷的实质化解。对此，本法此次修订明确在此情形下，当事人书面申请并经过公安机关认可的，不予处罚。

实务应用

09. 哪些治安案件可以进行调解？哪些不可以进行调解？

《公安机关办理行政案件程序规定》第 178 条规定："对于因民间纠纷引起的殴打他人、故意伤害、侮辱、诽谤、诬告陷害、故意损毁财物、干扰他人正常生活、侵犯隐私、非法侵入住宅等违反治安管理行为，情节较轻，且具有下列情形之一的，可以调解处理：（一）亲友、邻里、同事、在校学生之间因琐事发生纠纷引起的；（二）行为人的侵害行为系由被侵害人事前的过错行为引起的；（三）其他适用调解处理更易化解矛盾的。对不构成违反治安管理行为的民间纠纷，应当告知当事人向人民法院或者人民调解组织申请处理。对情节轻微、事实清楚、因果关系明确，不涉及医疗费用、物品损失或者双方当事人对医疗费用和物品损失的赔付无争议，符合治安调解条件，双方当事人同意当场调解并当场履行的治安案件，可以当场调解，并制作调解协议书。当事人基本情况、主要违法事实和协议内容在现场录音录像中明确记录的，不再制作调解协议书。"

对于因民间纠纷引起的殴打他人、故意伤害、侮辱、诽谤、诬告陷害、故意损毁财物、干扰他人正常生活、侵犯隐私等违反治安管理行为，情节较轻的，经双方当事人同意，公安机关可以治安调解。民间纠纷是指公民之间、公民和单位之间，在生活、工作、生产经营等活动中产生的纠纷。对不构成违反治安管理行为的民间纠纷，应当告知当事人向人民法院或者人民调解组织申请处理。违反治安管理行为有下列情形之一的，不适用治安调解：（1）雇凶伤害他人的；（2）结伙斗殴的；（3）寻衅滋事的；（4）多次实施违反治安管理行为的；（5）当事人在治安调解过程中又挑起事端的；（6）其他不宜治安调解的。

案例指引

02. 受害人与侵害人在公安机关的调解下达成调解协议后，受害人能否再要求对侵害人进行处罚？[①]

再审申请人李某花因要求履行法定职责一案，不服上海市第一中级人民法院（2017）沪01行终742号行政判决，向上海市高级人民法院申请再审。其称，2017年2月28日23时许，李某花因家庭矛盾与丈夫李某在浦东新区一足浴店内发生争执，在争执过程中，李某对其进行了殴打。其之后向被申请人上海市公安局浦东分局金杨新村派出所（以下简称金杨新村派出所）报警。但金杨新村派出所在处理此案时，却违背再审申请人坚持要对李某进行治安处罚的意愿，违反程序制作了《治安调解协议书》和《家庭暴力告诫书》，再审申请人系在不知情的情况下在上述两份材料上签字，调解实则并非其本人真实意愿，故调解行为当属无效。金杨新村派出所应当依法履行法定职责，对李某作出治安处罚。被申请人上海市公安局浦东分局（以下简称公安浦东分局）作出的行政复议决定未正确认定事实，应予撤销。原审判决错误，请求予以撤销。

上海市高级人民法院认为，根据《治安管理处罚法》第9条的规定，对于因民间纠纷引起的打架斗殴或者损毁他人财物等违反治安管理行为，情节较轻的，公安机关可以调解处理。经公安机关调解，当事人达成协议的，不予处罚。本案中，被申请人金杨新村派出所接到再审申请人李某花的报案后，经调查查明纠纷系因家庭矛盾引起，综合案件性

[①] 参见上海市高级人民法院（2018）沪行申484号行政裁定书，载中国裁判文书网，最后访问日期：2025年6月30日。

质、情节和危害后果等因素，对涉案当事人李某花和李某进行调解，并最终促使双方达成调解协议，李某花和李某均在相关治安案件调解笔录及治安调解协议书上签字确认。金杨新村派出所对本案的处理行为符合《治安管理处罚法》的相关规定，已经履行了相应的法定职责。李某花称调解行为违法且调解并非其本人真实意愿，该主张缺乏相关证据佐证，本院难以采信。其坚持要求金杨新村派出所履行对李某进行治安处罚的法定职责，于法无据，本院不予支持。被申请人公安浦东分局受理李某花的行政复议申请后，经调查核实，于法定期限内作出被诉行政复议决定，该行政复议决定合法。

综上所述，原审判决驳回李某花的诉讼请求并无不当，本院裁定驳回李某花的再审申请。

关联参见

《公安机关办理行政案件程序规定》第178条；《公安机关治安调解工作规范》第3条、第4条

第二章 处罚的种类和适用

第十条 【治安管理处罚的种类】 治安管理处罚的种类分为：

（一）警告；

（二）罚款；

（三）行政拘留；

（四）吊销公安机关发放的许可证件。

对违反治安管理的外国人，可以附加适用限期出境或者驱逐出境。

条文解读

本条规定了治安管理处罚的种类，其中"警告"属于声誉罚，"罚款"属于财产罚，"行政拘留"属于自由罚，"吊销公安机关发放的许

可证件"属于资格罚,以上四种处罚依法可单独或合并适用。但对于"限期出境或者驱逐出境",本法只规定了"可以附加适用"。

警告是对违反治安管理行为的一种最轻的处罚,也是行政处罚中最轻的一种处罚。警告的目的在于对违法行为人提出告诫,指出危害,使其引起警觉,不致再犯。警告主要适用于一些初次违反治安管理,且情节轻微,态度较好的人。必须注意的是,警告作为一种行政处罚,也必须遵循本法第四章关于处罚程序的规定。

治安罚款是公安机关在处理治安管理案件中适用比较普遍的一种处罚形式,是对违反治安管理的人限令其在一定期限内向国家缴纳一定数额金钱的行政处罚。罚款不同于罚金,罚金是《刑法》中规定的刑罚的一种。

行政拘留是公安机关对违反治安管理的行为人依法在一定时间内拘禁留置于法定处所,剥夺其人身自由的一种治安行政处罚方法,也是治安管理处罚种类中最重的处罚,主要适用于违反治安管理行为情节较严重的人。

吊销公安机关发放的许可证件是本法规定的一种资格罚。必须注意的是,许可证件一般由颁发许可证照的机关予以吊销。所以公安机关吊销的只能是由公安机关发放的许可证件,而不能吊销由其他机关颁发的许可证件。

限期出境和驱逐出境这两种附加处罚的适用对象仅限于外国人(包括无国籍人),不适用于我国公民(包括华侨)。限期出境属于责令自行离境,但负责执行的公安机关可以监督其离开。驱逐出境是强迫违反治安管理的外国人离开我国国境。根据《刑法》第35条的规定,驱逐出境为一种附加刑,既可以独立适用,也可以附加适用。而本法规定限期出境和驱逐出境可附加适用,而没有规定其是否可独立适用。这是与《刑法》规定的不同之处。对外国人依法决定警告、罚款、行政拘留,并附加适用限期出境、驱逐出境的,应当在警告、罚款、行政拘留执行完毕后,再执行限期出境、驱逐出境。

实务应用

10. 行政拘留前因同一行为已经被限制人身自由的，可否折抵拘留时间？

《公安机关办理行政案件程序规定》第163条规定："对决定给予行政拘留处罚的人，在处罚前因同一行为已经被采取强制措施限制人身自由的时间应当折抵。限制人身自由一日，折抵执行行政拘留一日。询问查证、继续盘问和采取约束措施的时间不予折抵。被采取强制措施限制人身自由的时间超过决定的行政拘留期限的，行政拘留决定不再执行。"

11. 对外国人如何适用治安管理处罚？

对外国人需要依法适用限期出境、驱逐出境处罚的，由承办案件的公安机关逐级上报公安部或者公安部授权的省级人民政府公安机关决定，由承办案件的公安机关执行。对外国人依法决定行政拘留的，由承办案件的县级以上（含县级，下同）公安机关决定，不再报上一级公安机关批准。对外国人依法决定警告、罚款、行政拘留，并附加适用限期出境、驱逐出境处罚的，应当在警告、罚款、行政拘留执行完毕后，再执行限期出境、驱逐出境。

关联参见

《刑法》第35条；《公安机关办理行政案件程序规定》第163条

第十一条 【涉案财物的处理】办理治安案件所查获的毒品、淫秽物品等违禁品，赌具、赌资，吸食、注射毒品的用具以及直接用于实施违反治安管理行为的本人所有的工具，应当收缴，按照规定处理。

违反治安管理所得的财物，追缴退还被侵害人；没有被侵害人的，登记造册，公开拍卖或者按照国家有关规定处理，所得款项上缴国库。

条文解读

"非法财物"包括毒品、淫秽物品等违禁品、赌具、赌资，吸食、注射毒品的用具以及直接用于实施违反治安管理行为的本人所有的工具，即涉案物品和工具。

实务应用

12. 公安机关对于被收缴的财物，如何处理？

《公安机关办理行政案件程序规定》第196条规定："对收缴和追缴的财物，经原决定机关负责人批准，按照下列规定分别处理：（一）属于被侵害人或者善意第三人的合法财物，应当及时返还；（二）没有被侵害人的，登记造册，按照规定上缴国库或者依法变卖、拍卖后，将所得款项上缴国库；（三）违禁品、没有价值的物品，或者价值轻微，无法变卖、拍卖的物品，统一登记造册后销毁；（四）对无法变卖或者拍卖的危险物品，由县级以上公安机关主管部门组织销毁或者交有关厂家回收。"第197条规定："对应当退还原主或者当事人的财物，通知原主或者当事人在六个月内来领取；原主不明确的，应当采取公告方式告知原主认领。在通知原主、当事人或者公告后六个月内，无人认领的，按无主财物处理，登记后上缴国库，或者依法变卖或者拍卖后，将所得款项上缴国库。遇有特殊情况的，可酌情延期处理，延长期限最长不超过三个月。"

13. 如何确定收缴非法财物和追缴违法所得的范围？

在确定收缴非法财物和追缴违法所得的范围时，需要注意区分违反治安管理行为人的个人财产和家庭共同财产。当非法财物和违法所得事实上是违反治安管理行为人的个人财产时，对该部分个人财产予以收缴或者追缴,如非法财物和违法所得是用于或者被用于家庭生活而形成共同财产的,则相应地形成共同财产的部分应当予以收缴或者追缴,违法所得部分被家庭共同消费掉的,家庭成员应当承担连带赔偿责任。当违法所得的财物无法追回原物而责令违反治安管理行为人退赔时,财物的价值计算以违反治安管理行为人实施违反治安管理行为时的市场价格或者国家规定的相应价格折价计算。

对收缴非法财物和追缴违法所得的范围,《公安机关办理行政案件程序规定》第194条规定:"对在办理行政案件中查获的下列物品应当依法收缴:(一)毒品、淫秽物品等违禁品;(二)赌具和赌资;(三)吸食、注射毒品的用具;(四)伪造、变造的公文、证件、证明文件、票证、印章等;(五)倒卖的车船票、文艺演出票、体育比赛入场券等有价票证;(六)主要用于实施违法行为的本人所有的工具以及直接用于实施毒品违法行为的资金;(七)法律、法规规定可以收缴的其他非法财物。前款第六项所列的工具,除非有证据表明属于他人合法所有,可以直接认定为违法行为人本人所有。对明显无价值的,可以不作出收缴决定,但应当在证据保全文书中注明处理情况。违法所得应当依法予以追缴或者没收。多名违法行为人共同实施违法行为,违法所得或者非法财物无法分清所有人的,作为共同违法所得或者非法财物予以处理。"

关联参见

《公安机关办理行政案件程序规定》第187—197条

第十二条 【未成年人违反治安管理的处罚】已满十四周岁不满十八周岁的人违反治安管理的,从轻或者减轻处罚;不满十四周岁的人违反治安管理的,不予处罚,但是应当责令其监护人严加管教。

条文解读

本条是关于责任年龄的规定。所谓责任年龄,就是相对人因违反

《治安管理处罚法》需要承担法律责任的年龄要求。

对于已满18周岁的人违反治安管理的,是完全负治安法律责任能力者,应当承担责任。对于已满14周岁不满18周岁的人违反治安管理的,因其已基本具备与成年人相当的理解力和判断力,故在其有违反治安管理的行为时,应当负法律责任。但是由于其仍然处于成长发育阶段,各方面还不是很成熟,控制自己的行为和辨别是非善恶的能力还比较差,有时候又容易冲动,因而规定对其应当从轻或减轻处罚,有利于挽救违反治安管理的青少年,保障其健康成长。对于不满14周岁的人违反治安管理的,本法规定对其不予治安处罚,同时规定加强其监护人的管教责任。

实务应用

14. 如何计算违反治安管理行为人的年龄?

在办理治安案件中,按照以下几个要点掌握"年龄"的计算方法。一是年龄一律按照公历的年、月、日计算;二是1周岁应当以12个月计算,满12个月的为满1周岁;三是满12个月的为满1周岁的计算应当以日来计算,即从过生日的第二天起算是满几周岁;四是如果行为人的年龄是以农历计算的,应当换算成农历。在实践中,核实行为人的年龄,应当以户口登记为基本的依据,结合其他相关资料认真核实,不能仅凭借自报的资料认定,必要的时候,可以委托有关的机关进行法医鉴定。此外,认定年龄时应当以实施违反治安管理行为时的时间为准。

15. 从轻处罚与减轻处罚有何区别?

从轻处罚,是指在法定的处罚种类和幅度范围内,处以比依其违法的性质和情节轻重本应受处罚较轻的处罚。对于"减轻处罚",则按下列规定适用:第一,法定处罚种类只有一种,在该法定处罚种类以下减轻处罚。第二,法定处罚种类只有一种,在该法定处罚种类的幅度以下无法再减轻处罚的，不予处罚。第三，规定拘留并处罚款的，在法定处罚幅度以下单独或同时减轻拘留和罚款，或者在法定处罚幅度内单处拘留。第四，规定拘留可以并处罚款的，在拘留的法定处罚幅度以下减轻处罚；在拘留的法定处罚幅度以下无法再减轻处罚的，不予处罚。

案例指引

03. 未成年人违反治安管理的，如何处罚？[①]

2018年9月26日下午，黄某某等三人（均系未成年人，其中黄某某未满16周岁）协商抢夺手机变卖换钱用，随后三人以买手机为名查看手机实施抢夺，其中一人被现场抓获，黄某某逃离后由其家长送至S市A区公安分局甲派出所。当日，甲派出所民警对黄某某等人分别进行询问。对黄某某进行询问时，其父亲暨法定代理人在场，但现场询问的民警仅有一人。民警依法制作了行政处罚告知笔录，同时告知了黄某某有陈述、申辩、听证的权利，黄某某在笔录上签名。同日，A区公安分局作出行政处罚决定书，对黄某某行政拘留3日（不执行）。2018年10月31日，黄某某向S市人民政府申请行政复议。S市人民政府作出行政复议决定，维持A区公安分局行政处罚决定书。黄某某仍不服，提起行政诉讼。

一审法院判决：一、确认A区公安分局于2018年9月26日作出的行政处罚决定违法；二、确认S市人民政府于2018年12月29日作出的行政复议决定违法。

《治安管理处罚法》第12条规定，已满14周岁不满18周岁的人违反治安管理的，从轻或者减轻处罚；不满14周岁的人违反治安管理的，

[①] 参见《2022年湖北省高级人民法院少年审判工作新闻发布会典型案例》，黄某某未成年人治安管理处罚案，载湖北省高级人民法院网，https：//www.hbfy.gov.cn/DocManage/ViewDoc？docId=05563956-0630-4c7c-a7de-81360ac0aa83，最后访问日期：2025年6月30日。

不予处罚，但是应当责令其监护人严加管教。第21条第1款①第1项规定，对已满14周岁不满16周岁的违法行为人，应当给予行政拘留处罚的，不执行处罚。第84条第3款②规定，询问不满16周岁的违反治安管理行为人，应当通知其父母或者其他监护人到场。以上均系《治安管理处罚法》为保障未成年人合法权益而作出的特别规定。本案中，违法行为人黄某某未满16周岁，公安机关在作出行政处罚决定时，严格执行上述法律规定，一是行政拘留期限在法定处罚幅度以下，即减轻了处罚；二是明确了不执行行政拘留；三是在进行询问时通知其父亲到场。通过规范执法行为，公安机关保障了黄某某作为未成年人的各项权利，也较好地体现了教育与处罚相结合的办案原则。人民法院在审理本案时，不仅对公安机关的上述做法予以认可，还对执法程序进行全面审查，指出了其在询问时仅有一名民警的程序瑕疵，并据此确认行政处罚决定违法。本案对于充分保障未成年人在治安管理处罚中的程序及实体权利具有较强指导意义。

关联参见

《公安机关办理行政案件程序规定》第6条、第157条

第十三条 【精神病人、智力残疾人违反治安管理的处罚】

精神病人、智力残疾人在不能辨认或者不能控制自己行为的时候违反治安管理的，不予处罚，但是应当责令其监护人加强看护管理和

---

① 对应2025年《治安管理处罚法》第23条第1款："违反治安管理行为人有下列情形之一，依照本法应当给予行政拘留处罚的，不执行行政拘留处罚：（一）已满十四周岁不满十六周岁的；（二）已满十六周岁不满十八周岁，初次违反治安管理的；（三）七十周岁以上的；（四）怀孕或者哺乳自己不满一周岁婴儿的。"

② 对应2025年《治安管理处罚法》第98条第3款："询问不满十八周岁的违反治安管理行为人，应当通知其父母或者其他监护人到场；其父母或者其他监护人不能到场的，也可以通知其成年亲属，所在学校、单位、居住地基层组织或者未成年人保护组织的代表等合适成年人到场，并将有关情况记录在案。确实无法通知或者通知后未到场的，应当在笔录中注明。"

治疗。间歇性的精神病人在精神正常的时候违反治安管理的，应当给予处罚。尚未完全丧失辨认或者控制自己行为能力的精神病人、智力残疾人违反治安管理的，应当给予处罚，但是可以从轻或者减轻处罚。

条文解读

与修订前的《治安管理处罚法》第13条相比，本条在精神病人之外增加了关于"智力残疾人"的规定；在法条末尾处新增了"尚未完全丧失辨认或者控制自己行为能力的精神病人、智力残疾人有违反治安管理的，应当给予处罚，但是可以从轻或者减轻处罚"的规定。

完全的精神病人应为行为时完全不能辨认、不能控制自己的行为，其实施对社会有危害的违反治安管理的行为，不追究其法律责任。

间歇性精神病人，是指一个人的精神并非一直处于错乱状态而完全丧失辨认或者不能控制自己的行为能力的精神病人。这种精神病人的精神时而正常，时而不正常，在精神正常的情况下，头脑是清醒的，具有辨认或者控制自己行为的能力；在发病的时候，就丧失了辨认是非和控制自己行为的能力，即其精神病是处于间断性发作的状态。基于精神病人的这一特点，本条对其处罚作了特别的规定，即当精神病人在不能辨认或者不能控制自己行为的时候违反治安管理的，不予处罚；在精神正常的时候违反治安管理的，应当给予处罚。

智力残疾人，是指智力明显低于一般人的水平并显示具有适应行为障碍的人，包括在智力发育期间由各种有害因素导致的精神发育不全、智力迟钝或智力发育成熟后由各种有害因素导致的智力损害或老年期的智力明显衰退。

实务应用

16. 精神病人违反治安管理造成他人损害的，由谁承担赔偿责任？

精神病人是在不能辨认或者不能控制自己的行为的时候违反治安管

理，对他人造成损害的，依据本法第 8 条第 1 款的规定："违反治安管理行为对他人造成损害的，除依照本法给予治安管理处罚外，行为人或者其监护人还应当依法承担民事责任。"此外，《人民警察法》第 14 条规定："公安机关的人民警察对严重危害公共安全或者他人人身安全的精神病人，可以采取保护性约束措施。需要送往指定的单位、场所加以监护的，应当报请县级以上人民政府公安机关批准，并及时通知其监护人。"可见，应由监护人对于精神病人造成的损害承担赔偿责任。

关联参见

《民法典》第 21 条、第 22 条；《刑法》第 18 条；《行政处罚法》第 31 条；《公安机关办理行政案件程序规定》第 158 条

第十四条 【盲人、聋哑人违反治安管理的处罚】盲人或者又聋又哑的人违反治安管理的，可以从轻、减轻或者不予处罚。

条文解读

本条是关于盲人和又聋又哑的人违反治安管理的处罚规定。《刑法》第 19 条规定了相应的刑事责任，《行政处罚法》对此没有作出相应的规定。本条在适用的时候，要注意的是：首先，由于盲人、又聋又哑的人本身精神是健全的，并不会因自身残疾而完全丧失分辨是非和控制行为的能力，所以当其实施违反治安管理行为，给社会造成危害时，应当承担相应的法律责任。其次，这类特殊人群由于具有明显的生理缺陷，在接受教育、了解事物等方面都受到了一定的限制和影响，其辨认事物和控制行为的能力可能会受到生理缺陷的影响，故对其可以从轻、减轻或不予处罚，注意这里是"可以"而非"应当"。最后，此处的"不予处罚"，主要是指盲人或者又聋又哑的人因生理原因违反治安管理的，应当不予处罚。

第十五条 【醉酒的人违反治安管理的处罚】醉酒的人违反治安管理的，应当给予处罚。

醉酒的人在醉酒状态中，对本人有危险或者对他人的人身、财产或者公共安全有威胁的，应当对其采取保护性措施约束至酒醒。

条文解读

本条是关于醉酒的人的法律责任的规定。醉酒是行为人在清醒状态时不控制自己的饮酒量，放纵自己所致，完全是个人行为导致的辨别、控制能力下降的状态。醉酒的人控制自己行为的能力减弱，是因为在酒精作用下，其神经系统发生一定程度的暂时性紊乱，与精神病人的发病原理完全不同。所以，醉酒的人违反《治安管理处罚法》，仍要处罚，不能从轻、减轻或免于追究其法律责任。若醉酒的人因为酒精刺激而处于行为失控状态，耍酒疯、胡打乱闹，极易肇事，对其本人及他人的安全都有威胁。这种情况下，公安机关有权依法对醉酒的人加以约束，直至其恢复常态。

实务应用

17. 对醉酒的人可以采取哪些保护性措施？

《公安机关办理行政案件程序规定》第 58 条第 1 款规定："违法嫌疑人在醉酒状态中，对本人有危险或者对他人的人身、财产或者公共安全有威胁的，可以对其采取保护性措施约束至酒醒，也可以通知其家属、亲友或者所属单位将其领回看管，必要时，应当送医院醒酒。对行为举止失控的醉酒人，可以使用约束带或者警绳等进行约束，但是不得使用手铐、脚镣等警械。"对醉酒的人实施保护性约束手段的目的，是防止其在醉酒的状态下作出伤害自己和他人的事情，因此，公安机关在对其实施约束时，可以采用约束带或者警绳，但要注意捆绑的方式、方法和力度，绝对不能使用手铐、脚镣。

关联参见

《公安机关办理行政案件程序规定》第 58 条

第十六条 【数种违法行为的并罚】有两种以上违反治安管理行为的，分别决定，合并执行处罚。行政拘留处罚合并执行的，最长不超过二十日。

条文解读

分别决定 ➡ 对于不同的违法行为，要分别决定，即公安机关对违反治安管理行为人所实施的数种违反治安管理行为应当分别作出决定，有几种违法行为就作出几个裁决书。分别决定有利于分清违法行为的事实、明确责任，为当事人依法寻求救济提供方便。

合并执行 ➡ 合并执行也不是所有的处罚种类都可以合并到一起执行，如不同种类的行政处罚无法合并执行、两个警告也无法合并执行。只有同是罚款或同是行政拘留的处罚才可以合并执行。两个以上的罚款可以将数额相加而合并执行；两个以上的拘留可以将拘留天数相加执行，当然合并执行两个以上的拘留，其实际拘留执行天数不应当超过法定最长期限 20 日。

需要指出的是，首先，分别决定的前提是违反治安管理行为人实施了不同的违法行为，如果实施的是同种行为，则不能适用分别决定的规定，则也不存在合并拘留处罚的问题。其次，根据法律所作出的决定结果必须都是行政拘留，如果既有拘留，还有罚款等治安处罚，只能是分别处罚，不得合并或者折合拘留执行。最后，合并拘留的最长期限为 20 日，即将对违反治安管理行为人的行政拘留期限合并后的执行期限最长不得超过 20 日，即使简单相加已经远远超出 20 天。

实务应用

18. 如何计算行政拘留的时间？

根据本法相关规定，行政拘留的时间是 1 日以上 15 日以下，合并执行的最长不超过 20 日。从中可以看出，行政拘留的期限是以"日"为单位的，而不是以"时"为单位，所以执行行政拘留的时间也应当以"日"为单位计算。本法对于"行政拘留开始日是否计算在内"没有明确的规定，但是根据一般的计算方法，被决定行政拘留的人入所当日不计算在内，出所当日计算在内。比如，甲被拘留 5 日，从 6 月 2 日入所，6 月 2 日当天不计算在拘留日期内，至 6 月 7 日甲出所。

关联参见

《公安机关办理行政案件程序规定》第 161 条

第十七条 【共同违反治安管理和教唆、胁迫、诱骗他人违反治安管理的处罚】共同违反治安管理的，根据行为人在违反治安管理行为中所起的作用，分别处罚。

教唆、胁迫、诱骗他人违反治安管理的，按照其教唆、胁迫、诱骗的行为处罚。

条文解读

共同违反治安管理 ▶ 共同违反治安管理，是指两人或两人以上共同违反治安管理的行为。这种共同行为一般具有以下特点：主观方面，各个违反治安管理的主体都有共同实施违反治安管理行为的故意；客观方面，共同违反治安管理的主体必须共同实施违反治安管理的行为。为了同一个目的，彼此联系、积极配合、共同实施。

分别处罚 ▶ 分别处罚，是指对共同违反治安管理行为人，根据他们在同一违反治安管理行为中的违法情节，明确应承担的法律责任，分别给予不同的处罚。分别处罚是对自己行为负责原则的必然要求。对其中起主要作用的组织者、策划者和起次要作用、辅助作用的行为人应当区别对待。

教唆、胁迫、诱骗 ➡ 教唆是指以劝说、挑拨、煽动等多种方法故意实施的唆使他人违反治安管理的行为；胁迫是指用威逼、强制的手段迫使他人实施违反治安管理的行为，包括暴力胁迫和非暴力胁迫；诱骗是指用引诱、欺骗的方法使他人上当受骗而实施违反治安管理行为。以上三种行为，只要实施其中一种即可处罚，即按照其教唆、胁迫、诱骗的行为处罚。

实务应用

19. 对共同违反治安管理行为人在分别处罚时，如何具体操作？

对于"起主要作用"（组织、策划、领导、指挥）的行为人，按照他所参与的全部违反治安管理的行为处罚；对于"起次要作用"的行为人，应当比照处罚最轻的"起主要作用"的行为人的法律责任，予以从轻或者减轻处罚；对于"起辅助作用"的行为人，应当在比照"起主要作用"的行为人对于共同违反治安管理行为本身应当承担的法律责任的基础上，予以适当减轻处罚或者不予处罚；对于违反治安管理行为中所起作用相当的行为人，应当基于共同违反治安管理本身应负的法律责任，给予行为人相同或者相似的处罚。

第十八条　【单位违反治安管理的处罚】 单位违反治安管理的，对其直接负责的主管人员和其他直接责任人员依照本法的规定处罚。其他法律、行政法规对同一行为规定给予单位处罚的，依照其规定处罚。

条文解读

本条是关于单位违反治安管理的处罚规定。单位违反治安管理是指公司、企业、事业单位、机关、团体实施了依法应当给予治安管理处罚的危害社会的行为。关于"单位"的范围，应当与《刑法》的规定相一致，即单位包括：公司、企业、事业单位、机关、团体。关于单位违反治安管理的处罚，采取对自然人处罚为主，对单位处罚为辅的原则（双罚制），即主要针对直接负责的主管人员和其他直接责任人员进行处罚。原则上对单位不予处罚，只有当法律、行政法规规定对单位给予处罚时，才得对单位进行处罚。

第十九条 【为免受不法侵害而采取的制止行为】为了免受正在进行的不法侵害而采取的制止行为，造成损害的，不属于违反治安管理行为，不受处罚；制止行为明显超过必要限度，造成较大损害的，依法给予处罚，但是应当减轻处罚；情节较轻的，不予处罚。

条文解读

由于缺乏直接的法律支撑和办案理念的差异等问题，在办理治安管理案件时，存在被打一方还手被认定为"互殴""各打五十大板"的现象。正当防卫不应是刑事法律的独有制度，在民事司法领域、治安管理领域同样适用。《治安管理处罚法》是《刑法》的前置法，与《刑法》在调整对象、处罚措施和法律后果等方面存在显著差异，但二者在维护社会秩序和保障公民权益方面有着共同的目标，其立法宗旨、精神、价值取向理应保持一致。这一规定与《刑法》及相关司法解释中的正当防卫制度相衔接，避免了"谁闹谁有理、谁伤谁有理"，鼓励公民合法维权，弘扬社会正气，让"法不能向不法让步"的观念同样贯彻于治安领域。

本法此次修订明确了公民对不法侵害行为有权采取防卫性措施，包含以下几层含义：

（1）明确正当防卫的合法性：公民在面对不法侵害时，有权采取必要的防卫措施，保护自身或他人的人身、财产安全。

（2）界定防卫限度：防卫行为应当在合理限度内，避免过度防卫导致不必要的损害。

（3）免除法律责任：对于符合正当防卫条件的行为，免除其治安管理处罚责任，保障公民行使防卫权的合法性。

（4）保护见义勇为：鼓励公民在他人遭受不法侵害时挺身而出，明确见义勇为行为受法律保护，避免因防卫行为受到不当处罚。

关联参见

《刑法》第20条

第二十条　【从轻、减轻或者不予处罚的情形】 违反治安管理有下列情形之一的，从轻、减轻或者不予处罚：

（一）情节轻微的；

（二）主动消除或者减轻违法后果的；

（三）取得被侵害人谅解的；

（四）出于他人胁迫或者诱骗的；

（五）主动投案，向公安机关如实陈述自己的违法行为的；

（六）有立功表现的。

条文解读

情节轻微，是指行为人实施的违反治安管理行为情节轻微，其社会危害性尚未达到应当受治安处罚的程度。这种行为从程度上看，给被侵害人造成的损失或伤害较轻，危害后果较小，所以应当从轻、减轻或者不予处罚。

主动消除或减轻违法后果，是指行为人认识到自己实施违反治安管理行为的社会危害后果，从而主动地、积极地去消除或者减轻违法后果，如积极将被殴打的被侵害人送往医院治疗等。

取得被侵害人谅解，是指违反治安管理行为人要主动做工作，承认自己的错误，以取得被侵害人的谅解，即被侵害人已经原谅了违反治安管理行为人。

出于他人胁迫或者诱骗的，这里的胁迫，是指违反治安管理行为人受到他人以立即实施暴力或其他有损身心健康的行为的压力，如以冻饿、罚跪等相要挟，具体可以分为暴力胁迫和非暴力胁迫两种。诱骗，是指违反治安管理行为被他人诱导、欺骗而实施违反治安管理的行为。

有立功表现，是对出现违法行为后的悔改表现的规定。立功，一般是指揭发、检举其他违法行为人的违法行为，或者提供重要线索、证据等情形。从立法技术看，这种通过立功表现来获得从轻、减轻或免除处罚的行为已经被本法所肯定，它能够很好地起到激励违法行为人改过并有利于案件的侦破。

实务应用

20. 违法行为轻微并且及时纠正的，是否适用本条？

对于违法行为轻微并且及时纠正的情形，《公安机关办理行政案件程序规定》第159条第2款规定："违法行为轻微并及时纠正，没有造成危害后果的，不予行政处罚。"可见其并不属于本条规定的不予处罚的情形，而是应当适用《公安机关办理行政案件程序规定》第159条第2款或者是《行政处罚法》第33条第1款的规定。

关联参见

《行政处罚法》第32条、第33条；《公安机关办理行政案件程序规定》第159条

第二十一条 【认错认罚从宽处理】违反治安管理行为人自愿向公安机关如实陈述自己的违法行为，承认违法事实，愿意接受处罚的，可以依法从宽处理。

▎条文解读

认错认罚从宽制度的建立是提升执法效能的重要举措。近年来，在中央有关"深化诉讼制度改革、推进案件繁简分流、轻重分离、快慢分道"的要求之下，刑事诉讼领域围绕"认罪认罚从宽"已有了诸多制度建设和理论研究成果。本条规定的认罪认罚从宽制度借鉴了《刑事诉讼法》中的认罪认罚从宽制度，为违法行为人主动纠正错误提供了激励，有利于降低执法成本，提高执法效率。值得注意的是，依法从宽处理的条件包括自愿如实陈述、承认违法事实以及愿意接受处罚。

▎关联参见

《刑事诉讼法》第15条；《公安机关办理行政案件程序规定》第6章第2节；《最高人民法院、最高人民检察院、公安部、国家安全部、司法部关于适用认罪认罚从宽制度的指导意见》

第二十二条 【从重处罚的情形】 违反治安管理有下列情形之一的，从重处罚：

（一）有较严重后果的；

（二）教唆、胁迫、诱骗他人违反治安管理的；

（三）对报案人、控告人、举报人、证人打击报复的；

（四）一年以内曾受过治安管理处罚的。

▎条文解读

本条是关于从重处罚的规定。从重处罚是指公安机关在法律、法规和规章规定的处罚方式和处罚幅度内，对于违反治安管理行为人给予较重的处罚。具体来说有两种情形：一是在几种可能的处罚方式中，选择较重的处罚方式，如对于一种违法行为可以处以警告、罚款、拘留的，选择拘留的处罚方式就是从重处罚；二是在同一种处罚方式允许的幅度内选择较高的幅度处罚，如公安机关对行为人可以"处10日以上15日以下的拘留"，决定处以14日的拘留就是从重处罚。

本条规定了四种治安管理从重处罚的情形。《公安机关办理行政案件程序规定》第160条还规定了两种情形：其一，1年内因同类违法行为受到2次以上公安行政处罚的；其二，刑罚执行完毕3年内，或者在缓刑期间，违反治安管理的。

关联参见

《公安机关办理行政案件程序规定》第160条

第二十三条　【不执行行政拘留处罚的情形与例外】 违反治安管理行为人有下列情形之一，依照本法应当给予行政拘留处罚的，不执行行政拘留处罚：

（一）已满十四周岁不满十六周岁的；

（二）已满十六周岁不满十八周岁，初次违反治安管理的；

（三）七十周岁以上的；

（四）怀孕或者哺乳自己不满一周岁婴儿的。

前款第一项、第二项、第三项规定的行为人违反治安管理情节严重、影响恶劣的，或者第一项、第三项规定的行为人在一年以内二次以上违反治安管理的，不受前款规定的限制。

条文解读

本条规定了应当给予行政拘留处罚，但不执行该行政拘留处罚的四种法定情形。对以上几类主体不执行行政拘留，并不意味着不采取措施。被处罚人居住地公安派出所应当会同被处罚人所在单位、学校、家庭、居（村）民委员会、未成年人保护组织和有关社会团体进行帮教。

第 2 款是本条此次修订新增内容，明确了未成年人保护与惩处并重的立场。本款首先对未成年人行政拘留的条件进行了调整，改变了以往这两类未成年人通常不执行行政拘留处罚的情况。即对于 14 周岁至 16 周岁 1 年内 2 次以上违反治安管理的未成年人，可以依法执行拘留；同时，14 周岁至 16 周岁以及 16 周岁至 18 周岁初次违反治安管理，若情节严重、影响恶劣的，同样可以依法执行拘留。此外，70 周岁以上的行为人违反治安管理情节严重、影响恶劣的，同样可以依法执行拘留。

实务应用

21. 哪些情形不属于"初次违反治安管理"？

"初次违反治安管理"，是指行为人的违反治安管理行为第一次被公安机关发现或者查处。但具有下列情形之一的，不属于"初次违反治安管理"：（1）曾违反治安管理，虽未被公安机关发现或者查处，但仍在法定追究时效内的；（2）曾因不满 16 周岁违反治安管理，不执行行政拘留的；（3）曾违反治安管理，经公安机关调解结案的；（4）曾因实施扰乱公共秩序，妨害公共安全，侵犯人身权利、财产权利，妨害社会管理的行为被人民法院判处刑罚或者免除刑事处罚的。

第二十四条 【未成年人矫治教育等措施】对依照本法第十二条规定不予处罚或者依照本法第二十三条规定不执行行政拘留处罚的未成年人，公安机关依照《中华人民共和国预防未成年人犯罪法》的规定采取相应矫治教育等措施。

条文解读

我国《刑法》《预防未成年人犯罪法》确立了专门的矫治教育制度，对因不满 16 周岁不予刑事处罚的未成年人予以专门矫治教育。通过在封闭场所内对未成年人进行矫治和教育，改变未成年人的不良思想和行为习惯，提升未成年人的自我管理、自我教育能力，以最大限度预防和减少未成年人犯罪。未成年人实施《刑法》规定的行为、因不满法定刑事责任年龄不予刑事处罚的，经专门教育指导委员会评估同意，教育行政部门会同公安机关可以决定对其进行专门矫治教育。省级人民政府应当结合本地的实际情况，至少确定一所专门学校按照分校区、分班级等方式设置专门场所，对前述规定的未成年人进行专门矫治教育。前述规定的专门场所应实行闭环管理，公安机关、司法行政部门负责未成年人的矫治工作，教育行政部门承担未成年人的教育工作。专门学校应当对接受专门教育的未成年人分级分类进行教育和矫治，有针对性地开展道德教育、法治教育、心理健康教育，并根据实际情况进行职业教育；对没有完成义务教育的未成年人，应当保证其继续接受义务教育。

关联参见

《预防未成年人犯罪法》第17条、第45条、第47条

第二十五条 【追究时效】违反治安管理行为在六个月以内没有被公安机关发现的，不再处罚。

前款规定的期限，从违反治安管理行为发生之日起计算；违反治安管理行为有连续或者继续状态的，从行为终了之日起计算。

条文解读

本条第1款是关于追究时效的规定。追究时效是指追究违反治安管理行为人法律责任的有效期限。追究违反治安管理行为人的责任，必须在本款规定的期限内（6个月），如果违反治安管理行为在6个月以内没有被公安机关发现的，过了6个月就不再追究和处罚。所谓"被公安机关发现"，不能仅仅理解为公安机关直接发现，需由公安机关人民警察亲眼所见，还包括间接发现，如受害人向公安机关报告、单位或者群众举报等。这里的未被"发现"，既包括违反治安管理行为没有被发现，

也包括虽然发现了违反治安管理行为，但不知该行为是由何人实施的两种情形。

本条第2款规定的追究时效期限的起算时间因违反治安管理行为的状态不同而不同。本法与《行政处罚法》是特殊法与一般法的关系，本法有特殊规定的，适用本法而不适用《行政处罚法》。

实务应用

22. 违反治安管理行为的被侵害人在追究时效内向公安机关提出控告，公安机关应当受理而不受理的，如何计算追诉时效？

《公安机关办理行政案件程序规定》第154条规定："违反治安管理行为在六个月内没有被公安机关发现，其他违法行为在二年内没有被公安机关发现的，不再给予行政处罚。前款规定的期限，从违法行为发生之日起计算，违法行为有连续、继续或者持续状态的，从行为终了之日起计算。被侵害人在违法行为追究时效内向公安机关控告，公安机关应当受理而不受理的，不受本条第一款追究时效的限制。"因此，违反治安管理行为的被侵害人在追究时效内向公安机关提出控告，公安机关应当受理而不受理的，违反治安管理的追究时效应当终止，即违反治安管理行为人要受到永久性的、无期限的追究。因为，受到违反治安管理行为人侵害的受害人在追究时效内向公安机关提出控告，表明该行为已经被公安机关发现。

23. 违反治安管理行为超过法定追诉时效的，是否意味着将没有任何法律后果？

公安机关对超过追究时效的违反治安管理行为不再处罚，但有违禁品的，应当依法予以收缴。可见对于违法行为不予追究并不代表着不承担任何法律后果。

关联参见

《公安机关办理行政案件程序规定》第154条

第三章 违反治安管理的行为和处罚

第一节 扰乱公共秩序的行为和处罚

第二十六条 【扰乱单位、公共场所、公共交通工具、选举等秩序】有下列行为之一的，处警告或者五百元以下罚款；情节较重的，处五日以上十日以下拘留，可以并处一千元以下罚款：

（一）扰乱机关、团体、企业、事业单位秩序，致使工作、生产、营业、医疗、教学、科研不能正常进行，尚未造成严重损失的；

（二）扰乱车站、港口、码头、机场、商场、公园、展览馆或者其他公共场所秩序的；

（三）扰乱公共汽车、电车、城市轨道交通车辆、火车、船舶、航空器或者其他公共交通工具上的秩序的；

（四）非法拦截或者强登、扒乘机动车、船舶、航空器以及其他交通工具，影响交通工具正常行驶的；

（五）破坏依法进行的选举秩序的。

聚众实施前款行为的，对首要分子处十日以上十五日以下拘留，可以并处二千元以下罚款。

条文解读

本条是关于扰乱机关单位、公共场所、公共交通和选举秩序的行为及其处罚的规定。此次修订提高了罚款的金额上限，在第1款第3项新增了"城市轨道交通车辆"等。

其中，公共场所，是指具有公共性的特点，对公众开放，供不特定多数人出入、停留、使用的场所。公共交通工具，是指正在运营的公共汽车、电车、城市轨道交通车辆、火车、船舶、航空器或其他公共交通工具。

聚众实施扰乱公共秩序行为，是指组织、纠集他人实施本条第1款规定的五类行为。所谓首要分子，主要是指在行为过程中起组织、策划、指挥作用的人。由于聚众实施扰乱公共秩序行为会相应加重扰乱公共秩序的后果，甚至构成扰乱社会治安的群体性事件，因此对于实施此类行为的首要分子规定了更加严厉的处罚，拘留最高可达15日，可以并处2000元以下的罚款。

关联参见

《刑法》第256条、第290条、第291条；《全国人民代表大会和地方各级人民代表大会选举法》

第二十七条 【扰乱国家考试秩序】 在法律、行政法规规定的国家考试中，有下列行为之一，扰乱考试秩序的，处违法所得一倍以上五倍以下罚款，没有违法所得或者违法所得不足一千元的，处一千元以上三千元以下罚款；情节较重的，处五日以上十五日以下拘留：

（一）组织作弊的；

（二）为他人组织作弊提供作弊器材或者其他帮助的；

（三）为实施考试作弊行为，向他人非法出售、提供考试试题、答案的；

（四）代替他人或者让他人代替自己参加考试的。

条文解读

本条是此次修订新增加的内容。组织作弊、非法出售考试答案、代替考试等扰乱考试秩序的行为，首次被明确为治安违法行为，可处罚款、拘留。

法律规定的国家考试 ➡ 下列考试属于"法律规定的国家考试"：（1）普通高等学校招生考试、研究生招生考试、高等教育自学考试、成人高等学校招生考试等国家教育考试；（2）中央和地方公务员录用考试；（3）国家统一法律职业资格考试、国家教师资格考试、注册会计师全国统一考试、会计专业技术资格考试、资产评估师资格考试、医师资格考试、执业药师职业资格考试、注册建筑师考试、建造师执业资格考试等专业技术资格考试；（4）其他依照法律由中央或者地方主管部门以及行业组织的国家考试。

作弊器材 ➡ 作弊器材，是指具有避开或者突破考场防范作弊的安全管理措施，获取、记录、传递、接收、存储考试试题、答案等功能的程序、工具，以及专门设计用于作弊的程序、工具。

案例指引

04. "国家机关受法律委任制定的行政法规、规章中规定的国家考试"是否属于"法律规定的国家考试"？[①]

上海市崇明区人民检察院诉
张志杰、陈钟鸣、包周鑫组织考试作弊案

裁判摘要

组织考试作弊罪中的考试是指法律规定的国家考试，这里的"法律"应当限缩解释为全国人大及其常委会制定的法律。若某部法律中未对国家考试作出直接规定，但明确规定由相关国家机关制定有关制度，相关国家机关据此制定了行政法规或部门规章对国家考试作出规定，则该考试仍应认定为法律规定的国家考试。在该考试中组织作弊的，应依法以组织考试作弊罪追究刑事责任。

基本案情

公诉机关：上海市崇明区人民检察院。

被告人：张志杰，男，31岁，汉族，住上海市闵行区。因本案于

[①] 参见《上海市崇明区人民检察院诉张志杰、陈钟鸣、包周鑫组织考试作弊案》，载《最高人民法院公报》2018年第12期。

2016年9月11日被刑事拘留，同年10月18日被逮捕。

被告人：陈钟鸣，男，34岁，汉族，住上海市宝山区。因本案于2016年9月11日被刑事拘留，同年10月18日被逮捕。

被告人：包周鑫，男，31岁，汉族，住上海市徐汇区。因本案于2016年9月11日被刑事拘留，同年10月18日被逮捕。

上海市崇明区人民检察院以被告人张志杰、陈钟鸣、包周鑫犯组织考试作弊罪，向上海市崇明区人民法院提起公诉。

起诉书指控：2015年年底，被告人张志杰、陈钟鸣、包周鑫三人预谋在2016年度全国会计专业技术中级资格考试中组织考生作弊，并从中牟利。后张志杰、包周鑫自行或委托他人招收考生报名参加该考试并收取费用，并将考试地点统一选定在崇明区扬子中学考点。期间，张志杰、陈钟鸣通过网购等方式准备作弊工具，张志杰、包周鑫等人组织相关考生进行作弊器使用培训并将作弊器分发给考生。

2016年9月10日上午，被告人陈钟鸣指使马战辉、刘节（均另行处理）等人进入2016年度全国会计专业技术中级资格考试考点，利用随身携带的作弊器材拍摄考试试卷并将视频通过网络传送至场外。陈钟鸣安排付燕萍、张睿（均另行处理）利用电脑将上述视频截图，并将考题交由其和被告人张志杰组织的人员进行答题。形成答案后，张志杰将答案通过网络传输给等候在扬子中学考场周边的被告人包周鑫，包周鑫等人再将答案通过作弊设备传送给相关考生。当日上午，上海市职业能力考试院工作人员在崇明区扬子中学考点巡考过程中，当场查获使用上述作弊设备进行作弊的考生60余名。

2016年9月10日晚，公安人员在崇明区陈家镇抓获被告人包周鑫。次日，公安人员在上海市闵行区、宝山区分别抓获被告人张志杰、陈钟鸣。到案后，三名被告人对上述犯罪事实供认不讳。

公诉机关认为，被告人张志杰、陈钟鸣、包周鑫在法律规定的国家考试中组织作弊，其行为均已构成组织考试作弊罪。被告人张志杰、陈钟鸣、包周鑫如实供述自己的罪行，可以从轻处罚。请求法院依法判处。

被告人张志杰及其辩护人对起诉书指控的事实及罪名不持异议；辩护人认为被告人张志杰如实供述犯罪事实，认罪悔罪态度较好，建议对其从轻处罚。

被告人陈钟鸣及其辩护人对起诉书指控的事实及罪名不持异议；辩护人认为被告人陈钟鸣具有坦白情节，且在共同犯罪中的作用相对较小，请求对其从轻处罚。

被告人包周鑫及其辩护人对起诉书指控的事实及罪名不持异议；辩护人认为被告人包周鑫在共同犯罪中起次要、辅助作用，系从犯，且如实供述犯罪事实，建议对其从轻处罚。

在审理过程中，有观点提出本案所涉及的全国会计专业技术中级资格考试是由财政部、人事部于2000年9月制定颁布的《会计专业技术资格考试暂行规定》（以下简称《暂行规定》）所规定的，并非由全国人大及其常委会制定的法律所规定，因此不属于法律规定的国家考试，本案不能以组织考试作弊罪定罪处罚。

上海市崇明区人民法院一审查明：

2015年年底，被告人张志杰、陈钟鸣、包周鑫三人预谋在2016年度全国会计专业技术中级资格考试中组织考生作弊，并从中牟利。后张志杰、包周鑫自行或委托他人招收考生报名参加该考试并收取费用，并将考试地点统一选定在崇明区扬子中学考点。期间，张志杰、陈钟鸣通过网购等方式准备作弊工具，张志杰、包周鑫等人组织相关考生进行作弊器使用培训并将作弊器分发给考生。

2016年9月10日上午，被告人陈钟鸣指使马战辉、刘节（均另行处理）等人进入2016年度全国会计专业技术中级资格考试考点，利用随身携带的作弊器材拍摄考试试卷并将视频通过网络传送至场外。陈钟鸣安排付燕萍、张睿（均另行处理）利用电脑将上述视频截图，并将考题交由其和被告人张志杰组织的人员进行答题。形成答案后，张志杰将答案通过网络传输给等候在扬子中学考场周边的被告人包周鑫，包周鑫等人再将答案通过作弊设备传送给相关考生。当日上午，上海市职业能力考试院工作人员在崇明区扬子中学考点巡考过程中,当场查获使用上述作弊设备进行作弊的考生60余名。

2016年9月10日晚,公安人员在崇明区陈家镇抓获被告人包周鑫。次日,公安人员在上海市闵行区、宝山区分别抓获被告人张志杰、陈钟鸣。到案后,三名被告人对上述犯罪事实供认不讳。

被告人包周鑫从蔡永生、沈剑处分别收取招生费用54000元、42000元;被告人张志杰从包周鑫处收取60000元。

裁判结果

上海市崇明区人民法院一审认为,全国会计专业技术中级资格考试(以下简称中级会计考试)属于《刑法》中"法律规定的国家考试",三名被告人张志杰、陈钟鸣、包周鑫在该考试中组织作弊,其行为均已构成组织考试作弊罪,公诉机关指控的罪名成立,理由如下:

一、组织考试作弊罪中的"考试"须为全国人大及其常委会制定的法律规定的国家考试

《刑法》第284条之一第1款规定:"在法律规定的国家考试中,组织作弊的,处三年以下有期徒刑或者拘役,并处或者单处罚金;情节严重的,处三年以上七年以下有期徒刑,并处罚金。"该条规定清楚显示,刑法只惩治在法律规定的国家考试中组织作弊的行为,对于在其他考试中组织作弊的行为,不以犯罪论处。对于"法律规定的国家考试"的理解应当明确两点。第一,"国家考试"的范围。国家考试一般是指由国家机关设立的、由国家法定机关组织实施的,为达到特定国家目的而进行的考试。因此,只有在国家考试中组织作弊的,才构成该罪名,在其他社会考试或自治考试中组织作弊的,不能构成本罪。第二,"法律规定"的含义。这里的"法律"应当作狭义解释,即仅指由全国人大及其常委会制定的法律。《刑法修正案(九)草案》在审议过程中,曾采用过"国家规定的考试"等表述,但若按此表述,则将包括法律、行政法规规定的各种考试,种类繁多,不胜枚举。因增加组织考试作弊罪主要是从维护社会诚信、惩治严重失信行为的角度出发而作出的专门规

定,对考试的范围作出明确的限定是必要的,以凸显刑法的谦抑性特点。相反,若不对考试范围作出限定,将各类考试全部纳入刑法保护范围,会使本罪的犯罪圈过大,模糊了刑法的打击重点。因此在经过反复审议后,《刑法修正案(九)》采用了"法律规定的国家考试"的表述,即构成要件所要求的"考试"仅限于全国人大及其常委会制定的法律中规定的国家考试,如《公务员法》规定的公务员考试、《高等教育法》规定的研究生考试等。这就从考试层级的角度将大量层级和影响力较低的考试排除出刑法规制的范围,刑法的谦抑性得到充分彰显。

二、中级会计考试是由财政部、人事部根据《会计法》的委任制定的行政规章中规定的国家考试,但其本质属于法律规定的国家考试

2000年7月施行的《会计法》规定:"国家实行统一的会计制度,国家统一的会计制度由国务院财政部门根据本法制定并公布。""国家统一的会计制度,是指国务院财政部门根据本法制定的关于会计核算、会计监督、会计机构和会计人员以及会计工作管理的制度。"此外又规定"担任单位会计机构负责人(会计主管人员)的,除取得会计从业资格证书外,还应当具备会计师以上专业技术职务资格或者从事会计工作三年以上经历"。[①] 不难看出,《会计法》中明确委任国家财政部门制定包括有关会计机构、会计人员资质的考试制度在内的国家会计制度,且对担任会计机构负责人的条件之一为具备会计师以上专业技术职务资格作出了直接的规定。

2000年9月,财政部、人事部根据《会计法》的规定联合制定颁布了《会计专业技术资格考试暂行规定》(以下简称《暂行规定》)。该《暂行规定》明确"会计专业技术资格分为:初级资格、中级资格和高级资格。""取得中级资格并符合国家有关规定,可聘任会计师职务。""会计专业技术资格实行全国统一组织、统一考试时间、统一考试大纲、统一考试命题、统一合格标准的考试制度。"

---

① 分别对应现行《会计法》第8条第1款、第48条、第36条。

因此，中级会计考试的直接来源虽然是《暂行规定》，但是《会计法》的相关规定能够明确该《暂行规定》与《会计法》的本源联系。《会计法》与《暂行规定》相衔接，形成了一个关于会计专业技术考试、会计专业资格与任职资质三者关系的完整链条：通过中级会计考试——取得会计专业技术中级资格——聘任会计师——担任单位会计机构负责人，前两者由财政部、人事部根据《会计法》制定的《暂行规定》加以明确，后两者则直接规定在全国人大制定的《会计法》之中。中级会计考试表面上虽规定在"链条前端"的《暂行规定》，但其本质实际来源于全国人大常委会制定的《会计法》。

三、法律规定的国家考试可扩大解释为国家机关受法律委任制定的行政法规、规章中规定的国家考试

（一）法律可委任相关国家机关就某一事项作出规定，考试制度并不例外

法律所调整的是全国范围内在某领域的权利义务关系，其位阶决定其所作规定不可能"事无巨细"，一般均需要国家职能机关就某一专门领域作出进一步较为细致的规定；此外，法律都具有相对滞后性，为了能够及时应对社会新情况、新问题，法律中委任国家职能机关就某方面作出细致规定是较为普遍的现象。这在法理学上被称为"委任性规则"，即具体内容尚未确定，只规定某种概括性指示，由相应国家机关通过相应途径或程序加以确定的法律规则。应当说，委任性规定在法律条文中的存在是一种能够较好地适应社会变化和避免法律朝令夕改的立法技巧，是值得参考、借鉴和提倡的。

（二）法律规定的国家考试可作适当扩大解释

第一，国家机关根据法律委任制定的规章中规定的国家考试，该考试相对于法律本身而言，是一种"间接规定"。组织考试作弊罪将考试范围限定在"法律规定的国家考试"，但没有限定法律作出规定的具体方式。根据文义解释的方法，将法律规定解释为法律"直接"或"间接"规定符合基本语法规范，同时亦没有超出普通大众的认知范围，因

此是一种合理解释。

第二，国家考试虽直接规定在受法律委任的国家机关制定的行政法规、规章中，但其本质上仍属于法律规定的考试。以上述中级会计考试为例，虽然考试是直接规定在行政法规或规章中，但若该行政法规、规章是国家机关根据法律的委任制定，且直接根据法律对国家考试作出了规定，那么该国家考试本质上与在法律中直接规定的国家考试并无实质差别，仅是因立法技巧将考试和法律条文表面上"分离"开来而已。

第三，受法律委任的国家机关制定的行政法规、规章中规定的国家考试与法律直接规定的国家考试在组织主体级别、考试地域范围、考试影响力等方面均具有同质性。从同案同判的角度上讲，在此类考试中组织作弊应依法追究刑事责任。以《旅游法》为例，其中规定参加导游资格考试成绩合格，与旅行社订立劳动合同或者在相关旅游行业组织注册的人员，可以申请取得导游证。即，在法律中直接对通过考试方式取得导游资格作出了规定，因此，导游资格考试应当属于典型的"法律规定的国家考试"。导游资格考试的地域范围是全国，而设置该考试的核心目的则是为国家选拔专业导游以规范旅游市场，维护旅游者合法权益。而本案中涉及的中级会计考试虽然未在法律中被直接规定，但是其组织主体为财政部，地域范围亦是全国，通过该考试取得中级会计资格更是被聘任为会计师的必要条件，由于会计工作的重要性和特殊性，中级会计考试能否为国家选拔好优秀会计人才，可直接影响到国家的财经体制甚至是市场经济秩序。因此，中级会计考试从各方面来看，层级和重要性都并不逊于旅游法中直接规定的导游资格考试，两者之间具有同质性，在此考试中组织作弊应当成为刑法所打击的对象。

第四，将法律规定的国家考试扩大解释为受法律委任的国家机关制定的行政法规、规章中规定的国家考试，符合罪责刑相适应的要求。在此类考试中组织作弊严重违反公平公正原则，破坏社会诚信体系，间接侵害了其他诚信参考的考生的合法权益，具有严重的社会危害性和刑罚当罚性。本案所涉中级会计考试，其是由国家相关主管部门确定实施，由经批准的机构承办，面向社会公众统一进行的考试，通过该考试选拔出优秀会计人才，于国家而言有利于国家会计制度的完善和维护良好的市场经济秩序；于个人而言则可能直接影响到升迁、待遇、异地落户等方方面面。若在此类考试中组织作弊不以组织考试作弊罪进行惩处，无法实现罪责相适应，且会给组织考试作弊的不法分子以反向引导，变相"鼓励"其铤而走险实施组织作弊行为，助长嚣张气焰，以致社会信用体系受到更加严重的侵害。

综上，相关国家机关根据法律的委任、授权制定的行政法规或部门规章对国家考试作出规定，则该考试仍应认定为法律规定的国家考试。在该考试中组织作弊的，应依法以组织考试作弊罪追究刑事责任。

被告人张志杰、陈钟鸣、包周鑫经预谋在中级会计考试中组织考试作弊，实施了大量招收考生、采购作弊器材、教授学生使用作弊器材、进入考场拍摄试卷、组织人员答题、将答案通过无线电设备传入考场内等一系列行为。考点内共160余名考生参考，其中就有60余名考生参与作弊，且多为从上海市区甚至是中西部地区赶来集中作弊，十分猖獗。三名被告人在共同犯罪中作用、地位基本相当，但综合考虑在组织考试作弊环节中稍有差别，在量刑时予以稍加区别。

综上，上海市崇明区人民法院依照《刑法》第二百八十四条之一第一款、第二十五条第一款、第六十七条第三款、第五十二条、第五十三条、第六十四条之规定，于2017年7月17日判决如下：

一、被告人张志杰犯组织考试作弊罪，判处有期徒刑一年六个月，并处罚金人民币二万元。

二、被告人陈钟鸣犯组织考试作弊罪，判处有期徒刑一年五个月，并处罚金人民币一万八千元。

三、被告人包周鑫犯组织考试作弊罪，判处有期徒刑一年四个月，并处罚金人民币一万六千元。

四、作案工具发射器二台、计算器六十六部予以没收；责令被告人张志杰、包周鑫分别退出违法所得人民币六万元、三万六千元，予以没收。

被告人张志杰、陈钟鸣不服一审判决，向上海市第二中级人民法院提出上诉。上诉人张志杰提出原判认定考生的数量不正确，其在共同犯罪中起辅助作用，另外其检举揭发他人犯罪，原判未认定其有立功情节，其违法所得没有达到六万元，其中部分钱款用来购置作弊器，故原判量刑过重。

上诉人陈钟鸣提出其在犯罪中的作用小，原判量刑过重。

上海市第二中级人民法院经二审，确认了一审法院查明的事实。

上海市第二中级人民法院二审认为，上诉人张志杰、陈钟鸣及原审被告人包周鑫的行为均已构成组织考试作弊罪。根据在案证据，共计60余名考生在扬子中学考场利用上诉人提供的作弊器作弊，张志杰在一审庭审中对原公诉机关指控的考生人数为60余名不持异议，故本案作弊人数应为60余人。张志杰检举同监房在押人员犯罪，经核查该在押人员的行为不构成犯罪，故张志杰不构成立功。张志杰从包周鑫处收取60000元，钱款的用途并不影响认定该钱款系违法所得。原判三名被告人在共同犯罪中互有分工、相互配合，作用和地位基本相当，均不是辅助作用。原判决根据各名被告人的犯罪事实、性质、三人均如实供述犯罪事实等综合考量，对各名被告人所作的量刑并无不当，且审判程序合法。上诉人张志杰、陈钟鸣的上诉理由均不能成立。上海市人民检察院第二分院的意见正确。

据此，上海市第二中级人民法院依照《中华人民共和国刑事诉讼法》第二百二十五条①第一款第（一）项之规定，于2017年8月28日裁定：

驳回上诉，维持原判。

本裁定为终审裁定。

---

① 对应现行《刑事诉讼法》第236条。

关联参见

《刑法》第284条之一;《最高人民法院、最高人民检察院关于办理组织考试作弊等刑事案件适用法律若干问题的解释》

第二十八条 【扰乱大型群众性活动秩序】有下列行为之一,扰乱体育、文化等大型群众性活动秩序的,处警告或者五百元以下罚款;情节严重的,处五日以上十日以下拘留,可以并处一千元以下罚款:

(一)强行进入场内的;

(二)违反规定,在场内燃放烟花爆竹或者其他物品的;

(三)展示侮辱性标语、条幅等物品的;

(四)围攻裁判员、运动员或者其他工作人员的;

(五)向场内投掷杂物,不听制止的;

(六)扰乱大型群众性活动秩序的其他行为。

因扰乱体育比赛、文艺演出活动秩序被处以拘留处罚的,可以同时责令其六个月至一年以内不得进入体育场馆、演出场馆观看同类比赛、演出;违反规定进入体育场馆、演出场馆的,强行带离现场,可以处五日以下拘留或者一千元以下罚款。

条文解读

大型群众性活动,是指法人或者其他组织面向社会公众举办的每场次预计参加人数达到1000人以上的下列活动:(1)体育比赛活动;(2)演唱会、音乐会等文艺演出活动;(3)展览、展销等活动;(4)游园、灯会、庙会、花会、焰火晚会等活动;(5)人才招聘会、现场开奖的彩票销售等活动。大型群众性活动的安全管理应当遵循安全第一、预防为主的方针,坚持承办者负责、政府监管的原则。公安机关应当履行下列职责:(1)审核承办者提交的大型群众性活动申请材料,实施安全许可；（2）制订大型群众性活动安全监督方案和突发事件处置预案；（3）指导对安全工作人员的教育培训；（4）在大型群众性活动举办前，对活动场所组织安全检查，发现安全隐患及时责令改正；（5）在大型群众性活动举办过程中，对安全工作的落实情况实施监督检查，发现安全隐患及时责令改正；（6）依法查处大型群众性活动中的违法犯罪行为，处置危害公共安全的突发事件。

本条第 2 款是针对因扰乱体育比赛、文艺演出活动秩序被处以拘留处罚的人所作的特别规定，即可以同时责令其 6 个月至 1 年以内不得进入体育场馆、演出场馆观看同类比赛、演出；违反规定进入者，除了强行带离，还可以处 5 日以下拘留或者 1000 元以下罚款。

实务应用

24. 如何理解"责令其六个月至一年以内不得进入体育场馆、演出场馆观看同类比赛、演出"？

本条第 2 款规定，因扰乱体育比赛、文艺演出活动秩序被处以拘留处罚的，可以同时责令其 6 个月至 1 年以内不得进入体育场馆、演出场馆观看同类比赛、演出。值得注意的是，是"可以"，而不是"应当"。责令行为人不得进入体育场馆、演出场馆观看的是"同类"比赛、演出，如某行为人因扰乱篮球比赛秩序而受到行政处罚的，公安机关只能禁止其 6 个月至 1 年以内不得进入体育场馆观看篮球比赛，但行为人可以进入体育场馆观看排球、网球等其他比赛。

关联参见

《烟花爆竹安全管理条例》第 3 条、第 5 条、第 28—35 条、第 42 条

第二十九条 【以虚构事实、投放虚假危险物质、扬言危害公共安全方式扰乱公共秩序】有下列行为之一的，处五日以上十日以下拘留，可以并处一千元以下罚款；情节较轻的，处五日以下拘留

或者一千元以下罚款：

（一）故意散布谣言，谎报险情、疫情、灾情、警情或者以其他方法故意扰乱公共秩序的；

（二）投放虚假的爆炸性、毒害性、放射性、腐蚀性物质或者传染病病原体等危险物质扰乱公共秩序的；

（三）扬言实施放火、爆炸、投放危险物质等危害公共安全犯罪行为扰乱公共秩序的。

条文解读

本条此次修订提高了对扰乱公共秩序行为的罚款额度。

散布谣言，是指捏造并散布没有事实根据的谎言用以迷惑不明真相的群众，扰乱社会公共秩序的行为。谎报险情、疫情、灾情、警情，是指编造火灾、水灾、地质灾害、其他危险情况、传染病传播的情况以及有违法犯罪行为发生或明知是虚假的险情、疫情、灾情、警情，向有关部门报告的行为。如果行为人主观上不是出于故意，则不构成违反治安管理行为。

投放虚假的危险物质，是指明知是虚假的危险物质而以邮寄、放置等方式将虚假的类似于爆炸性、毒害性、放射性、腐蚀性物质或者传染病病原体等物质置于他人或者公众面前或者周围的行为。

散布恐怖信息的行为，是指扬言实施放火、爆炸、投放危险物质等危害公共安全犯罪行为扰乱公共秩序的行为。放火是指故意纵火焚烧公私财物，严重危害公共安全的行为；投放危险物质，是指向公共饮用水源、食品或公共场所、设施或者其他场所投放能够致人死亡或者严重危害人体健康的毒害性、放射性、传染病病原体等物质的行为。扬言实施，是指以公开表达的方式使人相信其将实施上述行为。

关联参见

《刑法》第291条之一

第三十条 【寻衅滋事】有下列行为之一的,处五日以上十日以下拘留或者一千元以下罚款;情节较重的,处十日以上十五日以下拘留,可以并处二千元以下罚款:

(一) 结伙斗殴或者随意殴打他人的;
(二) 追逐、拦截他人的;
(三) 强拿硬要或者任意损毁、占用公私财物的;
(四) 其他无故侵扰他人、扰乱社会秩序的寻衅滋事行为。

条文解读

寻衅滋事,是指行为人为寻求刺激、发泄情绪、逞强耍横等,无事生非,或者因日常生活中的偶发矛盾纠纷借故生非的行为。行为人因婚恋、家庭、邻里、债务等纠纷,实施殴打、辱骂、恐吓他人或者损毁、占用他人财物等行为的,一般不认定为"寻衅滋事",但经有关部门批评制止或者处理处罚后,继续实施前列行为、破坏社会秩序的除外。本类行为表现为行为人公然藐视国家法纪、社会公德,破坏公共场所秩序和生活中人们应当遵守的共同准则,实施寻衅滋事行为,扰乱公共秩序。

案例指引

05. 治安案件中的"寻衅滋事行为"应如何认定?[①]

2019年,李某、张某、黄某合伙成立某养生会所,后因股资份额,三人产生纠纷。2021年2月,经法院确认,李某与张某、黄某二人签订的《合伙协议》解除,并由李某退还张某、黄某59000余元。李某退出经营后,认为自己还有其他财产未分配完毕,且尚有工资未结清,遂多次在该会所内哭闹、留宿、占用沙发、阻挡楼梯,干扰会所正常经营。第三人多次报警,公安机关出警后,均告知李某应采取合理合法的途径

---

① 参见《宁国法院审理一起不服治安管理行政处罚案》,载中国法院网,https://www.chinacourt.org/article/detail/2022/10/id/6951033.shtml,最后访问日期:2025年6月11日。

维护自己正当权益,但其不听劝告仍然继续实施前述行为,故公安机关对李某作出拘留6日的行政处罚。后李某不服提出行政复议申请,市政府作出复议决定予以维持。李某仍不服,遂向法院提起行政诉讼。

法院审理认为,被告人李某在会所内多次采用堵店门、阻挡楼梯入口、扰乱店内正常经营等行为,完全超越了保护财产和索要工资的范畴,致使第三人多次报警,明显超过了自力救济的范围,妨碍了该会所的正常经营秩序。鉴于李某的行为符合寻衅滋事的表现形式,公安机关对其作出行政拘留6日的处罚,符合法律规定,故驳回了李某的诉讼请求。后李某上诉至宣城市中级人民法院,二审法院判决驳回上诉,维持原判。

06. 任意损毁他人财物是否构成"寻衅滋事"?[①]

某日21时许,某派出所接到张某电话报警:其位于某市场旁的烧烤摊子被两个人打砸了。民警迅速赶到现场,在受害人的指认下,民警找到违法嫌疑人王某和何某,将二人传唤至派出所接受询问,并调取了现场的监控。经查,王某和何某酒后来到张某的烧烤摊吃烧烤,吃完后想让张某打折,张某不同意,王某和何某便打砸了张某的烧烤摊,致张某损失900元。本案中,王某与何某蛮不讲理,要求张某优惠餐费,被拒绝后,无事生非,任意打砸烧烤摊,扰乱公共秩序,构成《治安管理处罚法》规定的寻衅滋事行为,但尚未达到"情节较重"的情形。公安机关依据《治安管理处罚法》的相关规定,分别对王某和何某寻衅滋事的行为给予行政拘留10日的处罚。

关联参见

《刑法》第293条

[①] 参见《【以案释法】〈治安管理处罚法〉篇:任意损毁他人财物构成寻衅滋事》,载"卢氏司法局"微信公众号,https://mp.weixin.qq.com/s/jygtsDfeo_ NVPBIslVTEZA,最后访问日期:2025年6月30日。

第三十一条 【邪教、会道门及相关非法活动】有下列行为之一的,处十日以上十五日以下拘留,可以并处二千元以下罚款;情节较轻的,处五日以上十日以下拘留,可以并处一千元以下罚款:

(一)组织、教唆、胁迫、诱骗、煽动他人从事邪教活动、会道门活动、非法的宗教活动或者利用邪教组织、会道门、迷信活动,扰乱社会秩序、损害他人身体健康的;

(二)冒用宗教、气功名义进行扰乱社会秩序、损害他人身体健康活动的;

(三)制作、传播宣扬邪教、会道门内容的物品、信息、资料的。

条文解读

邪教,是指冒用宗教、气功或者其他名义建立,神化首要分子,利用制造、散布歪理邪说等手段蛊惑、蒙骗他人,发展、控制成员,危害社会的非法组织。邪教大多是以传播宗教教义、拯救人类为幌子,散布谣言,且通常有一个自称开悟的具有超自然力量的教主,以秘密结社的组织形式控制群众,一般以不择手段地敛取钱财为主要目的。会道门,是封建迷信活动组织的总称,带有封建迷信色彩或反社会性质。在理解本条时,注意迷信行为与邪教行为的区别。迷信行为往往并不涉及政治野心,更多的是利用其他人的迷信心理为自己敛财,而且也很少发展成严密的组织体系,没有完整的"歪理邪说",因此社会危害性相对较小。

正常的宗教活动以及以强身健体为目的的气功活动受到国家保护,任何人不得冒用宗教、气功名义进行破坏社会秩序、损害公民身体健康的活动,否则应当承担相应的法律责任。

本条第3项新增"制作、传播宣扬邪教、会道门内容的物品、信息、资料的"规定。此处的"物品、信息、资料"主要包括宣扬邪教、会道门内容的传单、喷图、图片、标语、报纸、书籍、刊物、音像制品（录音带、录像带等）、标识、标志物、移动存储介质（光盘、U 盘、储存卡、移动硬盘等）、横幅、条幅等。

关联参见

《刑法》第 300 条；《邮政法》第 37 条；《国家安全法》第 27 条；《宗教事务条例》

第三十二条 【扰乱无线电管理秩序】违反国家规定，有下列行为之一的，处五日以上十日以下拘留；情节严重的，处十日以上十五日以下拘留：

（一）故意干扰无线电业务正常进行的；

（二）对正常运行的无线电台（站）产生有害干扰，经有关主管部门指出后，拒不采取有效措施消除的；

（三）未经批准设置无线电广播电台、通信基站等无线电台（站）的，或者非法使用、占用无线电频率，从事违法活动的。

条文解读

"违反国家规定"主要包括《无线电管理条例》《无线电管制规定》等规定。干扰无线电业务、无线电台（站）违法行为包括：（1）故意干扰无线电业务的行为；（2）故意干扰无线电业务且屡教不改的行为；（3）非法设置无线电及非法使用的行为。

关联参见

《刑法》第 288 条

第三十三条 【危害计算机信息系统安全】有下列行为之一，造成危害的，处五日以下拘留；情节较重的，处五日以上十五日以下拘留：

（一）违反国家规定，侵入计算机信息系统或者采用其他技术手段，获取计算机信息系统中存储、处理或者传输的数据，或者对计算机信息系统实施非法控制的；

（二）违反国家规定，对计算机信息系统功能进行删除、修改、增加、干扰的；

（三）违反国家规定，对计算机信息系统中存储、处理、传输的数据和应用程序进行删除、修改、增加的；

（四）故意制作、传播计算机病毒等破坏性程序的；

（五）提供专门用于侵入、非法控制计算机信息系统的程序、工具，或者明知他人实施侵入、非法控制计算机信息系统的违法犯罪行为而为其提供程序、工具的。

条文解读

本条此次修订的内容包括：（1）增加了拘留的天数，即由"五日以上十日以下"提高到"五日以上十五日以下"；（2）对第1项的行为方式进行了完善，即除了"侵入计算机信息系统"，还新增"采用其他技术手段"的方式，"获取计算机信息系统中存储、处理或者传输的数据""对计算机信息系统实施非法控制"；（3）新增第5项，对"帮助行为"进行了规制，即提供专门用于侵入、非法控制计算机信息系统的程序、工具，或者明知他人实施侵入、非法控制计算机信息系统的违法犯罪行为而为其提供程序、工具的，依照本条的规定予以处罚。

计算机信息系统 ▶ 计算机信息系统，是指由计算机及其相关的和配套的设备、设施（含网络）构成的，按照一定的应用目标和规则对信息进行采集、加工、存储、传输、检索等处理的人机系统。计算机信息系统的安全保护，应当保障计算机及其相关的和配套的设备、设施（含网络）的安全，运行环境的安全，保障信息的安全，保障计算机功能的正常发挥，以维护计算机信息系统的安全运行。目前，我国关于计算机信息系统管理方面的法律规定有《网络安全法》《计算机信息系统安全保护条例》《计算机信息网络国际联网安全保护管理办法》《中国公用计算机互联网国际联网管理办法》等。"违反国家规定"主要是指违反上述规定。

关联参见

《刑法》第285条、第286条；《计算机信息系统安全保护条例》第7条、第20条、第23条、第24条、第26条；《互联网上网服务营业场所管理条例》第15条；《计算机信息网络国际联网安全保护管理办法》第6条、第20条

第三十四条　【组织、领导传销活动，胁迫、诱骗他人参加传销活动】组织、领导传销活动的，处十日以上十五日以下拘留；情节较轻的，处五日以上十日以下拘留。

胁迫、诱骗他人参加传销活动的，处五日以上十日以下拘留；情节较重的，处十日以上十五日以下拘留。

条文解读

传销，是指组织者或者经营者发展人员，通过对被发展人员以其直接或者间接发展的人员数量或者销售业绩为依据计算和给付报酬，或者要求被发展人员以交纳一定费用为条件取得加入资格等方式牟取非法利益，扰乱经济秩序，影响社会稳定的行为。传销活动往往以虚假宣传、欺诈等手段骗取群众钱财，严重扰乱市场经济秩序，破坏社会稳定。将组织、领导传销活动和胁迫、诱骗他人参加传销活动增列为扰乱公共秩序的行为并给予处罚，能够有效打击传销活动，保护人民群众的财产安全，维护社会经济秩序。

《禁止传销条例》第7条规定，下列行为，属于传销行为：（1）组织者或者经营者通过发展人员，要求被发展人员发展其他人员加入，对

发展的人员以其直接或者间接滚动发展的人员数量为依据计算和给付报酬（包括物质奖励和其他经济利益，下同），牟取非法利益的；（2）组织者或者经营者通过发展人员，要求被发展人员交纳费用或者以认购商品等方式变相交纳费用，取得加入或者发展其他人员加入的资格，牟取非法利益的；（3）组织者或者经营者通过发展人员，要求被发展人员发展其他人员加入，形成上下线关系，并以下线的销售业绩为依据计算和给付上线报酬，牟取非法利益的。第10条规定，在传销中以介绍工作、从事经营活动等名义欺骗他人离开居所地非法聚集并限制其人身自由的，由公安机关会同工商行政管理部门依法查处。第28条规定，有《禁止传销条例》第10条规定的行为或者拒绝、阻碍工商行政管理部门的执法人员依法查处传销行为，构成违反治安管理行为的，由公安机关依照治安管理的法律、行政法规规定处罚；构成犯罪的，依法追究刑事责任。

关联参见

《刑法》第224条之一；《禁止传销条例》第2条、第7条、第10条、第28条

第三十五条 【扰乱国家重要活动，亵渎英雄烈士，宣扬美化侵略战争或行为】有下列行为之一的，处五日以上十日以下拘留或者一千元以上三千元以下罚款；情节较重的，处十日以上十五日以下拘留，可以并处五千元以下罚款：

（一）在国家举行庆祝、纪念、缅怀、公祭等重要活动的场所及周边管控区域，故意从事与活动主题和氛围相违背的行为，不听劝阻，造成不良社会影响的；

（二）在英雄烈士纪念设施保护范围内从事有损纪念英雄烈士环境和氛围的活动，不听劝阻的，或者侵占、破坏、污损英雄烈士纪念设施的；

（三）以侮辱、诽谤或者其他方式侵害英雄烈士的姓名、肖像、名誉、荣誉，损害社会公共利益的；

（四）亵渎、否定英雄烈士事迹和精神，或者制作、传播、散布宣扬、美化侵略战争、侵略行为的言论或者图片、音视频等物品，扰乱公共秩序的；

（五）在公共场所或者强制他人在公共场所穿着、佩戴宣扬、美化侵略战争、侵略行为的服饰、标志，不听劝阻，造成不良社会影响的。

条文解读

英雄烈士为国家和社会作出了巨大贡献，他们的事迹和精神是中华民族的共同历史记忆和宝贵精神财富。从事有损英雄烈士保护的行为，如侮辱、诽谤英雄烈士等，不仅伤害了广大人民群众的感情，也破坏了社会公序良俗。本条此次修订对此类行为进行处罚，体现了对英雄烈士的尊崇和保护，有利于弘扬社会主义核心价值观，维护社会公共利益。

根据《民法典》第185条的规定，侵害英雄烈士等的姓名、肖像、名誉、荣誉，损害社会公共利益的，应当承担民事责任。根据《刑法》第299条之一的规定，侮辱、诽谤或者以其他方式侵害英雄烈士的名誉、荣誉，损害社会公共利益，情节严重的，处3年以下有期徒刑、拘役、管制或者剥夺政治权利。

关联参见

《民法典》第185条；《刑法》第299条之一

第二节 妨害公共安全的行为和处罚

第三十六条 【非法从事与危险物质相关活动】 违反国家规定，制造、买卖、储存、运输、邮寄、携带、使用、提供、处置爆炸性、毒害性、放射性、腐蚀性物质或者传染病病原体等危险物质的，处十日以上十五日以下拘留；情节较轻的，处五日以上十日以下拘留。

第三十七条 【危险物质被盗抢、丢失不报告】爆炸性、毒害性、放射性、腐蚀性物质或者传染病病原体等危险物质被盗、被抢或者丢失，未按规定报告的，处五日以下拘留；故意隐瞒不报的，处五日以上十日以下拘留。

条文解读

"未按规定报告"中的"规定"是广义概念，包括法律、法规、规章、各级人民政府颁布的规范性文件、命令以及有关行业主管部门、行业协会、企事业单位自身制定的规章制度等。这些"规定"中科以相关单位或责任人的报告义务，如违反相关报告义务，即未按规定报告或故意隐瞒不报的，应当依照本法予以拘留。"未按规定报告"，是指有关单位或者个人，未按照规定的时间或者规定的程序及时向主管部门或者本单位报告危险物质被盗、被抢或者丢失的情形。如果及时如实报告，则不得适用本条的规定。"故意隐瞒不报"，是指发生危险物质被盗、被抢或者丢失的情况后，责任人意图通过自身的努力将危险物质追回而不报告，或者隐瞒实际情况，意图逃避责任，而不如实报告的行为。

关联参见

《危险化学品安全管理条例》第23条、第51条

第三十八条 【非法携带枪支、弹药或者管制器具】非法携带枪支、弹药或者弩、匕首等国家规定的管制器具的，处五日以下拘留，可以并处一千元以下罚款；情节较轻的，处警告或者五百元以下罚款。

非法携带枪支、弹药或者弩、匕首等国家规定的管制器具进入公共场所或者公共交通工具的，处五日以上十日以下拘留，可以并处一千元以下罚款。

关联参见

《刑法》第130条；《最高人民法院关于审理非法制造、买卖、运输枪支、弹药、爆炸物等刑事案件具体应用法律若干问题的解释》第6条

第三十九条　【盗窃、损毁重要公共设施，妨碍国（边）境标志、界线走向管理】有下列行为之一的，处十日以上十五日以下拘留；情节较轻的，处五日以下拘留：

（一）盗窃、损毁油气管道设施、电力电信设施、广播电视设施、水利工程设施、公共供水设施、公路及附属设施或者水文监测、测量、气象测报、生态环境监测、地质监测、地震监测等公共设施，危及公共安全的；

（二）移动、损毁国家边境的界碑、界桩以及其他边境标志、边境设施或者领土、领海基点标志设施的；

（三）非法进行影响国（边）界线走向的活动或者修建有碍国（边）境管理的设施的。

条文解读

本条此次修订新增了一项要求，即盗窃、损毁公共设施的行为要"危及公共安全"，才能进行处罚；处罚力度修订为两档，新增"情节较轻"的情况。

公共设施是为国民经济运行、产业发展、居民生活提供交通、通讯、能源、税务、教育、医疗、文化体育等公共性服务的设施。

界碑、界桩以及其他边境标志是我国领土范围的重要标志，标志着

我国的主权和领土完整，事关国家利益，所以要保证其不被移动或损坏。对于违反本条规定，移动、损坏界碑、界桩及其他边境标志的行为，应当予以处罚。

非法进行影响国（边）界线走向的活动或者修建有碍国（边）境管理设施的行为，主要是指行为人的行为已经影响了国（边）界限的走向或妨碍了国（边）境管理。例如，在临近国境线附近挖沙、耕种、采伐树木等，或在国边境位置修建房屋、挖鱼塘等。

关联参见

《刑法》第118条、第124条、第323条

第四十条 【妨害航空器飞行安全，妨害公共交通工具行驶安全】盗窃、损坏、擅自移动使用中的航空设施，或者强行进入航空器驾驶舱的，处十日以上十五日以下拘留。

在使用中的航空器上使用可能影响导航系统正常功能的器具、工具，不听劝阻的，处五日以下拘留或者一千元以下罚款。

盗窃、损坏、擅自移动使用中的其他公共交通工具设施、设备，或者以抢控驾驶操纵装置、拉扯、殴打驾驶人员等方式，干扰公共交通工具正常行驶的，处五日以下拘留或者一千元以下罚款；情节较重的，处五日以上十日以下拘留。

条文解读

本条第1款规定的四种针对使用中的航空器的违法行为包括盗窃、损坏、擅自移动、强行进入舱内的，都要受到拘留的行政处罚。

本条第2款规定的违法行为将受到拘留或罚款的行政处罚，主要是指在使用中的航空器上经乘务人员的劝阻，仍然坚持自己的意愿，故意使用可能影响航空飞行安全的禁止在航空器上使用的器具、工具，如移动电话、游戏机等。使用中的航空器，是指在行为时正处于营运状态的

航空器,如正在空中飞行或已经准备完毕等待起飞的客机。行为人主观上是出于故意,因其直接威胁到航空器上人员的生命和财产的安全及其他重大公共利益,故应当予以制止和处罚。

本条第3款作为新增内容,对干扰正常行驶危害公共安全的行为进行了规定。近年来,"高铁扒门""抢夺公交车方向盘"等危害公共交通安全的事件时有发生。在公交、地铁等公共交通工具上,乘客干扰驾驶员驾驶,或殴打驾驶员、抢夺方向盘等行为,极易导致车辆失控,进而引发交通事故造成重大伤亡,具有极大的社会危险性,不仅威胁驾乘人员的安全,还严重影响社会公共安全。对于实施干扰公共交通工具正常行驶的行为人,根据其行为程度、危害后果、主观心态等因素可能承担民事、行政、刑事等法律责任。从此款的规定来看,干扰公共交通安全正常行驶的方式包括:(1)盗窃、损坏、擅自移动使用中的其他公共交通工具设施、设备;(2)以抢控驾驶操纵装置、拉扯、殴打驾驶人员等方式。

关联参见

《刑法》第114条、第115条、第117条;《最高人民法院、最高人民检察院、公安部关于依法惩治妨害公共交通工具安全驾驶违法犯罪行为的指导意见》

第四十一条 【妨害铁路运行安全】有下列行为之一的,处五日以上十日以下拘留,可以并处一千元以下罚款;情节较轻的,处五日以下拘留或者一千元以下罚款:

(一)盗窃、损毁、擅自移动铁路、城市轨道交通设施、设备、机车车辆配件或者安全标志的;

(二)在铁路、城市轨道交通线路上放置障碍物,或者故意向列车投掷物品的;

(三)在铁路、城市轨道交通线路、桥梁、隧道、涵洞处挖掘坑穴、采石取沙的；

（四）在铁路、城市轨道交通线路上私设道口或者平交过道的。

条文解读

本条此次修订了两个方面：一是在条文中新增了"城市轨道交通"；二是修改了罚则，罚款的上限由 500 元修改为 1000 元。其中，城市轨道交通设备，是指投入运营的各类机械、电气、自动化设备及软件系统，包括车辆、通风空调与供暖、给水与排水、供电、通信、信号、自动售检票、综合监控、环境与设备监控、乘客信息、门禁、站台门、车辆基地检修设备、工程车和相关检测监测设备等。

关联参见

《刑法》第 116 条、第 117 条

第四十二条　【妨害列车行车安全】擅自进入铁路、城市轨道交通防护网或者火车、城市轨道交通列车来临时在铁路、城市轨道交通线路上行走坐卧，抢越铁路、城市轨道，影响行车安全的，处警告或者五百元以下罚款。

条文解读

妨害火车、城市轨道交通列车行车安全行为的危害后果分为两个方面：一是危及公共安全，既包括火车、城市轨道交通列车上人员的生命、健康和财产安全，也包括路面上违法人员的生命安全。二是妨害火车、城市轨道交通列车的行车秩序，即火车、城市轨道交通列车能否安全准时到达目的地。鉴于其危害后果的严重程度，本条此次修订将罚款金额从"二百元以下"提高至"五百元以下"。

第四十三条 【擅自安装使用电网，道路施工妨碍行人安全，破坏道路施工安全设施，破坏公共设施，违反规定升放升空物体妨害消防安全，高空抛物】有下列行为之一的，处五日以下拘留或者一千元以下罚款；情节严重的，处十日以上十五日以下拘留，可以并处一千元以下罚款：

（一）未经批准，安装、使用电网的，或者安装、使用电网不符合安全规定的；

（二）在车辆、行人通行的地方施工，对沟井坎穴不设覆盖物、防围和警示标志的，或者故意损毁、移动覆盖物、防围和警示标志的；

（三）盗窃、损毁路面井盖、照明等公共设施的；

（四）违反有关法律法规规定，升放携带明火的升空物体，有发生火灾事故危险，不听劝阻的；

（五）从建筑物或者其他高空抛掷物品，有危害他人人身安全、公私财产安全或者公共安全危险的。

条文解读

本条此次修订的内容包括：（1）将罚款的金额上限从500元提高到1000元；（2）将升放携带明火的孔明灯、高空抛物的行为增列为妨害公共安全的行为并给予处罚。

孔明灯属高空明火飞行物，升空后不能控制，如果落到加油站、易燃易爆仓库、住宅等地方就可能会引起火灾危及生命，后患无穷。违法燃放孔明灯，有发生火灾事故危险，不听劝阻的，应当依照本法规定给予治安处罚；若因此引发火灾或爆炸等严重后果，构成犯罪的，依法追究刑事责任。

此外，根据《刑法》第291条之二的规定："从建筑物或者其他高空抛掷物品，情节严重的，处一年以下有期徒刑、拘役或者管制，并处或者单处罚金。有前款行为，同时构成其他犯罪的，依照处罚较重的规定定罪处罚。"

关联参见

《刑法》第 115 条、第 291 条之二

第四十四条　【举办大型活动违反安全规定】举办体育、文化等大型群众性活动，违反有关规定，有发生安全事故危险，经公安机关责令改正而拒不改正或者无法改正的，责令停止活动，立即疏散；对其直接负责的主管人员和其他直接责任人员处五日以上十日以下拘留，并处一千元以上三千元以下罚款；情节较重的，处十日以上十五日以下拘留，并处三千元以上五千元以下罚款，可以同时责令六个月至一年以内不得举办大型群众性活动。

条文解读

本条此次修订的内容包括：（1）将"文化""体育"的顺序进行了调换；（2）在"责令停止活动，立即疏散"之前增加"经公安机关责令改正而拒不改正或者无法改正的"内容；（3）将处罚的主体由"组织者"修改为"直接负责的主管人员和其他直接责任人员"；（4）将罚款的金额调整为"一千元以上三千元以下"和"三千元以上五千元以下"两个档次；（5）新增"情节较重"的处罚措施，即"处十日以上十五日以下拘留，并处三千元以上五千元以下罚款，可以同时责令六个月至一年以内不得举办大型群众性活动"。

实务应用

25. 违反安全规定举办大型活动的具体情形有哪些？

实践中，违反安全规定举办大型活动的具体情形一般有如下几种：（1）未经许可，擅自举办大型群众性活动的；（2）超过核准人数的，如核准 3 万人，实际参加人数为 4 万的；（3）场地及设施不符合安全标准的，存在隐患，如场地建筑不坚固，存在倒塌的可能性的；各种线路老

化，可能引发火灾的；（4）消防设施不符合法律规定，如灭火器超过使用年限的；消防通道被占用的；（5）没有制订安全保卫工作方案的。

> 关联参见

《大型群众性活动安全管理条例》第2条

第四十五条 【公共活动场所违反安全规定】旅馆、饭店、影剧院、娱乐场、体育场馆、展览馆或者其他供社会公众活动的场所违反安全规定，致使该场所有发生安全事故危险，经公安机关责令改正而拒不改正的，对其直接负责的主管人员和其他直接责任人员处五日以下拘留；情节较重的，处五日以上十日以下拘留。

> 条文解读

本条此次修订的内容包括：（1）将"运动场"修改为"体育场馆"；（2）将处罚的主体由"经营管理人员"修改为"直接负责的主管人员和其他直接责任人员"；（3）增加"情节较重"的处罚措施。

公安机关责令改正，需要以书面的形式告知场所的经营管理人员，防止因告知不当、处罚前置的条件不充分，影响处罚的有效实施。对经公安机关通知即对安全隐患进行整改的场所，不应予以处罚。

> 实务应用

26. 旅馆、饭店等公共场所有哪些"安全规定"？

《旅馆业治安管理办法》第3条规定："开办旅馆，要具备必要的防盗等安全设施。"

《娱乐场所管理条例》第20—22条规定："娱乐场所的法定代表人或者主要负责人应当对娱乐场所的消防安全和其他安全负责。娱乐场所应当确保其建筑、设施符合国家安全标准和消防技术规范，定期检查消防设施状况，并及时维护、更新。娱乐场所应当制定安全工作方案和应急疏散预案。""营业期间,娱乐场所应当保证疏散通道和安全出口畅通,不得封堵、锁闭疏散通道和安全出口,不得在疏散通道和安全出口设置栅栏等影响疏散的障碍物。娱乐场所应当在疏散通道和安全出口设置明显指示标志,不得遮挡、覆盖指示标志。""任何人不得非法携带枪支、弹药、管制器具或者携带爆炸性、易燃性、毒害性、放射性、腐蚀性等危险物品和传染病病原体进入娱乐场所。迪斯科舞厅应当配备安全检查设备,对进入营业场所的人员进行安全检查。"

《互联网上网服务营业场所管理条例》第 24 条规定:"互联网上网服务营业场所经营单位应当依法履行信息网络安全、治安和消防安全职责,并遵守下列规定:(一)禁止明火照明和吸烟并悬挂禁止吸烟标志;(二)禁止带入和存放易燃、易爆物品;(三)不得安装固定的封闭门窗栅栏;(四)营业期间禁止封堵或者锁闭门窗、安全疏散通道和安全出口;(五)不得擅自停止实施安全技术措施。"

案例指引

07. 当事人不服行政处罚决定,起诉至法院请求撤销被诉处罚决定,是否可以要求审查被诉处罚决定所依据的规范性文件?[①]

2015 年 1 月,浙江省淳安县公安局城区派出所(以下简称城区派出所)和淳安县公安消防大队(以下简称淳安消防大队)曾多次对方某经营的坐落于淳安县千岛湖镇龙门路 53 弄 11 号出租房进行消防检查。同年 2 月 11 日,城区派出所和淳安消防大队再次对方某的出租房进行消防检查。同年 2 月 13 日,城区派出所向方某发出责令限期改正通知书,责令其改正消防安全违法行为。同日,淳安消防大队也向方某发出责令限期改正通知书,其中认定的消防安全违法行为与淳安县公安局认定的基本相同,并责令方某于 2015 年 3 月 11 日前改正。3 月 13

---

① 参见《行政诉讼附带审查规范性文件典型案例》,方某诉浙江省淳安县公安局治安管理行政处罚一案,载最高人民法院网,https://www.court.gov.cn/zixun/xiangqing/125871.html,最后访问日期:2025 年 7 月 3 日。

日，城区派出所和淳安消防大队民警对涉案出租房进行复查，发现方某对"四、五、六、七层缺少一部疏散楼梯，未按要求配置逃生用口罩、报警哨、手电筒、逃生绳等"违法行为未予改正。同年3月16日，城区派出所决定立案调查，次日，城区派出所民警向方某告知拟处罚的事实、理由和依据。同日，淳安县公安局作出淳公行罚决字〔2015〕第1-0001号《行政处罚决定书》（以下简称被诉处罚决定），认定方某的行为构成违反安全规定，致使场所有发生安全事故危险的违法行为，根据《治安管理处罚法》的相关规定，对其决定行政拘留3日，并送淳安县拘留所执行。方某不服，诉至法院请求撤销被诉处罚决定，并对被诉处罚决定作出所依据的规范性文件，即行政程序中适用的《浙江省居住出租房屋消防安全要求》（以下简称《消防安全要求》）、《关于解决消防监督执法工作若干问题的批复》（以下简称《消防执法问题批复》）和《关于居住出租房屋消防安全整治中若干问题的法律适用意见（试行）》（以下简称《消防安全法律适用意见》）合法性进行一并审查。

浙江省淳安县人民法院一审认为，方某的出租房屋虽被确定为征迁范围，但其在征迁程序中仍用于出租，且出租房内未按要求配置逃生用口罩、报警哨、手电筒、逃生绳等消防设施。淳安县公安局根据《消防安全要求》《消防执法问题批复》和《消防安全法律适用意见》的规定，认定方某的行为构成违反安全规定，致使场所有发生安全事故危险的违法事实清楚。《消防安全要求》《消防执法问题批复》和《消防安全法律适用意见》均属于合法的规范性文件，淳安县公安局在行政程序中应参照适用。据此，一审判决驳回方某的诉讼请求。方某不服提起上诉。杭州市中级人民法院二审认为，根据对《消防安全要求》《消防执法问题批复》和《消防安全法律适用意见》的审查，淳安县公安局认定案涉居住出租房屋为《治安管理处罚法》规定的"其他供社会公众活动的场所"，定性准确。方某提供的证据以及询问笔录均显示其负责案涉出租房屋日常管理，系案涉出租房屋的经营管理人员，依法应对案涉出租经营的房屋消防安全承担责任。方某要求撤销被诉处罚决定的诉讼请求不能成立，依法应予驳回。据此，二审判决驳回上诉，维持原判。

本案争议的焦点在于，当事人申请附带审查的《消防安全要求》《消防执法问题批复》和《消防安全法律适用意见》是否对《治安管理处罚法》第 39 条①规定的"其他供社会公众活动的场所"进行了扩大解释。《治安管理处罚法》第 39 条适用的对象是"旅馆、饭店、影剧院、娱乐场、运动场②、展览馆或者其他供社会公众活动的场所的经营管理人员③"。本案中，人民法院通过对案涉规范性文件条文的审查，明确了对居住的出租房屋能否视为"其他供社会公众活动的场所"这一法律适用问题。由于"其他供社会公众活动的场所"为不确定法律概念，其内容与范围并不固定。本案中，居住的出租房在物理上将毗邻的多幢、多间（套）房屋集中用于向不特定多数人出租，并且承租人具有较高的流动性，已与一般的居住房屋只关涉公民私人领域有质的区别，已经构成了与旅馆类似的具有一定开放性的公共活动场所。对于此类场所的经营管理人员，在出租获利的同时理应承担更高的消防安全管理责任。因此，《消防安全要求》《消防执法问题批复》和《消防安全法律适用意见》所规定的内容与《治安管理处罚法》第 39 条之规定并不抵触。

关联参见

《旅馆业治安管理办法》第 3 条；《娱乐场所管理条例》第 20—22 条；《娱乐场所治安管理办法》第 8—18 条；《互联网上网服务营业场所管理条例》第 24 条

---

① 对应 2025 年《治安管理处罚法》第 45 条，下同。
② 现行《治安管理处罚法》第 45 条将"运动场"修改为"体育场"。
③ 现行《治安管理处罚法》第 45 条将"经营管理人员"修改为"对其直接负责的主管人员和其他直接责任人员"。

第四十六条 【违规飞行民用无人驾驶航空器、航空运动器材或者升空物体妨害空域管理】违反有关法律法规关于飞行空域管理规定，飞行民用无人驾驶航空器、航空运动器材，或者升放无人驾驶自由气球、系留气球等升空物体，情节较重的，处五日以上十日以下拘留。

飞行、升放前款规定的物体非法穿越国（边）境的，处十日以上十五日以下拘留。

条文解读

本条为《治安管理处罚法》此次修订的新增条文。2023年5月31日，国务院和中央军事委员会联合公布《无人驾驶航空器飞行管理暂行条例》，标志着我国首部针对无人机驾驶航空器的行政法规的诞生。黑飞，是指未经批准、未取得合法飞行资格或者未按照相关规定进行报备的飞行活动，通常包括无证驾驶飞行、未获得许可飞行、净空区域飞行、超出飞行区域飞行、不进行实名登记飞行等行为。具体包括以下情况：（1）无人机未登记报备：无人机未进行实名登记报备；（2）无人机未获得适航许可：无人机未取得适航许可，更改设计的无人机未重新取得适航许可，微型以外的无人机未取得运营合格证；（3）飞手未取得执照：飞手未取得相应的民用无人驾驶航空器操作员执照，擅自操作无人机；（4）飞行空域未经过批准：飞行空域未获相关部门批准擅自飞入，机场净空保护区、禁飞区、军事基地严禁飞入；（5）飞行活动未获得批准：组织无人机飞行活动的单位或者个人未向空中交通管理机构提出飞行活动申请，或者飞行计划未获得空中交通管理机构批准擅自实施飞行活动。

本条第1款中"违反有关法律法规关于飞行空域管理规定"，主要是指《民用航空法》《飞行基本规则》《通用航空飞行管制条例》等有关法律、行政法规。新增本条也是为了与《民用航空法》第200条规定相衔接，即违反《民用航空法》规定，尚不够刑事处罚，应当给予治安管理处罚的，依照《治安管理处罚法》的规定处罚。

关联参见

《民用航空法》第 200 条；《无人驾驶航空器飞行管理暂行条例》第 56 条；《通用航空飞行管制条例》第 42 条

第三节　侵犯人身权利、财产权利的行为和处罚

第四十七条　【组织、胁迫、诱骗进行恐怖表演，强迫劳动，非法限制人身自由，非法侵入住宅，非法搜查人身】有下列行为之一的，处十日以上十五日以下拘留，并处一千元以上二千元以下罚款；情节较轻的，处五日以上十日以下拘留，并处一千元以下罚款：

（一）组织、胁迫、诱骗不满十六周岁的人或者残疾人进行恐怖、残忍表演的；

（二）以暴力、威胁或者其他手段强迫他人劳动的；

（三）非法限制他人人身自由、非法侵入他人住宅或者非法搜查他人身体的。

条文解读

关于组织、胁迫、诱骗不满 16 周岁的人或者残疾人进行恐怖、残忍表演的处罚规定。组织是指行为人通过纠集、控制不满 16 周岁的人、残疾人或者以雇佣、招募等手段让不满 16 周岁的人、残疾人表演恐怖、残忍的节目的行为。胁迫是指行为人以立即实施暴力或其他有损身心健康的行为，如冻饿、体罚等相要挟，逼迫不满 16 周岁的人、残疾人按照其要求表演恐怖、残忍节目的行为。诱骗指行为人利用不满 16 周岁的人年幼无知的弱点或其他人身依附关系，或者利用残疾人的自身弱点，以许愿、诱惑、欺骗等手段使他们按要求表演恐怖、残忍节目的行为。恐怖表演，指营造凶杀、暴力等恐怖气氛的表演节目，如表演刀劈

活人、大卸人体组织等。残忍表演是指对人的身体进行残酷折磨，以营造残忍气氛的表演项目，如吞宝剑、吞铁球、汽车过人等。这些表演项目严重摧残了不满16周岁的人和残疾人的身心健康，影响其身体正常发育，并且造成很坏的社会影响。

关于以暴力、威胁或者其他手段强迫他人劳动的处罚规定。强迫他人劳动主要表现为：第一，行为人必须采用暴力、威胁或者其他手段。所谓"暴力"手段，是指行为人对他人人身实行殴打、捆绑等强制手段，使他人不得不按行为人的要求进行劳动；"威胁"手段，是指行为人对他人实行恐吓、要挟等精神强制手段，如以人身伤害、毁坏财物、损害名誉等相要挟，使他人产生恐惧心理，不敢做真实的意思表示，而不得不按行为人的要求进行劳动；"其他手段"，是指使用暴力、胁迫以外的使他人不知抗拒、无法抗拒的强制手段，如禁止离厂、不让回家等。第二，行为人实施了强迫他人劳动的行为。这种强迫他人劳动的行为，是以暴力、威胁或者其他手段，且违背他人的主观意志，强迫他人进行劳动的行为。需要注意的是，这种强迫必须是使用了暴力的强迫。

关于非法限制他人人身自由、非法侵入他人住宅或者非法搜查他人身体的处罚规定。在我国，对逮捕、拘留、拘传等限制他人人身自由的强制措施有严格的法律规定，必须由专门机关按照法律规定的程序进行。非法限制他人人身自由的方式多种多样，既可以是拘禁的方法，如捆绑、关押、扣留身份证件不让随意外出或者与外界联系等，也可以是办所谓"学习班"等，其实质都是非法剥夺或变相剥夺他人行动自由的行为。非法侵入他人住宅，是指未经住宅主人同意，非法强行闯入他人住宅，或者无正当理由进入他人住宅，经住宅主人要求其退出仍拒不退出等行为。违反治安管理规定，非法搜查他人身体的行为，主要是指无权进行搜查的单位或者个人，非法对他人身体进行搜查的行为。

关联参见

《刑法》第238条、第244条、第244条之一、第245条

第四十八条 【组织、胁迫未成年人有偿陪侍】组织、胁迫未成年人在不适宜未成年人活动的经营场所从事陪酒、陪唱等有偿陪侍活动的,处十日以上十五日以下拘留,并处五千元以下罚款;情节较轻的,处五日以下拘留或者五千元以下罚款。

条文解读

本条是《治安管理处罚法》此次修订的新增条文,明确将组织未成年人从事有偿陪侍视为独立的违法行为,并给予治安处罚,填补了对组织者打击乏力的漏洞。

组织(招募、引诱、管理)、胁迫未成年人在夜总会、酒吧、私人会所等经营场所提供陪酒、陪唱、伴游、陪聊或隐含性交易内容的服务,严重损害未成年人身心健康,使其暴露在不适宜的环境中(例如,接触酒精、毒品、暴力、性骚扰/性侵害风险,极易诱发多种违法犯罪)。《娱乐场所管理条例》第14条第4项规定,娱乐场所及其从业人员不得提供或者从事以营利为目的的陪侍,不得为进入娱乐场所的人员实施上述行为提供条件。第30条规定,娱乐场所应当在营业场所的大厅、包厢、包间内的显著位置悬挂含有禁毒、禁赌、禁止卖淫嫖娼等内容的警示标志、未成年人禁入或者限入标志。标志应当注明公安部门、文化主管部门的举报电话。

关联参见

《娱乐场所管理条例》第14条、第30条

第四十九条 【胁迫、诱骗、利用他人乞讨,以滋扰他人的方式乞讨】胁迫、诱骗或者利用他人乞讨的,处十日以上十五日以下拘留,可以并处二千元以下罚款。

反复纠缠、强行讨要或者以其他滋扰他人的方式乞讨的,处五日以下拘留或者警告。

条文解读

本条此次修订将对"胁迫、诱骗或者利用他人乞讨"行为的罚款金额由"一千元以下"提高至"二千元以下"。

本条第 1 款规定了胁迫、诱骗或利用他人乞讨行为。所谓"胁迫"他人乞讨，是指行为人以立即实施暴力或其他有损身心健康的行为，如以冻饿、罚跪等相要挟，逼迫他人进行乞讨的行为。"诱骗"他人乞讨，是指行为人利用他人的弱点或亲属等人身依附关系，或者以许愿、诱惑、欺骗等手段指使他人进行乞讨的行为。"利用"他人乞讨，是指行为人怀有个人私利，使用各种手段让他人自愿地按其要求进行乞讨的行为。

本条第 2 款规定了冒犯性的乞讨行为，指反复纠缠、强行讨要或者以其他滋扰他人的方式乞讨的总称。反复纠缠，是指一次又一次、不断地缠着他人进行乞讨的行为，具体表现为拽衣服、抱腿、不给钱就不松手等方式纠缠路人。强行讨要，是指以蛮不讲理的方式，向他人乞讨，致使他人不得不满足其乞讨要求的行为。其他滋扰他人的方式，是指采用除反复纠缠、强行讨要外的其他方式进行乞讨的行为，如尾随讨要等。

实务应用

27. 怎样处置流浪乞讨人员？

公安机关在实践中要注意区分一般的流浪乞讨人员和有违法行为的流浪乞讨人员。对于一般的流浪乞讨人员，公安机关应当按照《城市生活无着的流浪乞讨人员救助管理办法》第 5 条的规定执行，公安机关和其他有关行政机关的工作人员在执行职务时发现流浪乞讨人员的，应当告知其向救助站求助；对其中的残疾人、未成年人、老年人和行动不便的其他人员，还应当引导、护送到救助站。对于有违法行为的流浪乞讨人员，应根据本条的具体规定进行处理。

关联参见

《刑法》第262条之一

第五十条 【恐吓、侮辱、诽谤、诬告陷害、打击报复证人、滋扰他人、侵犯隐私等侵犯人身权利行为】有下列行为之一的,处五日以下拘留或者一千元以下罚款;情节较重的,处五日以上十日以下拘留,可以并处一千元以下罚款:

(一)写恐吓信或者以其他方法威胁他人人身安全的;

(二)公然侮辱他人或者捏造事实诽谤他人的;

(三)捏造事实诬告陷害他人,企图使他人受到刑事追究或者受到治安管理处罚的;

(四)对证人及其近亲属进行威胁、侮辱、殴打或者打击报复的;

(五)多次发送淫秽、侮辱、恐吓等信息或者采取滋扰、纠缠、跟踪等方法,干扰他人正常生活的;

(六)偷窥、偷拍、窃听、散布他人隐私的。

有前款第五项规定的滋扰、纠缠、跟踪行为的,除依照前款规定给予处罚外,经公安机关负责人批准,可以责令其一定期限内禁止接触被侵害人。对违反禁止接触规定的,处五日以上十日以下拘留,可以并处一千元以下罚款。

条文解读

本条第1款规定了侵犯人身权利行为的六种行为。其中,"写恐吓信"是比较常见的一种威胁他人人身安全的方式,恐吓信的内容大多具有扬言使用暴力或其他方法恐吓、威胁他人的内容。侮辱,是指公然诋毁他人人格、破坏他人名誉,侮辱的方法可以是暴力或非暴力的其他方法。公然,是指当众或者利用能够使多人听到或看到的方式,对他人进行侮辱。诽谤，是指故意捏造事实，并且进行散布，损害他人人格和名誉。捏造事实就是无中生有，凭空制造虚假事实。捏造事实诬告陷害他人，就是捏造他人违反治安管理的事实或者犯罪事实，即将根本不存在的、可能引起公安机关、司法机关给予治安管理处罚或追究刑事责任的事实强加给被诬陷者，以使被诬陷者受到治安管理处罚或刑事处罚。诬告是手段，陷害是目的。威胁，是指实行恐吓、要挟等精神强制手段，如以伤害、毁坏财物、损害名誉等相要挟，使人产生恐惧；殴打，是指采用拳打脚踢等方式打人；打击报复包括多种方式，如利用职权降薪、降职、辞退等。个人隐私，是指纯粹个人的、与公众无关的、当事人不愿意让他人知道或他人不便知道的信息。在涉及治安案件时，个人隐私主要包括以下内容：病历、身体缺陷、健康状况、财产、收入状况、社会关系、家庭情况、婚恋情况、爱好、心理活动、未来计划、姓名、肖像、家庭电话号码、住址、政治倾向、宗教信仰、储蓄、档案材料、计算机储存的个人资料、被违法犯罪分子所侵犯的记录、域名、网名、电子邮件地址、社交账号等。本款此次修订将罚款金额由"五百元以下"提高至"一千元以下"。

本条第 2 款是此次修订的新增内容，对"采取滋扰、纠缠、跟踪等方法，干扰他人正常生活的"行为除作出第 1 款的处罚外，经公安机关负责人批准，还可以责令其一定期限内禁止接触被侵害人。对违反禁止接触规定的，处 5 日以上 10 日以下拘留，可以并处 1000 元以下罚款。

关联参见

《刑法》第 243 条、第 246 条、第 308 条

第五十一条 【殴打他人，故意伤害他人身体】 殴打他人的，或者故意伤害他人身体的，处五日以上十日以下拘留，并处五百元以上一千元以下罚款；情节较轻的，处五日以下拘留或者一千元以下罚款。

有下列情形之一的,处十日以上十五日以下拘留,并处一千元以上二千元以下罚款:

(一) 结伙殴打、伤害他人的;

(二) 殴打、伤害残疾人、孕妇、不满十四周岁的人或者七十周岁以上的人的;

(三) 多次殴打、伤害他人或者一次殴打、伤害多人的。

条文解读

本条此次修订的内容包括:(1)将罚款分为"五百元以上一千元以下"和"一千元以上二千元以下"两档;(2)将第2项中的"六十周岁"上调为"七十周岁"。

需要注意的是,本条第2款中的"结伙"是指两人(含两人)以上;"多次"是指三次(含三次)以上;"多人"是指三人(含三人)以上。对违反本条第2款第2项规定行为的处罚,不要求行为人主观上必须明知殴打、伤害的对象为残疾人、孕妇、不满14周岁的人或者70周岁以上的人。

实务应用

28. 在殴打他人的或者故意伤害他人身体的治安处罚案件中,能否以加重处罚作为解决矛盾的手段?[1]

治安处罚案件中的,对殴打他人或者故意伤害他人身体的情节认定,应从保护受害人权益的方向出发进行细致分析;对侵害人的处罚尺度应以客观反映实际侵害行为为标准,从所作处罚相当的角度进行分析,不能以加重处罚作为解决矛盾的手段。

---

[1] 参见《柳某东诉济南市公安局历下区分局、李某、薛某治安行政处罚案》,载济南市中级人民法院网,http://jnanlxqfy.sdcourt.gov.cn/jnanlxqfy/383905/383906/3222232/index.html,最后访问日期:2025年6月30日。

第五十二条 【猥亵他人，公然裸露隐私部位】猥亵他人的，处五日以上十日以下拘留；猥亵精神病人、智力残疾人、不满十四周岁的人或者有其他严重情节的，处十日以上十五日以下拘留。

在公共场所故意裸露身体隐私部位的，处警告或者五百元以下罚款；情节恶劣的，处五日以上十日以下拘留。

条文解读

"猥亵他人"，是指以强制或者非强制的方法，违背对方意志，实施的正常性接触以外的能够满足行为人淫秽下流欲望的行为，主要包括以抠摸、指奸、鸡奸等淫秽下流的手段对他人身体的性接触行为。被猥亵的对象既可能是女性，也可能是男性，既可能是对同性的猥亵，也可能是对异性的猥亵。如果对方对于行为人的猥亵行为表示同意，则不是猥亵他人的行为。猥亵他人的严重情节包括猥亵精神病人、智力残疾人、不满14周岁的人或者有其他严重情节的行为。

"公共场所故意裸露身体隐私部位"中的"公共场所"主要是指公众进行公开活动的场所，如商店、影剧院、体育场、公共交通工具、街道等场所。这里的"故意裸露身体隐私部位"，不仅包括赤裸全身，也包括比较常见的赤裸下身或者暴露隐私部位，或者女性赤裸上身等情形。

第五十三条 【虐待家庭成员，虐待被监护人和被看护人，遗弃被抚养人】有下列行为之一的，处五日以下拘留或者警告；情节较重的，处五日以上十日以下拘留，可以并处一千元以下罚款：

（一）虐待家庭成员，被虐待人或者其监护人要求处理的；

（二）对未成年人、老年人、患病的人、残疾人等负有监护、看护职责的人虐待被监护、看护的人的；

（三）遗弃没有独立生活能力的被扶养人的。

条文解读

虐待家庭成员 ➡ 虐待家庭成员，是指经常用打骂、冻饿、禁闭、强迫过度劳动、有病不给治疗等方法，摧残折磨家庭成员，情节尚不恶劣，尚不构成刑事犯罪的行为。值得注意的是，对虐待家庭成员的行为进行处理，前提条件是被虐待人或者监护人要求处理。

虐待被监护、看护的人 ➡ 虐待被监护、看护的人的行为，是指负有监护、看护职责的行为人违背监护、看护职责，对被监护、看护的人等实施虐待的行为。负有监护、看护职责，是指因为合同关系或者其他法律规定等关系使行为人具有了监护、看护职责。虐待，主要是指行为人违反监护、看护职责，对被监护、看护人进行打骂、捆绑、冻饿、限制自由、凌辱人格、强迫吃安眠药、不进行必要的看护、救助等方法，从肉体上和精神上进行摧残迫害。

遗弃 ➡ 遗弃，是指对于年老、年幼、患病或者其他没有独立生活能力的人，负有扶养义务而拒绝扶养的行为。这里的扶养，指广义上的扶养，既包括狭义抚养，还包括赡养。

关联参见

《刑法》第260条、第260条之一、第261条

第五十四条 【强迫交易】强买强卖商品，强迫他人提供服务或者强迫他人接受服务的，处五日以上十日以下拘留，并处三千元以上五千元以下罚款；情节较轻的，处五日以下拘留或者一千元以下罚款。

条文解读

强迫交易，是指以暴力、威胁手段强买强卖、强迫他人提供服务或者强迫他人接受服务，情节不严重的行为。暴力，是指行为人对于被害

人的身体实施强制或者殴打，如强拉硬拽、捆绑拘禁等，致使被害人不得不提供或者接受服务。威胁，是对被害人实施精神上的强制，如以实施暴力相恐吓或者以损害名誉相要挟，致使被害人不得不提供或者接受服务。强迫进行交易的行为，违背了自愿、平等、公平、诚实信用的民事活动基本原则，侵犯了经营者或者消费者的合法权益，扰乱了正常的市场交易秩序，具有严重的社会危害性。

关联参见

《刑法》第 226 条

第五十五条 【煽动民族仇恨、民族歧视，刊载民族歧视、侮辱内容】煽动民族仇恨、民族歧视，或者在出版物、信息网络中刊载民族歧视、侮辱内容的，处十日以上十五日以下拘留，可以并处三千元以下罚款；情节较轻的，处五日以下拘留或者三千元以下罚款。

条文解读

本条此次修订的内容包括：（1）将煽动民族仇恨、民族歧视，或者在出版物、信息网络中刊载民族歧视、侮辱内容的行为，罚款金额提高从"一千元以下"提高为"三千元以下"；（2）新增"情节较轻"的行为，并规定"处五日以下拘留或者三千元以下罚款"的处罚措施。

煽动，是指以激起民族之间的仇恨、歧视为目的，公然以语言、文字等方式诱惑、鼓动群众的行为。煽动的方式包括书写、张贴、散发民族仇恨、民族歧视的传单、标语、大小字报，印刷、散发宣扬民族仇恨、民族歧视的诗刊、书画、非法出版物，发表民族仇恨、民族歧视的演讲，呼喊口号，制造、散布民族仇恨、民族歧视的谣言等行为。民族仇恨，是指基于民族的来源、历史、风俗习惯等的不同而产生的民族间的相互敌对、仇视状态。民族歧视，是指基于民族的来源、历史、风俗习惯等的不同，民族间的相互排斥、限制、损害民族平等地位的状况。

关联参见

《刑法》第249条、第250条；《互联网上网服务营业场所管理条例》第14条；《最高人民法院关于审理非法出版物刑事案件具体应用法律若干问题的解释》第7条

第五十六条 【违反规定出售或者提供个人信息】违反国家有关规定，向他人出售或者提供个人信息的，处十日以上十五日以下拘留；情节较轻的，处五日以下拘留。

窃取或者以其他方法非法获取个人信息的，依照前款的规定处罚。

条文解读

侵犯个人信息的行为是指违反国家有关规定，向他人出售或者提供个人信息的行为。个人信息，是以电子或者其他方式记录的与已识别或者可识别的自然人有关的各种信息，包括姓名、身份证件号码、通信通讯联系方式、住址、账号密码、财产状况、行踪轨迹等，不包括匿名化处理后的信息。违反国家有关规定，是指违反法律、行政法规、部门规章有关公民个人信息保护的规定。以其他方法非法获取个人信息，是指违反国家有关规定，通过购买、收受、交换等方式获取公民个人信息，或者在履行职责、提供服务过程中收集公民个人信息的行为。

关联参见

《刑法》第253条之一；《个人信息保护法》第4条、第71条；《最高人民法院、最高人民检察院关于办理侵犯公民个人信息刑事案件适用法律若干问题的解释》

第五十七条 【侵犯通信自由】冒领、隐匿、毁弃、倒卖、私自开拆或者非法检查他人邮件、快件的，处警告或者一千元以下罚款；情节较重的，处五日以上十日以下拘留。

> **条文解读**

本条此次修订的内容包括：一是在客观方面中增加了"倒卖"行为；二是在违法对象中增加了"快件"；三是将罚则修改为"处警告或者一千元以下罚款"；四是增加了"情节较重"的处罚标准。

公民的通信自由是《宪法》规定的一项基本权利，包括通信自由和通信秘密两个方面。本条规定了六种非法侵犯公民通信自由的行为。冒领，是指假冒他人名义领取邮件的行为。隐匿，是指将他人投寄的邮件秘密隐匿起来，使收件人无法查收的行为。毁弃，是指将他人的邮件予以丢弃、撕毁、焚毁等，致使他人无法查收的行为。倒卖，是指将他人的邮件或快件予以倒卖牟利的行为。私自开拆，是指违反国家有关规定，未经投寄人或者收件人的同意，私自开拆他人邮件的行为。非法检查，是指违反国家有关规定，擅自检查他人邮件的行为。邮件，是指邮政企业寄递的信件、包裹、汇款通知、报刊和其他印刷品等。快件，是指快递企业递送的信件、包裹、印刷品等。

如果行为人误将他人的邮件当作自己的邮件拿走，或者误将他人的邮件当作自己的邮件而开拆，或因疏忽大意丢失他人邮件等行为，不属于本条规定的违反治安管理行为。

> **关联参见**

《邮政法》第 84 条；《刑事诉讼法》第 143 条

第五十八条 【盗窃、诈骗、哄抢、抢夺、敲诈勒索】盗窃、诈骗、哄抢、抢夺或者敲诈勒索的，处五日以上十日以下拘留或者二千元以下罚款；情节较重的，处十日以上十五日以下拘留，可以并处三千元以下罚款。

> 条文解读

盗窃,是指以非法占有为目的,秘密窃取少量公私财物,尚不构成刑事处罚的行为。

诈骗,是指以非法占有为目的,用虚构事实或者隐瞒真相的方法骗得少量公私财物的行为。

哄抢,是指以非法占有为目的,乘乱夺取少量公私财物,尚不够刑事处罚的行为。

抢夺,是指以非法占有为目的,公然夺取公私财物的行为。

敲诈勒索,是以非法占有为目的,对公私财物的所有人、管理人使用威胁或要挟的方法,勒索少量公私财物,尚不够刑事犯罪的行为。

> 关联参见

《刑法》第263—267条、第274条;《最高人民法院、最高人民检察院关于办理敲诈勒索刑事案件适用法律若干问题的解释》;《最高人民法院、最高人民检察院关于办理盗窃刑事案件适用法律若干问题的解释》

第五十九条 【故意损毁公私财物】 故意损毁公私财物的,处五日以下拘留或者一千元以下罚款;情节较重的,处五日以上十日以下拘留,可以并处三千元以下罚款。

> 条文解读

故意损毁公私财物的行为,是指故意非法损毁公私财物,情节轻微,尚不够刑事处罚的行为。损毁,是指使物品部分或全部丧失其价值或使用价值。故意损毁公私财物行为,必须达到数额较大或有其他严重情节的才构成犯罪。行为人实施故意损毁公私财物行为"情节较重"主要包括如下情形:(1)持械损毁公私财物;(2)多次故意损毁财物;

（3）故意损毁财物残疾人、70周岁以上老年人、未成年人、低保人员或者收入在低保水平以下的生活困难人员，或者丧失劳动能力人员的财物；（4）损毁重要场所财物；（5）故意损毁公共设施，影响人身安全、道路交通安全；（6）有故意损毁公私财物前科劣迹；（7）故意损毁防灾、救灾、救济等特定财物的；（8）故意损毁财物，对被侵害人生产、生活影响较大的；（9）损毁多人财物的；（10）其他情节较重情形。

案例指引

08. 踹了村会议室大门一脚，被处拘留5日是否过罚失当？[①]

某村村民委员会拖欠李某某工程款14.2万元，其多次前去索讨无果。2014年4月15日下午，李某某再次到村民委员会办公处索要欠款，与村支部书记发生争执。期间，李某某踹了村会议室大门一脚，导致大门门锁侧边固定铁翼螺丝松动，不能正常关闭。村支部书记报警后，派出所派员出警至现场，当日立案，并于次日作出处罚决定，认定李某某故意损坏公私财物，影响村委会正常办公，根据《治安管理处罚法》第49条[②]的规定，决定对其行政拘留5日。李某某不服，起诉到人民法院。

人民法院经审理认为，本案系因某村村民委员会未能及时偿付原告工程款而引发。原告脚踹了会议室大门一下，导致门锁固定翼螺丝松动，这一损害后果轻微。从纠纷发生的原因、实际损害后果等方面分析，应属于《治安管理处罚法》第19条第1项[③]规定的违反治安管理情节特别轻微的情形，依法应减轻或者不予处罚。被告认定原告的行为系故意损毁公私财物，仅适用《治安管理处罚法》第49条的规定，对其

[①] 参见《浙江高院发布行政审判十个典型案例》，"踹了村会议室大门一脚被处拘5日过罚失当，法院判决撤销公安处罚"，载平安浙江网，http://www.pazjw.gov.cn/fayuanchuanzhen/201411/t20141124_1993435.shtml，最后访问日期：2025年6月30日。
[②] 对应2025年《治安管理处罚法》第59条，下同。
[③] 对应2025年《治安管理处罚法》第20条第1项。

处以行政拘留 5 日的处罚，明显存在过罚失当，属适用法律错误，应予以撤销。据此，依照《行政诉讼法》第 54 条①规定，判决撤销公安局作出的该行政处罚决定。公安局上诉后，在二审期间自行撤销了被诉处罚决定，二审法院裁定准许其撤回上诉。

行政机关行使裁量权必须遵循合理原则，这是依法行政的应有之义。行政裁量合理原则在行政处罚领域的具体表现，就是要求行政机关实施行政处罚，必须坚持"过罚相当"。本案中被告在行使治安管理处罚裁量权时，没有充分考虑被处罚人违法行为的起因及损害后果等裁量因素，对事出有因、损害后果显著轻微的违法行为，给予了较为严厉的行政拘留处罚，明显违背了"过罚相当"原则。

关联参见

《刑法》第 275 条

第六十条　【对学生欺凌行为的处理】 以殴打、侮辱、恐吓等方式实施学生欺凌，违反治安管理的，公安机关应当依照本法、《中华人民共和国预防未成年人犯罪法》的规定，给予治安管理处罚、采取相应矫治教育等措施。

学校违反有关法律法规规定，明知发生严重的学生欺凌或者明知发生其他侵害未成年学生的犯罪，不按规定报告或者处置的，责令改正，对其直接负责的主管人员和其他直接责任人员，建议有关部门依法予以处分。

条文解读

近年来，校园欺凌事件频发，一些未成年人故意利用年龄优势，逃避法律制裁，肆无忌惮实施违法行为。为了有效遏制这一现象，此次修

---

① 对应现行《行政诉讼法》第 70 条。

订新增本条款，明确了校园欺凌的处理方式，加大了对组织胁迫未成年人从事不良活动的打击力度。

根据《预防未成年人犯罪法》第20条、第21条的规定，教育行政部门应当会同有关部门建立学生欺凌防控制度。学校应当加强日常安全管理，完善学生欺凌发现和处置的工作流程，严格排查并及时消除可能导致学生欺凌行为的各种隐患。教育行政部门鼓励和支持学校聘请社会工作者长期或者定期进驻学校，协助开展道德教育、法治教育、生命教育和心理健康教育，参与预防和处理学生欺凌等行为。

根据《未成年人保护法》第39条的规定，学校应当建立学生欺凌防控工作制度，对教职员工、学生等开展防治学生欺凌的教育和培训。学校对学生欺凌行为应当立即制止，通知实施欺凌和被欺凌未成年学生的父母或者其他监护人参与欺凌行为的认定和处理；对相关未成年学生及时给予心理辅导、教育和引导；对相关未成年学生的父母或者其他监护人给予必要的家庭教育指导。对实施欺凌的未成年学生，学校应当根据欺凌行为的性质和程度，依法加强管教。对严重的欺凌行为，学校不得隐瞒，应当及时向公安机关、教育行政部门报告，并配合相关部门依法处理。

关联参见

《未成年人保护法》第39条；《预防未成年人犯罪法》第20条、第21条

第四节 妨害社会管理的行为和处罚

第六十一条 【阻碍依法执行公务】 有下列行为之一的，处警告或者五百元以下罚款；情节严重的，处五日以上十日以下拘留，可以并处一千元以下罚款：

（一）拒不执行人民政府在紧急状态情况下依法发布的决定、命令的；

(二)阻碍国家机关工作人员依法执行职务的；

(三)阻碍执行紧急任务的消防车、救护车、工程抢险车、警车或者执行上述紧急任务的专用船舶通行的；

(四)强行冲闯公安机关设置的警戒带、警戒区或者检查点的。

阻碍人民警察依法执行职务的，从重处罚。

条文解读

紧急状态 ● 紧急状态是指当国家或国家中的某一地区出现暴乱、动乱或者大规模传染性疾病、疫情，国家有关机关依法宣布该国家或者该地区进入紧急状态，同时采取必要措施来应对危机。进入紧急状态后，有关国家机关必然要发布一些紧急状态情况下的决定和命令，这些决定和命令可能会对公民的人身自由和财产作出一定限制，但为了维护国家和地区的稳定、为了维护公共利益，公民对此负有容忍和遵守的义务。如果相对人采取作为或者不作为的方式拒绝执行政府的决定和命令，必将使其无法得到落实，进而影响到整个地区的稳定，甚至出现极其严重的后果。所以，应当对拒绝执行人民政府在紧急状态情况下依法发布的决定、命令的行为予以严惩。

国家机关工作人员依法执行职务 ● 国家机关工作人员依法执行职务，是指国家立法机关、行政机关以及司法机关等单位的工作人员，依照法律规定，执行职务。例如，人民警察维护道路交通秩序，依法对犯罪嫌疑人进行逮捕，税务机关的工作人员依法征税等行为，都属于国家机关工作人员依法执行职务的行为。"阻碍"行为表现为拒绝、阻碍国家机关工作人员依法执行职务。此外，行为人主观上必须出于故意，即行为人明知对方是国家机关工作人员而拒绝。

依据我国有关法律法规的规定，消防车、救护车、警车或者执行上述紧急任务的专用船舶在执行紧急任务的过程中享有优先通行权，其目的就是最大限度地挽回人民群众的损失，保障人民群众的合法权益。

公安机关在执行某些特定职务的过程中，为了确保公共场所或者大型活动的安全,需要设置警戒带、警戒区或者检查点。这些警戒带、警戒区和检查点给附近居民和来往行人的生活可能会带来一些不便,但是公民有遵守和容忍的义务。因此,强行冲闯公安机关设置的警戒带、警戒区或者检查点的行为,应当受到处罚。

案例指引

09. 在治安案件中"阻碍国家机关工作人员依法执行职务"的情形应当如何认定?[①]

2017年6月6日下午,潼关县城关街道办事处、潼关县城市管理综合行政执法局及城关街道办吴村村委会村组干部,联合对潼关县城关街道办事处吴村九组对贾某某家在屋后栽种的花椒树进行铲除清理。原告刘某系贾某某的儿媳,原告及家人对执法行为有异议并进行阻挡。原告在阻拦的过程中对潼关县城市管理综合行政执法局工作人员进行谩骂并发生厮打,后被接到报警的潼关县公安局四知派出所民警带到派出所接受调查。经过相关的调查取证,2017年6月7日,被告潼关县公安局依照行政处罚程序,对原告刘某作出潼公(城)行罚决字(2017)282号行政处罚决定,该处罚决定书认定:2017年6月6日16时许,刘某在潼关县城关镇义家村九组阻碍城管执法局工作人员,并对工作人员进行辱骂厮打,其行为构成阻碍执行职务,根据《治安管理处罚法》之规定,决定给予刘某行政拘留5日的行政处罚。同日被告潼关县公安局将原告刘某送大荔县拘留所执行了拘留决定。

陕西省潼关县人民法院于2017年11月7日作出(2017)陕0522行初2号行政判决:驳回原告刘某的诉讼请求。宣判后,原告刘某不服一审判决提出上诉。陕西省渭南市中级人民法院于2018年4月11日作出(2018)陕05行终34号行政判决:驳回上诉,维持原判。

[①] 参见《刘某不服潼关县公安局治安管理行政处罚纠纷案》,载陕西省潼关县人民法院网,http://tgxfy.sxfywcourt.gov.cn/article/detail/2018/07/id/5020176.shtml,最后访问日期:2025年6月30日。

法院生效裁判认为，公安机关对本辖区内扰乱公共秩序、妨害社会管理尚不够刑事处罚的行为，有依法给予治安管理处罚的职权。2017年6月6日潼关县城管执法局及其他行政单位在潼关县城关街道办吴村九组组织的行政执法行为应属公务活动，原告刘某及其家人对相关行政机关强制铲除自家栽种的花椒树的具体行政行为有质疑，应通过正常的维权途径保护其合法权益。公安机关对其他行政机关行政执行公务行为不具有审查合法性的职权，行政机关具体行政行为的合法性与否，不影响其执行职务成立。刘某擅自对行政机关执行公务的活动进行阻碍并对工作人员谩骂厮打的行为，被告潼关县公安局认定该行为构成阻碍执行职务，并依照《治安管理处罚法》作出处罚决定，事实清楚，程序合法，适用法律正确，本院依法予以维持。原告及家人对相关行政机关的土地权属认定和强制拆除行为如有异议，应经过法定程序确认具体行政行为的合法性，仍可采取适当的司法救济途径维护其相关权益。

二审法院认为被上诉人潼关县公安局具有对本辖区内违反治安管理的行为作出治安管理行政处罚决定的法定职责。上诉人刘某明知潼关县城管局及其他行政单位在潼关县城关街道办吴村九组铲除清理贾某某、王某某的花椒树属于执行公务的行为，在对该行为有异议的情况下未能通过合法途径进行维权，而是采取阻拦、谩骂的方式阻碍行政机关执行公务，继而发生厮打，扰乱了行政机关的正常公务活动，造成一定的不良影响，该行为属于阻碍国家机关工作人员依法执行职务的行为。潼关县公安局依照《治安管理处罚法》的规定对刘某的违法行为所作出的处罚决定事实清楚，程序合法，适用法律正确。上诉人上诉主张其阻挡的目的是维护合法财产，该行为不构成违法的理由不能成立。就上诉人所持的潼关县城管执法局执法行为的合法性有待于审查，且结果会影响本案的公正审理，原审应中止审理的理由，因本案审查的重点问题是上诉人的行为是否对潼关县城管执法局公务活动造成了阻碍，对于潼关县城管执法局的执法行为是否合法不在本案的审查范围，也不影响本案的公正处理。原审判决事实清楚，程序合法，判处并无不当。故，上诉人的上诉理由不能成立，不予支持。

关联参见

《刑法》第277条

第六十二条 【招摇撞骗】冒充国家机关工作人员招摇撞骗的，处十日以上十五日以下拘留，可以并处一千元以下罚款；情节较轻的，处五日以上十日以下拘留。

冒充军警人员招摇撞骗的，从重处罚。

盗用、冒用个人、组织的身份、名义或者以其他虚假身份招摇撞骗的，处五日以下拘留或者一千元以下罚款；情节较重的，处五日以上十日以下拘留，可以并处一千元以下罚款。

条文解读

招摇撞骗，指行为人为了达到骗取财物、吃喝以及其他非法目的，或者为了谋取其他非法利益，利用其假冒的国家工作人员的特殊身份，向他人炫耀，骗取他人信任，从而骗取他人财物或者其他利益的行为。以其他身份招摇撞骗，是指除冒充国家机关工作人员的情形外，行为人借助于其他虚假的身份来实施招摇撞骗行为。

军警人员即军人和警察。军人，是指中国人民解放军和武警部队的现役军（警）官、文职干部、士兵、具有军籍的学员以及执行军事任务的预备役人员和其他人员。警察，是指公安机关、国家安全机关、监狱的人民警察和人民法院、人民检察院的司法警察。只要行为人冒充的国家机关工作人员身份是上述军警人员，就从重处罚。

盗用、冒用他人身份，是行为人使用组织、他人证明身份材料通过相关核实或者验证后，以他人名义和组织从事社会经济活动，并获取相应的法律地位。用于证明、核实身份的材料，可能是证明身份的身份证、护照、驾驶证等国家机关依法发放的制式证件，也可能是证明身份的出生证明、户口迁移证、入学通知书、学籍档案等其他材料。

关联参见

《刑法》第279条

第六十三条 【伪造、变造、买卖、出租、出借公文、证件、证明文件、印章，伪造、变造、倒卖有价票证、船舶户牌等】有下列行为之一的，处十日以上十五日以下拘留，可以并处五千元以下罚款；情节较轻的，处五日以上十日以下拘留，可以并处三千元以下罚款：

（一）伪造、变造或者买卖国家机关、人民团体、企业、事业单位或者其他组织的公文、证件、证明文件、印章的；

（二）出租、出借国家机关、人民团体、企业、事业单位或者其他组织的公文、证件、证明文件、印章供他人非法使用的；

（三）买卖或者使用伪造、变造的国家机关、人民团体、企业、事业单位或者其他组织的公文、证件、证明文件、印章的；

（四）伪造、变造或者倒卖车票、船票、航空客票、文艺演出票、体育比赛入场券或者其他有价票证、凭证的；

（五）伪造、变造船舶户牌，买卖或者使用伪造、变造的船舶户牌，或者涂改船舶发动机号码的。

条文解读

本条此次修订的内容包括：（1）将罚款的额度提高到"五千元""三千元"两个档次；（2）新增第2项"出租、出借"的行为；（3）将"伪造、变造"与"倒卖"行为进行了选择性表述。

本行为和伪造、倒卖伪造的有价票证罪，倒卖车票、船票罪的区别是：（1）倒卖车票、船票以外的其他有价票证、凭证不构成犯罪，只构成违反治安管理行为；（2）情节严重、数额较大是罪与非罪的主要界限。情节严重，一般是指倒卖车票、船票的数量较大，或者倒卖车票、船票获利数量较大，或者倒卖车票、船票经多次处理屡教不改等。《最高人民法院关于审理倒卖车票刑事案件有关问题的解释》第1条规定："高价、变价、变相加价倒卖车票或者倒卖坐席、卧铺签字号及订购车票凭证，票面数额在五千元以上，或者非法获利数额在二千元以上的，构成刑法第二百二十七条第二款规定的'倒卖车票情节严重'。"此外，《最高人民检察院、公安部关于公安机关管辖的刑事案件立案追诉标准的规定（一）》第30条也规定："倒卖车票、船票或者倒卖车票坐席、卧铺签字号以及订购车票、船票凭证，涉嫌下列情形之一的，应予立案追诉：（一）票面数额累计五千元以上的；（二）非法获利累计二千元以上的；（三）其他情节严重的情形。"

关联参见

《刑法》第227条；《最高人民法院关于审理倒卖车票刑事案件有关问题的解释》第1条

第六十四条 【船舶擅自进入、停靠国家禁止、限制进入的水域或者岛屿】船舶擅自进入、停靠国家禁止、限制进入的水域或者岛屿的，对船舶负责人及有关责任人员处一千元以上二千元以下罚款；情节严重的，处五日以下拘留，可以并处二千元以下罚款。

条文解读

本条此次修订的内容包括：（1）将罚款的额度调整为"一千元以上二千元以下"；（2）对于"情节严重"的，拘留和罚款并不是必须一并处罚，修改为"可以并处"。

从本条规定的行为的特征来看，船舶擅自进入禁止、限制进入水域或岛屿的行为包括两种类型：

一是擅自进入国家禁止、限制进入的水域。该特定的水域可能是有关法律、行政法规规定禁止或者限制进入的水域，也可能是为了特定的需要，如防洪安全、桥梁安全等的需要而由交通或者水利管理部门临时规定禁止或者限制进入的水域。

二是船舶在国家限制、禁止进入的水域靠岸或者在国家限制进入的岛屿停靠。禁止停靠的原因可能是涉及国防安全，也可能是涉及海洋自然资源的保护等。此违法行为的主体是船舶的负责人及有关责任人员。船舶包括在我国领海海域内或内水水域停泊、航行和从事生产作业的各类船舶。我国军用船舶、公务执法船舶以及国家另有规定的除外。此外，因为避险或者不可抗力的原因进入或者停靠禁止、限制进入的水域或者岛屿，在原因消除后应立即离开，抵港后及时向公安边防部门报告的，不构成该行为。

第六十五条　【社会组织非法活动，擅自经营需公安许可行业】 有下列行为之一的，处十日以上十五日以下拘留，可以并处五千元以下罚款；情节较轻的，处五日以上十日以下拘留或者一千元以上三千元以下罚款：

（一）违反国家规定，未经注册登记，以社会团体、基金会、社会服务机构等社会组织名义进行活动，被取缔后，仍进行活动的；

（二）被依法撤销登记或者吊销登记证书的社会团体、基金会、社会服务机构等社会组织，仍以原社会组织名义进行活动的；

（三）未经许可，擅自经营按照国家规定需要由公安机关许可的行业的。

有前款第三项行为的，予以取缔。被取缔一年以内又实施的，处十日以上十五日以下拘留，并处三千元以上五千元以下罚款。

取得公安机关许可的经营者，违反国家有关管理规定，情节严重的，公安机关可以吊销许可证件。

条文解读

社会团体 ➡ 社会团体，是指中国公民自愿组成，为实现会员共同意愿，按照其章程开展活动的非营利性社会组织，如各种协会、联合会、商会等。在我国境内成立社会组织，需要向民政部门提出申请，由民政部门依据有关法律、法规的规定进行审查批准后，才能开展活动。

按照国家规定需要由公安机关许可的行业 ➡ 按照国家规定需要由公安机关许可的行业，是指按照有关法律、行政法规和国务院有关规定，需要由公安机关许可的旅馆业、典当业、公章刻制业、保安培训业等行业。

吊销许可证件 ➡ 为了加强对这些许可行业的管理，促使其按照国家有关规定合法经营，对其违规经营的行为规定了相应的法律责任，本法赋予公安机关对取得公安机关许可的经营者违反有关规定的吊销许可证件的处罚权。

实务应用

29. 在处理非法社团问题上公安机关如何与民政部门分工？

《社会团体登记管理条例》第 32 条规定："筹备期间开展筹备以外的活动，或者未经登记，擅自以社会团体名义进行活动，以及被撤销登记的社会团体继续以社会团体名义进行活动的，由登记管理机关予以取缔，没收非法财产；构成犯罪的，依法追究刑事责任；尚不构成犯罪的，依法给予治安管理处罚。"即对违反国家规定，未经注册登记，以社会团体名义进行活动，被民政部门取缔后，仍进行活动的和被民政部门依法撤销登记的社会团体，仍以社会团体名义进行活动的，由公安机关依照本条规定予以处罚。

关联参见

《民法典》第 87 条、第 91—93 条；《社会团体登记管理条例》第 32 条

第六十六条 【煽动、策划非法集会、游行、示威】煽动、策划非法集会、游行、示威，不听劝阻的，处十日以上十五日以下拘留。

条文解读

煽动、策划 ▶ 煽动，指行为人以语言、文字、图像的方式对他人进行鼓动、宣传，意图使他人相信其所煽动的内容，或者是意图使他人去实施其所煽动的行为。策划，指为实现某一目标而进行筹划、谋算的行为，如制订计划、策略等。

非法集会、游行、示威 ▶ 非法聚会、游行、示威，主要指以下情况：一是未依照《集会游行示威法》申请或者在申请未获许可的条件下进行集会、游行、示威的。二是集会、游行、示威未按照主管机关许可的目的、方式、标语、口号、起止时间、地点、路线进行，不听劝阻的。《集会游行示威法》第7条规定："举行集会、游行、示威，必须依照本法规定向主管机关提出申请并获得许可。下列活动不需申请：（一）国家举行或者根据国家决定举行的庆祝、纪念等活动；（二）国家机关、政党、社会团体、企业事业组织依照法律、组织章程举行的集会。"《集会游行示威法》第12条规定："申请举行的集会、游行、示威，有下列情形之一的，不予许可：（一）反对宪法所确定的基本原则的；（二）危害国家统一、主权和领土完整的；（三）煽动民族分裂的；（四）有充分根据认定申请举行的集会、游行、示威将直接危害公共安全或者严重破坏社会秩序的。"

关联参见

《集会游行示威法》第7条、第12条；《刑法》第296—298条

第六十七条 【旅馆业工作人员违反治安管理规定】从事旅馆业经营活动不按规定登记住宿人员姓名、有效身份证件种类和号码等信息的，或者为身份不明、拒绝登记身份信息的人提供住宿服

务的，对其直接负责的主管人员和其他直接责任人员处五百元以上一千元以下罚款；情节较轻的，处警告或者五百元以下罚款。

实施前款行为，妨害反恐怖主义工作进行，违反《中华人民共和国反恐怖主义法》规定的，依照其规定处罚。

从事旅馆业经营活动有下列行为之一的，对其直接负责的主管人员和其他直接责任人员处一千元以上三千元以下罚款；情节严重的，处五日以下拘留，可以并处三千元以上五千元以下罚款：

（一）明知住宿人员违反规定将危险物质带入住宿区域，不予制止的；

（二）明知住宿人员是犯罪嫌疑人员或者被公安机关通缉的人员，不向公安机关报告的；

（三）明知住宿人员利用旅馆实施犯罪活动，不向公安机关报告的。

条文解读

旅馆接待旅客住宿必须登记。登记时，应当查验旅客的身份证件，按规定的项目如实登记。登记的内容包括旅客的姓名、身份证件种类和号码。接待境外旅客住宿，还应当在24小时内向当地公安机关报送住宿登记表。此外，旅馆业工作人员发现违法犯罪分子、形迹可疑的人员和被公安机关通缉的罪犯，应当立即向当地公安机关报告，不得知情不报或隐瞒包庇。这是旅馆业工作人员的义务，违反此义务的应当接受处罚。公安机关对旅馆治安管理的职责是，指导、监督旅馆建立各项安全管理制度和落实安全防范措施，协助旅馆对工作人员进行安全业务知识培训，依法惩办侵犯旅馆和旅客合法权益的违法犯罪分子。

关联参见

《旅馆业治安管理办法》第6条、第9条、第11条、第16条、第17条

第六十八条 【房屋出租人违反治安管理规定】房屋出租人将房屋出租给身份不明、拒绝登记身份信息的人的，或者不按规定登记承租人姓名、有效身份证件种类和号码等信息的，处五百元以上一千元以下罚款；情节较轻的，处警告或者五百元以下罚款。

房屋出租人明知承租人利用出租房屋实施犯罪活动，不向公安机关报告的，处一千元以上三千元以下罚款；情节严重的，处五日以下拘留，可以并处三千元以上五千元以下罚款。

条文解读

本条此次修订的内容包括：(1) 将"无身份证件的人"修改为"身份不明、拒绝登记身份信息的人"；(2) 明确承租人的信息为"承租人姓名、有效身份证件种类和号码等信息"；(3) 将罚款额度提高为"五百元以上一千元以下"；(4) 本条第1款新增"情节较轻"的情形，并规定"处警告或者五百元以下罚款"的处罚措施。

房屋出租人的治安责任：(1) 不准将房屋出租给无合法有效证件的承租人；(2) 与承租人签订租赁合同，承租人是外来暂住人员的，应当带领其到公安派出所申报暂住户口登记，并办理暂住证；(3) 对承租人的姓名、性别、年龄、常住户口所在地、职业或者主要经济来源、服务处所等基本情况进行登记并向公安派出所备案；(4) 发现承租人有违法犯罪活动或者有违法犯罪嫌疑的，应当及时报告公安机关；(5) 对出租的房屋经常进行安全检查，及时发现和排除安全隐患，保障承租人的居住安全；(6) 房屋停止租赁的，应当到公安派出所办理注销手续；(7) 房屋出租单位或者个人委托代理人管理出租房屋的，代理人必须遵守有关规定，承担相应责任。

关联参见

《租赁房屋治安管理规定》第7条

第六十九条 【特定行业经营者未按照规定登记信息】娱乐场所和公章刻制、机动车修理、报废机动车回收行业经营者违反法律法规关于要求登记信息的规定，不登记信息的，处警告；拒不改正或者造成后果的，对其直接负责的主管人员和其他直接责任人员处五日以下拘留或者三千元以下罚款。

条文解读

本条为此次修订新增条文。

娱乐场所应当与从业人员签订文明服务责任书，并建立从业人员名簿；从业人员名簿应当包括从业人员的真实姓名、居民身份证复印件、外国人就业许可证复印件等内容。娱乐场所还应当建立营业日志，记载营业期间从业人员的工作职责、工作时间、工作地点；营业日志不得删改，并应当留存60日备查。

公章刻制经营者应当核验刻制公章的证明材料，采集用章单位、公章刻制申请人的基本信息，并应当在刻制公章后1日内，将用章单位、公章刻制申请人等基本信息及印模、刻制公章的证明材料报所在地县级人民政府公安机关备案。

机动车修理企业和个体工商户承修机动车应如实登记下列项目：（1）按照机动车行驶证登记送修车辆的号牌、车型、发动机号码、车架号码、厂牌型号、车身颜色；（2）车主名称或姓名、送修人姓名和居民身份证号码或驾驶证号码；（3）修理项目（事故车辆应详细登记修理部位）；（4）送修时间、收车人姓名。报废机动车回收企业回收报废机动车应如实登记下列项目：（1）报废机动车车主名称或姓名、送车人姓名、居民身份证号码；（2）按照公安交通管理部门出具的机动车报废证明登记报废车车牌号码、车型、发动机号码、车架号码、车身颜色；（3）收车人姓名。

关联参见

《娱乐场所管理条例》第25条;《印铸刻字业暂行管理规则》第5条、第7条;《机动车修理业、报废机动车回收业治安管理办法》第7条、第8条

第七十条 【非法安装、使用、提供窃听、窃照专用器材】非法安装、使用、提供窃听、窃照专用器材的,处五日以下拘留或者一千元以上三千元以下罚款;情节较重的,处五日以上十日以下拘留,并处三千元以上五千元以下罚款。

条文解读

本条为此次修订新增条文。

窃听专用器材,是指以伪装或者隐蔽方式使用,经公安机关依法进行技术检测后作出认定性结论,有以下情形之一的:(1)具有无线发射、接收语音信号功能的发射、接收器材;(2)微型语音信号拾取或者录制设备;(3)能够获取无线通信信息的电子接收器材;(4)利用搭接、感应等方式获取通讯线路信息的器材;(5)利用固体传声、光纤、微波、激光、红外线等技术获取语音信息的器材;(6)可遥控语音接收器件或者电子设备中的语音接收功能,获取相关语音信息,且无明显提示的器材(含软件);(7)其他具有窃听功能的器材。

窃照专用器材,是指以伪装或隐蔽方式使用,经公安机关依法进行技术检测后作出认定性结论,有以下情形之一的:(1)具有无线发射功能的照相、摄像器材;(2)微型针孔式摄像装置以及使用微型针孔式摄像装置的照相、摄像器材;(3)取消正常取景器和回放显示器的微小相机和摄像机;(4)利用搭接、感应等方式获取图像信息的器材;(5)可遥控照相、摄像器件或者电子设备中的照相、摄像功能,获取相关图像信息,且无明显提示的器材(含软件);(6)其他具有窃照功能的器材。

关联参见

《刑法》第283条、第284条；《禁止非法生产销售使用窃听窃照专用器材和"伪基站"设备的规定》

第七十一条 【典当业、废旧物品收购业违反治安管理规定】有下列行为之一的，处一千元以上三千元以下罚款；情节严重的，处五日以上十日以下拘留，并处一千元以上三千元以下罚款：

（一）典当业工作人员承接典当的物品，不查验有关证明、不履行登记手续的，或者违反国家规定对明知是违法犯罪嫌疑人、赃物而不向公安机关报告的；

（二）违反国家规定，收购铁路、油田、供电、电信、矿山、水利、测量和城市公用设施等废旧专用器材的；

（三）收购公安机关通报寻查的赃物或者有赃物嫌疑的物品的；

（四）收购国家禁止收购的其他物品的。

 条文解读

本条此次修订的内容包括：（1）将罚款的额度提高到"一千元以上三千元以下"；（2）对第1项的内容进行了修改，即新增"违反国家规定"对明知是违法犯罪嫌疑人、赃物而不向公安机关报告的。

典当业，是指以实物占有权转移形式为非国有中、小企业和个人提供临时性质押贷款的特殊金融企业。鉴于典当行业容易被违法犯罪分子用于销赃，为加强治安管理、保护群众合法权益并保障典当行合法经营，故将其纳入特种行业管理。典当业在经营过程中，当户在出当时应当如实向典当行提供当物的来源及相关证明材料。典当行应当查验当户出具的上述证明文件。典当行发现公安机关通报协查的人员或者赃物以及其他不得收当的财物时，应当立即向公安机关报告有关情况。本条规定了典当业工作人员不履行法定义务的行为表现，即不查验有关证明，不履行登记手续，或者违反国家规定对明知是违法犯罪嫌疑人、赃物而不向公安机关报告。

关联参见

《典当行管理暂行办法》

第七十二条　【妨害行政执法秩序，违反刑事监督管理规定】 有下列行为之一的，处五日以上十日以下拘留，可以并处一千元以下罚款；情节较轻的，处警告或者一千元以下罚款：

（一）隐藏、转移、变卖、擅自使用或者损毁行政执法机关依法扣押、查封、冻结、扣留、先行登记保存的财物的；

（二）伪造、隐匿、毁灭证据或者提供虚假证言、谎报案情，影响行政执法机关依法办案的；

（三）明知是赃物而窝藏、转移或者代为销售的；

（四）被依法执行管制、剥夺政治权利或者在缓刑、暂予监外执行中的罪犯或者被依法采取刑事强制措施的人，有违反法律、行政法规或者国务院有关部门的监督管理规定的行为的。

关联参见

《刑法》第312条

第七十三条　【违反有关机关依法作出的禁止性决定】 有下列行为之一的，处警告或者一千元以下罚款；情节较重的，处五日以上十日以下拘留，可以并处一千元以下罚款：

（一）违反人民法院刑事判决中的禁止令或者职业禁止决定的；

（二）拒不执行公安机关依照《中华人民共和国反家庭暴力法》、《中华人民共和国妇女权益保障法》出具的禁止家庭暴力告诫书、禁止性骚扰告诫书的；

（三）违反监察机关在监察工作中、司法机关在刑事诉讼中依法采取的禁止接触证人、鉴定人、被害人及其近亲属保护措施的。

条文解读

本条是此次修订的新增条文，是对违反禁止令等行为的处罚规定。

（1）违反人民法院刑事判决中的禁止令或者职业禁止决定的行为。禁止令，是指法院对判处管制或者宣告缓刑的犯罪分子，可以根据犯罪情况，同时禁止其在管制执行期间或者缓刑考验期限内从事特定活动，进入特定区域、场所，接触特定的人。职业禁止，是指法院对利用职业便利实施犯罪或者违背职业要求特定义务实施犯罪的犯罪分子，除依法判处相应刑罚外，还可以根据犯罪情况和预防再犯罪的需要，禁止其自刑罚执行完毕之日或者假释之日起从事相关职业。

（2）不执行公安机关依照《反家庭暴力法》《妇女权益保障法》出具的禁止家庭暴力告诫书、禁止性骚扰告诫书的行为。家庭暴力告诫书，是指家庭暴力情节较轻，依法不给予治安管理处罚的，公安机关决定对加害人给予告诫，禁止其实施家庭暴力而出具的法律文书。根据《反家庭暴力法》第16条的规定，家庭暴力情节较轻，依法不给予治安管理处罚的，由公安机关对加害人给予批评教育或者出具告诫书。告诫书应当包括加害人的身份信息、家庭暴力的事实陈述、禁止加害人实施家庭暴力等内容。根据《妇女权益保障法》第80条第1款的规定，违反本法规定，对妇女实施性骚扰的，由公安机关给予批评教育或者出具告诫书，并由所在单位依法给予处分。

（3）违反监察机关在监察工作中、司法机关在刑事诉讼中依法采取的禁止接触证人、鉴定人、被害人及其近亲属保护措施的行为。无论目的是求情、威胁还是"套近乎"，只要违规接触即处罚。受害人通话记录、监控录像、证人证言等均可作为处罚依据。

关联参见

《刑法》第 37 条之一;《反家庭暴力法》第 16 条;《妇女权益保障法》第 80 条;《最高人民法院、最高人民检察院、公安部、司法部关于对判处管制、宣告缓刑的犯罪分子适用禁止令有关问题的规定(试行)》

第七十四条 【脱逃】 依法被关押的违法行为人脱逃的,处十日以上十五日以下拘留;情节较轻的,处五日以上十日以下拘留。

条文解读

脱逃行为,是指行为人被公安机关依法剥夺人身自由之后,为非法获取自由而实施的逃离强制关押行为。依法被关押的违法行为人的逃跑方法有使用暴力脱逃与未使用暴力脱逃两种:未使用暴力脱逃,是指行为人寻找机会,创造条件,乘工作人员不备而逃跑。使用暴力脱逃,是指行为人通过对工作人员施以殴打、捆绑等暴力行为,或者威胁、恐吓等胁迫行为,而摆脱其监管控制。

关联参见

《刑法》第 316 条

第七十五条 【故意损坏文物、名胜古迹】 有下列行为之一的,处警告或者五百元以下罚款;情节较重的,处五日以上十日以下拘留,并处五百元以上一千元以下罚款:

(一) 刻划、涂污或者以其他方式故意损坏国家保护的文物、名胜古迹的;

(二) 违反国家规定,在文物保护单位附近进行爆破、钻探、挖掘等活动,危及文物安全的。

条文解读

本条规定的行为侵犯的客体是国家对文物、名胜古迹的管理秩序。此行为侵犯的对象是国家保护的文物和名胜古迹。例如，具有历史、艺术、科学价值的古文化遗址、古墓葬、古建筑、艺术品、图书资料等。

关联参见

《文物保护法》

第七十六条 【偷开他人车、船、航空器，无证驾驶航空器、船舶】有下列行为之一的，处一千元以上二千元以下罚款；情节严重的，处十日以上十五日以下拘留，可以并处二千元以下罚款：

（一）偷开他人机动车的；

（二）未取得驾驶证驾驶或者偷开他人航空器、机动船舶的。

条文解读

偷开，是指在不为机动车、航空器、机动船舶所有人知晓的情况下，行为人秘密开走机动车、航空器、机动船舶，使其不受所有人控制的行为。偷开并不以占有机动车、航空器、机动船舶为目的，行为人往往在偷开取乐后，将其送回原处，一般不构成盗窃罪。

未取得驾驶证驾驶，是指没有经过专门的训练，没有取得合法的驾驶机动车、航空器、机动船舶的专业驾驶证书而从事驾驶的行为。航空器、机动船舶本身价值很高，又与广大群众的生命财产安全有紧密联系，所以驾驶航空器、机动船舶的人员必须具备相应的驾驶技术和能力，必须经过一定的手续和严格的考核，方可得到驾驶证件。

实务应用

30. 偷开他人机动车的违反治安管理行为与盗窃机动车有哪些区别？

二者的区别主要在于行为人对于机动车是否具有非法占有的目的并实施了相应的行为。如果行为人将机动车私自开走后予以改装、变卖或者遗弃的，则构成盗窃罪。而如果行为人在实施该行为时，不以非法占有为目的，并且事后将偷开的机动车放回原处的，应当按照偷开机动车的违反治安管理行为处罚。同时，《最高人民法院、最高人民检察院关于办理盗窃刑事案件适用法律若干问题的解释》第10条规定："偷开他人机动车的，按照下列规定处理：（一）偷开机动车，导致车辆丢失的，以盗窃罪定罪处罚；（二）为盗窃其他财物，偷开机动车作为犯罪工具使用后非法占有车辆，或者将车辆遗弃导致丢失的，被盗车辆的价值计入盗窃数额；（三）为实施其他犯罪，偷开机动车作为犯罪工具使用后非法占有车辆，或者将车辆遗弃导致丢失的，以盗窃罪和其他犯罪数罪并罚；将车辆送回未造成丢失的，按照其所实施的其他犯罪从重处罚。"

案例指引

10. 偷开他人机动车，造成机动车损坏的，如何处罚？[①]

2024年3月30日晚11时许，赵某与范某无所事事在街上闲逛，发现路边停放着一辆崭新的黑色轿车，二人凑近后发现车门未锁，车钥匙也在车上，便萌生了"开车去兜风"的想法。于是，赵某载着范某将车开走。在兜风的过程中，范某想练习一下车辆驾驶，赵某就让范某开车，自己坐在副驾驶指挥。因范某驾驶不当，将车撞到路边树上，造成

[①] 参见《【以案释法】〈治安管理处罚法〉篇：偷开他人机动车，一趟兜风痛失自由十日》，载"卢氏司法局"微信公众号，https://mp.weixin.qq.com/s/cTa0q6INm_ri3XDWWajy7A，最后访问日期：2025年6月30日。

车辆前保险杠损坏。事后二人将车开回，并停放至原停车位。第二天，车主发现车辆损坏且有被人驾驶过的痕迹，立即报警。接警后，民警迅速调取了事发当晚周边的路面监控，很快锁定了嫌疑人赵某与范某的身份，将二人抓获，二人对偷开他人机动车的事实供认不讳。本案中，赵某与范某未经车辆所有人同意，偷开他人机动车，后将车辆停回原地，构成《治安管理处罚法》规定的偷开机动车的行为，又因在偷开的过程中造成机动车损坏，属于偷开他人机动车"情节严重"的情形。公安机关根据《治安管理处罚法》的相关规定，对赵某、范某偷开机动车的行为，分别处10日拘留，并处500元罚款。

关联参见

《最高人民法院、最高人民检察院关于办理盗窃刑事案件适用法律若干问题的解释》第10条

第七十七条 【破坏他人坟墓、尸骨、骨灰，违法停放尸体】
有下列行为之一的，处五日以上十日以下拘留；情节严重的，处十日以上十五日以下拘留，可以并处二千元以下罚款：

（一）故意破坏、污损他人坟墓或者毁坏、丢弃他人尸骨、骨灰的；

（二）在公共场所停放尸体或者因停放尸体影响他人正常生活、工作秩序，不听劝阻的。

条文解读

本条规定了妨碍尸体管理的三种行为。这三种行为虽然客观表现不同、行为对象不同，但均是出于主观故意。

（1）故意破坏、污损他人坟墓。破坏他人坟墓，是指挖掘、破坏他人坟墓、毁坏他人墓碑等行为。污损他人坟墓是指，将污秽物品泼洒在他人的坟墓上，也包括污损他人墓碑的行为。

(2) 毁坏、丢弃他人尸骨、骨灰，是指将他人的尸骨进行破坏或者陈尸野外，将他人骨灰丢弃的行为。

(3) 在公共场所停放尸体或者因停放尸体影响他人正常生活、工作秩序，不听劝阻。该行为不仅要有停放尸体的行为，而且要达到足以影响他人的正常生活、工作秩序的程度，还必须有不听他人或组织劝阻的情节。

关联参见

《刑法》第 328 条

第七十八条 【卖淫、嫖娼，拉客招嫖】卖淫、嫖娼的，处十日以上十五日以下拘留，可以并处五千元以下罚款；情节较轻的，处五日以下拘留或者一千元以下罚款。

在公共场所拉客招嫖的，处五日以下拘留或者一千元以下罚款。

条文解读

卖淫、嫖娼是不特定的异性之间或者同性之间以金钱、财物为媒介，发生性关系的行为，包括手淫、口淫、鸡奸等行为。客观上，卖淫、嫖娼行为可以发生在异性之间，也可以发生在同性之间，发生性行为的方式也有多种。但是要注意将此行为区别于一般娱乐业、饮食服务业等一些场所，为了招揽生意，引诱、组织一些女子同顾客进行一些下流的举动和行为，如进行猥亵行为，但是没有发生性关系，对这些行为就不应当按照卖淫、嫖娼处理。

拉客招嫖行为，是指行为人在公共场所，如宾馆、饭店、娱乐场所、街道等区域，以语言挑逗或者强拉硬拽等方式，意图招揽他人嫖娼的行为。构成该行为需要同时满足三个条件：公共场所、拉客、招嫖。

实务应用

31. 如何认定情节较轻的卖淫、嫖娼行为？

认定卖淫、嫖娼行为的情节轻重，要从行为人的主观恶性、行为方式、行为地点、赢利情况等多方面加以考量。以卖淫人员为例，对行为人确因生活所迫，在公共场所以流动人口为卖淫对象，且所得不多的情况，应按照情节较轻的幅度处罚，并予以批评教育。对以卖淫为主要生活来源、有固定住所专门从事卖淫的，应从重处罚。同时，对已经给付钱物并着手实施，但尚未发生性关系；或者已经发生性关系，但尚未给付钱物的，也可以按照情节较轻的幅度予以处罚。此外，对于被诱骗、胁迫卖淫的，以及因一时冲动而嫖娼，且认错态度较好、社会危害不大的，也可以按情节较轻的幅度予以处罚。

关联参见

《娱乐场所管理条例》第14条、第30条

第七十九条 【引诱、容留、介绍卖淫】引诱、容留、介绍他人卖淫的，处十日以上十五日以下拘留，可以并处五千元以下罚款；情节较轻的，处五日以下拘留或者一千元以上二千元以下罚款。

条文解读

引诱他人卖淫，是指行为人为了达到某种目的，以金钱诱惑或者通过宣扬腐朽生活方式等手段，诱使没有卖淫习性的人从事卖淫活动的行为。介绍他人卖淫，指行为人为了获取非法利益，在卖淫者与嫖娼者之间牵线搭桥，使卖淫者与嫖客相识并进行卖淫嫖娼活动，俗称"拉皮条"。容留他人卖淫，指行为人故意为卖淫嫖娼者的卖淫、嫖娼活动提供场所，使该活动得以进行的行为。容留他人卖淫的场所是多种多样的，如私人住宅、汽车、自己管理的饭店、宾馆等。容留他人卖淫的期限可以是长期的，如将房屋长期租给卖淫嫖娼者使用，也可以是短期的或者临时的。

关联参见

《刑法》第358条、第359条

第八十条　【制作、运输、复制、出售、出租淫秽物品，传播淫秽信息】制作、运输、复制、出售、出租淫秽的书刊、图片、影片、音像制品等淫秽物品或者利用信息网络、电话以及其他通讯工具传播淫秽信息的，处十日以上十五日以下拘留，可以并处五千元以下罚款；情节较轻的，处五日以下拘留或者一千元以上三千元以下罚款。

前款规定的淫秽物品或者淫秽信息中涉及未成年人的，从重处罚。

条文解读

本条此次修订的内容主要包括：（1）将罚款的额度调整为"五千元以下""一千元以上三千元以下"；（2）新增第2款，即第1款规定的淫秽物品或者淫秽信息中涉及未成年人的，从重处罚。

制作，是指生产、录制、编写、翻译、绘画、印刷、刻印、摄制、洗印等行为。运输，是指利用飞机、火车、汽车、轮船等交通工具或采用随身携带的方式，将物品从一处运往另一处的行为。复制，是指通过翻印、翻拍、复印、复写、复录等方式重复制作的行为。出售，是指销售，包括批发和零售。出租，是指不改变物品所有权，以收取租金获利的行为。以上五种行为方式都是以淫秽物品为载体，侵犯社会管理秩序和良好社会风尚的行为。只要实施了其中的一种，便可以给予治安管理处罚。

关联参见

《刑法》第 363 条、第 364 条、第 367 条；《互联网上网服务营业场所管理条例》第 14 条

第八十一条 【组织播放淫秽音像，组织或者进行淫秽表演，参与聚众淫乱活动】有下列行为之一的，处十日以上十五日以下拘留，并处一千元以上二千元以下罚款：

（一）组织播放淫秽音像的；

（二）组织或者进行淫秽表演的；

（三）参与聚众淫乱活动的。

明知他人从事前款活动，为其提供条件的，依照前款的规定处罚。

组织未成年人从事第一款活动的，从重处罚。

条文解读

本条此次修订的内容包括：（1）将罚款的额度调整为"一千元以上二千元以下"；（2）新增第 3 款，即组织未成年人从事第 1 款规定的，从重处罚。

组织播放淫秽音像 ▶ 组织播放淫秽音像，是指播放淫秽电影、录像、幻灯片、录音带、激光唱片、存储有淫秽内容的计算机软件等音像制品，并召集多人观看、收听。

组织或者进行淫秽表演 ▶ 组织淫秽表演，是指组织他人当众进行淫秽表演。组织行为，是指策划表演的过程，纠集、招募、雇佣表演者，寻找、租用表演场地，招揽群众等组织演出的行为。进行淫秽表演，是指自己参与具体的淫秽表演。

聚众淫乱活动 ▶ 聚众淫乱，是指在组织者或首要分子的组织、纠集下，多人聚集在一起进行淫乱活动，如进行性交表演、聚众奸宿等，

且性别不限。因其会造成非常不良的社会影响，伤风败俗，扰乱正常的社会管理秩序，应予以处罚。

关联参见

《刑法》第 301 条、第 364 条、第 365 条；《最高人民法院关于审理非法出版物刑事案件具体应用法律若干问题的解释》第 10 条

第八十二条 【为赌博提供条件、赌博】以营利为目的，为赌博提供条件的，或者参与赌博赌资较大的，处五日以下拘留或者一千元以下罚款；情节严重的，处十日以上十五日以下拘留，并处一千元以上五千元以下罚款。

条文解读

本条规定了违反治安管理的两种有关赌博的行为：

一是以营利为目的，为赌博提供条件的。行为人的主观动机是营利，客观行为表现为为赌博提供条件：（1）提供赌具，即提供麻将、牌九、纸牌、骰子、扑克等。（2）提供赌场，即为赌博分子提供进行赌博的场所。这些场所可以是行为人自己的家中，也可以在其亲戚朋友家，还可以是在办公室、仓库以及其他不容易被人发现但可用于赌博的场所。（3）提供赌资，即为赌博分子提供用于赌博的资金，一般情况下这种提供赌资行为都是有偿的，很多情况下都是高利贷。（4）为赌博活动提供其他便利条件的行为，如为赌博份子提供交通工具、食宿等便利条件的行为。

二是参与赌博赌资较大的行为。即行为人本人参加赌博，且赌资较大者。家庭成员、亲属之间娱乐中带有少量财物输赢的活动，不以赌博论处。

实务应用

32. 无主赌资如何处理？

赌博当场陈置于赌台上或存放在竞换筹码处无人认领的赌资，可先按所有参赌人员名义登记保存，待进一步查证。若参与赌博的有关违法犯罪嫌疑人均不承认是属于自己所有的财物，应继续加大对有关违法犯罪嫌疑人的审查，同时注意搜集其他旁证，查清该财物的来源和归属。经查证，对的确属于无主赌资的，应当依法予以收缴。

案例指引

11. 对赌博违法行为的行政处罚如何进行自由裁量？[①]

自2018年年末起，犯罪嫌疑人李某某、邢某某（已另案追究刑事责任）通过某社交软件建立名为"××天下"的群组，先后组织40余人加入群聊，利用"××棋牌网"进行麻将赌博，并在"××天下"聊天群中结算赌资。该群参赌人员在"××棋牌网"中输赢对应的点数乘以10元为输赢数额，所以称"10分群"。2020年3月，该赌博群组被公安机关查获，参赌人员共计40余人，赌资均超过两千元。例如：孙某某，自2019年6月到12月共发结算赌资的红包195次，金额5617元，共收结算赌资的红包223次，金额6224元，共计11841元；刘某，自2019年10月至12月共收红包25次，金额为2338.88元，共发结算赌资的红包3次，金额为270元，共计2608.88元。

2020年3月28日、4月28日，丹东市公安局元宝分局分别依法给予当事人孙某某、刘某等行政拘留10日，并处罚款3000元的行政处罚。

[①] 参见《治安管理领域行政处罚自由裁量典型案例》，载丹东市司法局网，http://ddssfj.dandong.gov.cn/html/DDSFJ/202208/0166028786544789.html，最后访问日期：2025年6月30日。

赌博活动中用作赌注的款物、换取筹码的款物和通过赌博赢取的款物属于赌资。故，参赌人员在"××天下"群组中发红包和领取的红包均系赌资。参赌人员反复进入"××棋牌网"赌博，输掉先前领取的红包中的钱或者再次赢取红包，均系实施了一次新的赌博违法行为，在新的违法行为中，投入或者领取的红包都是赌资，应当与前次赌博活动中的赌资相加计算。本案中，对赌资的正确计算方式，体现了正确处理违法行为的持续状态和连续状态。对于违法行为处于持续状态的，赢取后又输掉的赌资不能相加计算；但对于违法行为处于连续状态的，实际上是违法行为人在一定时期内重复实施了数个违法行为，每个违法行为都是独立的，此时，前一个违法行为中赢取的赌资在后一个违法行为中输掉，两个违法行为不能折抵，相加计算赌资是对两个违法行为的共同评价。根据《辽宁省公安机关行政处罚裁量权细化标准》关于赌博违法行为中有下列情形之一的，属于"情节严重"：(1) 个人赌资在 2000 元以上的……(4) 利用互联网、移动终端设备等投注赌博的规定，依法从重处罚。综上所述，丹东市公安局元宝分局依法给予当事人行政拘留 10 日，并处罚款 3000 元的较重处罚。

关联参见

《刑法》第 303 条；《娱乐场所管理条例》第 14 条；《最高人民法院、最高人民检察院关于办理赌博刑事案件具体应用法律若干问题的解释》第 1 条

第八十三条 【违反毒品原植物规定的行为】有下列行为之一的，处十日以上十五日以下拘留，可以并处五千元以下罚款；情节较轻的，处五日以下拘留或者一千元以下罚款：

(一) 非法种植罂粟不满五百株或者其他少量毒品原植物的；

(二) 非法买卖、运输、携带、持有少量未经灭活的罂粟等毒品原植物种子或者幼苗的；

（三）非法运输、买卖、储存、使用少量罂粟壳的。

有前款第一项行为，在成熟前自行铲除的，不予处罚。

条文解读

本条规定了针对毒品原植物进行违法活动的行为，其与《刑法》中规定的犯罪行为的不同在于数量少，因而不构成刑事处罚。行为的方式主要有非法种植、买卖、运输、携带、持有、储存、使用等，由于毒品原植物及其种子、幼苗，甚至罂粟壳都可以用来制造毒品，严重危害他人身体健康和社会安定，故应当对这些非法行为予以处罚。需要注意的是本条第2款的规定，在毒品原植物成熟之前，不是在执法人员强制下铲除，而是自行铲除的，不予处罚。

关联参见

《刑法》第351条；《禁毒法》第19条、第30条

第八十四条 【非法持有、向他人提供毒品，吸毒，胁迫、欺骗开具麻醉药品、精神药品】有下列行为之一的，处十日以上十五日以下拘留，可以并处三千元以下罚款；情节较轻的，处五日以下拘留或者一千元以下罚款：

（一）非法持有鸦片不满二百克、海洛因或者甲基苯丙胺不满十克或者其他少量毒品的；

（二）向他人提供毒品的；

（三）吸食、注射毒品的；

（四）胁迫、欺骗医务人员开具麻醉药品、精神药品的。

聚众、组织吸食、注射毒品的，对首要分子、组织者依照前款的规定从重处罚。

吸食、注射毒品的，可以同时责令其六个月至一年以内不得进入娱乐场所、不得擅自接触涉及毒品违法犯罪人员。违反规定的，

处五日以下拘留或者一千元以下罚款。

条文解读

本条第 1 款规定的违法行为共有四类：一是非法持有毒品的行为。该行为是指违反法律和有关国家规定，未经有权部门批准，占有、携带、贮存或者以其他方式持有少量毒品而尚不构成刑事处罚的行为。行为人持有可以是带在自己身上，也可以是将毒品藏在某处，还可以是将毒品委托他人保管。二是向他人提供毒品的行为。该行为一种是指向他人免费提供毒品，如果行为人通过交易向他人提供毒品的，则构成贩毒罪；另一种是指依法从事生产、运输、管理、使用国家管制的麻醉药品、精神药品的人员，违反国家规定，向吸食、注射毒品的人员提供能使人形成瘾癖的麻醉药品、精神药品，包括赠与和出售。三是吸食、注射毒品的行为。行为人的吸食、注射毒品的行为本身就具有违法性。如果是为了治疗疾病合理使用吗啡等药物的，则不构成违反治安管理的行为。四是胁迫、欺骗医务人员开具麻醉药品、精神药品的行为。本条中毒品包括鸦片、海洛因、甲基苯丙胺、吗啡、大麻、可卡因以及国家规定管制的其他能够使人形成瘾癖的麻醉药品和精神药品。

本条此次修订新增第 2 款，对聚众、组织吸食、注射毒品行为的处罚措施进行了规定，即对首要分子、组织者依照第 1 款的规定从重处罚。

本条此次修订新增第 3 款，对吸食、注射毒品的人活动范围和接触人员范围进行了规定。对吸食、注射毒品的人，可以同时责令其 6 个月至 1 年以内不得进入娱乐场所、不得擅自接触涉及毒品违法犯罪人员。违反规定的，处 5 日以下拘留或者 1000 元以下罚款。

关联参见

《刑法》第 348 条；《最高人民法院关于审理毒品犯罪案件适用法律若干问题的解释》第 2 条

第八十五条 【引诱、教唆、欺骗、强迫、容留他人吸食、注射毒品，介绍买卖毒品】引诱、教唆、欺骗或者强迫他人吸食、注射毒品的，处十日以上十五日以下拘留，并处一千元以上五千元以下罚款。

容留他人吸食、注射毒品或者介绍买卖毒品的，处十日以上十五日以下拘留，可以并处三千元以下罚款；情节较轻的，处五日以下拘留或者一千元以下罚款。

● 条文解读

引诱，是指勾引、诱使、拉拢他人吸食注射毒品的行为，如向他人讲述吸食毒品的快感等。

教唆，是指以劝说、怂恿、激将等方法，唆使他人吸食、注射毒品的行为。

欺骗，是指采取隐瞒事实真相的语言和行为，使他人在不知道是毒品的情况下吸食、注射毒品。例如，行为人把毒品放入卷烟中让其他不明真相的人吸食。

强迫，是指违背他人意愿，强制要求他人吸食、注射毒品的行为。依据本条的规定，只要行为人实施了教唆、引诱、欺骗他人吸食、注射毒品的行为，不论被教唆、被引诱以及被欺骗的人是否最终吸食或者注射毒品，都构成违法，应当依法给予处罚。

● 关联参见

《刑法》第 353 条

第八十六条 【非法生产、经营、购买、运输用于制造毒品的原料、配剂】违反国家规定，非法生产、经营、购买、运输用于制造毒品的原料、配剂的，处十日以上十五日以下拘留；情节较轻的，处五日以上十日以下拘留。

> 条文解读

本条是此次修订新增的条文。非法生产、经营、购买、运输用于制造毒品的原料、配剂给制造毒品提供了便利,对这些行为进行处罚,有利于从源头上打击毒品违法犯罪。用于制造毒品的原料、配剂,是指提炼、分解毒品使用的原材料及辅助性配料。

制毒物品的具体品种范围按照国家关于易制毒化学品管理的规定确定。根据《易制毒化学品管理条例》的规定,易制毒化学品分为三类:第一类是可以用于制毒的主要原料,包括黄樟素等;第二类是可以用于制毒的化学配剂,包括苯乙酸等;第三类也是可以用于制毒的化学配剂,包括甲苯等。

国家对易制毒化学品的生产、经营、购买、运输和进口、出口实行分类管理和许可制度。禁止非法生产、买卖、运输、储存、提供、持有、使用易制毒化学品。生产、买卖、运输、进出口易制毒化学品的,应当履行相关手续。这里所规定的"生产",包括制造、加工、提炼等不同环节。

> 关联参见

《禁毒法》第21条、第22条;《易制毒化学品管理条例》

第八十七条 【为吸毒、赌博、卖淫、嫖娼人员通风报信或者提供其他条件】旅馆业、饮食服务业、文化娱乐业、出租汽车业等单位的人员,在公安机关查处吸毒、赌博、卖淫、嫖娼活动时,为违法犯罪行为人通风报信的,或者以其他方式为上述活动提供条件的,处十日以上十五日以下拘留;情节较轻的,处五日以下拘留或者一千元以上二千元以下罚款。

> 条文解读

本条此次修订的内容包括:(1)增加兜底条款,即"以其他方式为上述活动提供条件的";（2）增加"情节较轻"的情形，并规定可以对其处5日以下拘留或者1000元以上2000元以下罚款。

此类违反治安管理行为的主体具有特殊性，即仅指旅馆业、饮食服务业、文化娱乐业、出租汽车业等单位的人员。只有在公安机关查处吸毒、赌博、卖淫、嫖娼活动时通风报信的，才依照本条规定处罚。为其他违法犯罪活动通风报信的，不按照本条规定处罚。

关联参见

《刑法》第362条

第八十八条　【社会生活噪声干扰他人】违反关于社会生活噪声污染防治的法律法规规定，产生社会生活噪声，经基层群众性自治组织、业主委员会、物业服务人、有关部门依法劝阻、调解和处理未能制止，继续干扰他人正常生活、工作和学习的，处五日以下拘留或者一千元以下罚款；情节严重的，处五日以上十日以下拘留，可以并处一千元以下罚款。

条文解读

本条此次修订的内容包括：（1）扩大了违反规定的范围，即将"违反法律"修改为"违反法律法规"；（2）将"制造噪声"修改为"产生社会生活噪声"；（3）新增"经基层群众性自治组织、业主委员会、物业服务人、有关部门依法劝阻、调解和处理未能制止，继续干扰"的规定；（4）干扰的范围从"正常生活"扩大到"正常生活、工作和学习"；（5）提高处罚的力度，即"处五日以下拘留或者一千元以下罚款"；（6）新增"情节严重"的情形，规定对其"处五日以上十日以下拘留，可以并处一千元以下罚款"。

社会生活噪声，是指人为活动产生的除工业噪声、建筑施工噪声和交通运输噪声外的干扰周围生活环境的声音。制造噪声主要包括商业经营活动、娱乐场所、家庭使用的各种音响器材，如音箱、高音喇叭、乐器等的音量过大或者在休息时间装修房屋噪声过大，影响他人正常休息等。行为人在主观上是故意或者过失都可以，只要干扰了他人的正常生活就构成本行为。

对于制造噪声干扰他人正常生活的行为，本法规定首先要处以警告，只有当警告之后仍不改正的，才可以处以罚款。这主要是考虑到生活噪声的产生有很多客观原因。例如，家庭装修、餐馆营业等，一般属于邻里纠纷等较小的争议，应当本着教育疏导的原则解决问题，如果警告可以制止噪声不再干扰他人正常生活，就已经达到目的，可以不必再处以其他处罚。

案例指引

12. 社区其他居民在楼下跳广场舞，严重影响居民生活安宁，其能否提起行政诉讼？[①]

原告周某居住在长沙市某社区，部分社区居民经常在晚上 8 点左右到其楼下的人行道上跳广场舞，音响器材音量过大，严重影响其安静生活。周某报警要求某公安分局依法进行处理。某公安分局接警后，多次到现场劝说跳舞居民将音响音量调小，或者更换跳舞场地，但一直未有明显效果。此后，原告向人民法院起诉，要求某公安分局依法处理。人民法院经审理认为，某公安分局对于原告报警所称的部分居民在原告楼下跳广场舞并使用音响器材这一行为是否存在违法事项、是否需要进行行政处罚等实质问题并未依法予以认定，遂判决某公安分局依法对周某的报案作出处理。判决生效后，该公安分局又数次对跳舞的居民进行劝解、教育，并加强与当地社区的合作，引导广场舞队转移至距离原处百米之外的空坪上。原告所住的社区也在政府部门的积极协调和支持下，

[①] 参见《最高人民法院公布 10 起弘扬社会主义核心价值观典型案例》，周某诉某公安分局拖延履行法定职责案，载最高人民法院网，https: // www.court.gov.cn/zixun/xiangqing/17612.html，最后访问日期：2025 年 6 月 30 日。

与长沙某汽车站达成一致,将在车站附近建设一块专门用于广场舞等娱乐活动的健身场所,既避免噪声扰民,又给跳舞健身爱好者提供了自由活动的场所。

关联参见

《噪声污染防治法》第64条

第八十九条 【饲养动物干扰他人,违法出售、饲养危险动物,饲养动物致人伤害,驱使动物伤害他人】 饲养动物,干扰他人正常生活的,处警告;警告后不改正的,或者放任动物恐吓他人的,处一千元以下罚款。

违反有关法律、法规、规章规定,出售、饲养烈性犬等危险动物的,处警告;警告后不改正的,或者致使动物伤害他人的,处五日以下拘留或者一千元以下罚款;情节较重的,处五日以上十日以下拘留。

未对动物采取安全措施,致使动物伤害他人的,处一千元以下罚款;情节较重的,处五日以上十日以下拘留。

驱使动物伤害他人的,依照本法第五十一条的规定处罚。

条文解读

本条第1款对违反治安管理的饲养动物行为进行了规定。饲养动物者,如不尽心饲养管理动物,极易给周围他人的生活带来负面影响,扰乱他人正常生活,如饲养的动物生性凶猛,使附近居民出行和心理健康受到影响;或是该动物叫声过大,影响他人正常休息等。对此,应当先予以警告,警告后不改正的,再处以罚款。放任动物恐吓他人的行为,行为人主观上能够预见到该行为可能会给他人人身和财产带来损害,而放任这种结果的发生,故应当予以处罚。

本条此次修订新增第2款,对违反规定出售、饲养烈性犬等危险动物行为进行了规定。此处违反的"规定"范围为"有关法律、法规、规章";先对行为人进行警告;警告后不改正的,或者致使动物伤害他人的,处5日以下拘留或者1000元以下罚款;情节较重的,处5日以上10日以下拘留。

本条此次修订新增第3款,对未对动物采取措施致使动物伤害他人的行为进行了规定。即未对动物采取安全措施,致使动物伤害他人的,处1000元以下罚款;情节较重的,处5日以上10日以下拘留。

第4款对驱使动物伤害他人的行为进行了规定。驱使动物伤害他人的行为具有明确的故意性,行为人将动物作为实施伤害的工具,其主观恶性和社会危害性显著。根据本法第51条规定,此类行为应定性为故意伤害他人身体,依法予以相应处罚。

实务应用

33. 认定饲养动物违法行为应注意哪些问题?

认定饲养动物违法行为时需注意:对于干扰他人正常生活的情形,应先行警告,拒不改正的方可罚款。对于放任动物恐吓他人的,必须直接处以罚款。而对于驱使动物伤害他人的行为,则需根据伤害后果定性——造成轻伤及以上伤害的,按故意伤害罪追究刑事责任;未达轻伤标准的,则依据《治安管理处罚法》以故意伤害他人身体的违反治安管理行为处罚。

关联参见

《民法典》第1245—1251条

第四章 处罚程序

第一节 调 查

第九十条 【立案调查】公安机关对报案、控告、举报或者违反治安管理行为人主动投案，以及其他国家机关移送的违反治安管理案件，应当立即立案并进行调查；认为不属于违反治安管理行为的，应当告知报案人、控告人、举报人、投案人，并说明理由。

条文解读

报案 ▶ 报案，是指单位和个人（包括被害人）向公安机关及其人民警察报告发现有违反治安管理的行为发生或违反治安管理行为人的行为。这是基层公安机关受理违反治安管理案件的主要来源之一。

控告 ▶ 控告，是被害人及其近亲属对侵犯自己人身权利、财产权利的违反治安管理行为向公安机关告诉，要求追究违反治安管理行为人法律责任的行为。控告是被害人维护自己合法权益，寻求法律帮助的主要途径。注意，当被害人及其近亲属知道具体侵害人时，则为"控告"；如果只知道侵害行为发生，而不知具体侵害人，则为"报案"。

举报 ▶ 举报，是指除了当事人以外的其他知情人向公安机关检举、揭发违反治安管理行为人的违法事实或者潜逃的违反治安管理行为人的线索的行为。这为公安机关的治安查处工作提供了极大帮助，有利于对违反治安管理案件的及时侦破和对违法行为人的惩处。与"控告"相同，只有在当事人以外的其他知情人知道具体违法行为人时，才为"举报"；如果只知道违法行为的发生而不知具体违法行为人，则为"报案"。

主动投案 ▶ 违反治安管理行为人自觉主动地向公安机关如实陈述自己的违法行为，并积极配合公安机关的查处工作，属于主动投案的行为。既包括自己积极主动向公安机关投案，也包括在亲属规劝下的投案，既包括亲自到公安机关投案，也包括以电话形式的投案。除向公安机关投案外，行为人还可以向其所在单位、城乡基层组织或者其他有关负责人员投案。

移送 ▶ 移送，是指除公安机关外的其他行政主管部门、司法机关移送过来的违反治安管理案件，如无线电业务主管部门将执法中发现的属于违反治安管理的案件移送给公安机关、人民法院在办理案件过程中发现了违反治安管理的案件移送给公安机关。这主要是基于本法的规定，治安案件的管辖权由公安机关统一行使，防止管辖权混乱、多头执法。在此过程中，公安机关应当做好登记工作，以备检查核对。

实务应用

34. 公安机关不受理的，报案人、控告人、举报人、投案人是否可以申请行政复议？

公安机关对报案、控告、举报、投案不受理的，报案人、控告人、举报人、投案人可以根据《行政复议法》第 11 条第 11 项"申请行政机关履行保护人身权利、财产权利、受教育权利等合法权益的法定职责，行政机关拒绝履行、未依法履行或者不予答复"或者《行政诉讼法》第 12 条第 6 项"申请行政机关履行保护人身权、财产权等合法权益的法定职责，行政机关拒绝履行或者不予答复的"的规定，依法申请行政复议或者提起行政诉讼。

关联参见

《公安机关办理行政案件程序规定》第 60—65 条

第九十一条　【严禁非法收集证据】公安机关及其人民警察对治安案件的调查，应当依法进行。严禁刑讯逼供或者采用威胁、引诱、欺骗等非法手段收集证据。

以非法手段收集的证据不得作为处罚的根据。

条文解读

刑讯逼供，是指采取刑讯或其他使人在肉体上感到剧烈痛苦的方法取得当事人的供述，如用棍子打、用鞭子抽、烙铁烫等残酷手段，达到屈打成招的目的。以刑讯逼供或者采用威胁、引诱、欺骗等非法手段收集的证据，往往是当事人在迫于压力的情形下作出的，因而其虚假性极大，极易造成冤假错案，且与尊重和保障人权的基本原则不符，因此应当禁止。非法手段包括多种，除了刑讯逼供、威胁、引诱、欺骗以外，还包括冻饿、不允许休息、服用药物使其不清醒以及其他不人道的残忍或有辱人格的手段。

注意，此处"非法证据"的范围相当广泛，包括使用"非法手段"收集的一切证据。对于这些非法证据应当予以排除，不应作为处罚的依据。此外，如果办案人员刑讯逼供，构成犯罪的，还应当依据《刑法》有关规定追究刑事责任。

关联参见

《公安机关办理行政案件程序规定》第27条

第九十二条 【收集、调取证据】公安机关办理治安案件，有权向有关单位和个人收集、调取证据。有关单位和个人应当如实提供证据。

公安机关向有关单位和个人收集、调取证据时，应当告知其必须如实提供证据，以及伪造、隐匿、毁灭证据或者提供虚假证言应当承担的法律责任。

条文解读

本条是此次修订新增的条文。调查取证，是指公安机关为了查明案件事实的需要，向有关单位、个人进行调查、收集证据。调查取证由具有执法资格的办案人员实施。公安机关在调查取证时，有关单位和个人应当予以配合。当事人或者有关人员应当如实回答询问，并协助调查取证，不得拒绝和阻挠。有关单位和个人不得伪造、隐匿、毁灭证据，不能提供虚假证言，不能妨碍执法办案，否则将承担相应的法律责任。

> 关联参见

《反电信网络诈骗法》第 26 条；《公安机关办理行政案件程序规定》第 28 条

第九十三条 【其他案件证据材料的使用】在办理刑事案件过程中以及其他执法办案机关在移送案件前依法收集的物证、书证、视听资料、电子数据等证据材料，可以作为治安案件的证据使用。

> 条文解读

证据制度是治安管理处罚的重点，对于保证治安案件办理质量、正确适用处罚措施具有关键作用。本条是此次修订新增的条文，一定程度上借鉴了《刑事诉讼法》第 54 条第 2 款的规定，即"行政机关在行政执法和查办案件过程中收集的物证、书证、视听资料、电子数据等证据材料，在刑事诉讼中可以作为证据使用"。

> 关联参见

《刑事诉讼法》第 54 条；《监察法》第 18 条

第九十四条 【保密义务】公安机关及其人民警察在办理治安案件时，对涉及的国家秘密、商业秘密、个人隐私或者个人信息，应当予以保密。

> 条文解读

国家秘密 ➡ 国家秘密，是指关系国家的安全和利益，依照法定程序确定，在一定时期内只限于一定范围的人知悉的事项。国家秘密分为绝密、机密、秘密三级。

商业秘密 ● 商业秘密，是指不为公众所知悉，能为权利人带来经济利益，具有实用性并经权利人采取保密措施的技术信息和经营信息。

个人隐私 ● 个人隐私，主要指纯粹个人的，与公众无关的，当事人不愿意让他人知道或他人不便知道的信息。对于治安案件，个人隐私主要包括以下内容：病历、身体缺陷、健康状况、财产、收入状况、社会关系、家庭情况、婚恋情况、爱好、心理活动、未来计划、肖像、家庭电话号码、住址、政治倾向、宗教信仰、储蓄、档案材料、计算机储存的个人资料、被违法犯罪分子所侵犯的记录、域名、网名、电子邮件地址等。

个人信息 ● 个人信息，是指以电子或者其他方式记录的能够单独或者与其他信息结合识别特定自然人身份或者反映特定自然人活动情况的各种信息，包括姓名、身份证件号码、联系方式、住址、账号密码、财产状况、行踪轨迹等。

实务应用

35. 人民警察在查处治安案件时有泄露因查验、扣押身份证而知悉的个人信息的行为的，是否构成对公民隐私权的侵犯？

公民的居民身份证上登记有姓名、性别、民族、出生日期、常住户口所在地住址、公民身份证号码、本人相片、指纹信息等公民个人信息，这些个人信息是个人隐私的重要内容。保护公民的个人信息不被泄露和滥用，是保护公民隐私权的重要保证，也是让公民获得社会安全感的重要前提。由此可见，依法保护公民的个人信息，既是公安机关及其人民警察的法定职责，也是义不容辞的法定义务。人民警察在查处治安案件时依法可以查验、扣押居民身份证，获取公民的有关信息。《居民身份证法》第6条第3款规定："公安机关及其人民警察对因制作、发放、查验、扣押居民身份证而知悉的公民的个人信息，应当予以保密。"公安机关及其人民警察对此负有保密的义务。同时，《居民身份证法》

第 19 条规定:"国家机关或者金融、电信、交通、教育、医疗等单位的工作人员泄露在履行职责或者提供服务过程中获得的居民身份证记载的公民个人信息,构成犯罪的,依法追究刑事责任;尚不构成犯罪的,由公安机关处十日以上十五日以下拘留,并处五千元罚款,有违法所得的,没收违法所得。单位有前款行为,构成犯罪的,依法追究刑事责任;尚不构成犯罪的,由公安机关对其直接负责的主管人员和其他直接责任人员,处十日以上十五日以下拘留,并处十万元以上五十万元以下罚款,有违法所得的,没收违法所得。有前两款行为,对他人造成损害的,依法承担民事责任。"

关联参见

《居民身份证法》第 6 条、第 19 条;《公安机关办理行政案件程序规定》第 8 条

第九十五条 【人民警察的回避】 人民警察在办理治安案件过程中,遇有下列情形之一的,应当回避;违反治安管理行为人、被侵害人或者其法定代理人也有权要求他们回避:

(一) 是本案当事人或者当事人的近亲属的;

(二) 本人或者其近亲属与本案有利害关系的;

(三) 与本案当事人有其他关系,可能影响案件公正处理的。

人民警察的回避,由其所属的公安机关决定;公安机关负责人的回避,由上一级公安机关决定。

条文解读

回避 回避,是指办理治安案件的人民警察等与案件有法定的利害关系或者其他可能影响案件公正处理的关系,不得参与该治安案件活动的一种制度。本法赋予了违反治安管理行为人、被侵害人及其法定代理人的申请回避权,以保障他们的合法权益。本条第 1 款是关于回避的

提出及回避的条件的规定。本条第 2 款规定的是回避的决定机关。根据本款的规定，回避的决定机关是公安机关而不是公安机关负责人。其中，公安机关负责人包括公安机关的正、副职负责人。

实务应用

36. 具有应当回避的情形，但本人没有自行回避，也没有被申请回避的，如何处理？

公安机关负责人、办案人民警察具有应当回避的法定情形之一，虽然本人未自行回避，违反治安管理行为人、被侵害人及其法定代理人也未申请其回避，但是，如果有权作出回避决定的公安机关负责人接到举报或者通过其他方式知道上述情况后，为了保证案件得到公正处理，保护当事人的合法权益，有回避决定权限的公安机关应当及时调查，确认该公安机关负责人、承办案件的人民警察具有法定回避情形的，应当按照《公安机关办理行政案件程序规定》第 22 条的规定，指令他们回避。

37. 人民警察对回避决定有异议的，是否可以申请复核？

《人民警察法》第 32 条规定："人民警察必须执行上级的决定和命令。人民警察认为决定和命令有错误的，可以按照规定提出意见，但不得中止或者改变决定和命令的执行；提出的意见不被采纳时，必须服从决定和命令；执行决定和命令的后果由作出决定和命令的上级负责。"因此，人民警察对回避决定有异议，可以提出并保留自己的意见，但必须执行已经作出的回避决定，立即停止参与该案件的查处工作。

关联参见

《公安机关办理行政案件程序规定》第 17—25 条

第九十六条 【传唤与强制传唤】需要传唤违反治安管理行

为人接受调查的，经公安机关办案部门负责人批准，使用传唤证传唤。对现场发现的违反治安管理行为人，人民警察经出示人民警察证，可以口头传唤，但应当在询问笔录中注明。

公安机关应当将传唤的原因和依据告知被传唤人。对无正当理由不接受传唤或者逃避传唤的人，经公安机关办案部门负责人批准，可以强制传唤。

条文解读

本条此次修订的内容包括：（1）将出示"工作证件"修改为"人民警察证"；（2）第2款新增对无正当理由不接受传唤或者逃避传唤的人强制传唤的条件，即"经公安机关办案部门负责人批准"。

传唤 ● 传唤违法犯罪嫌疑人是公安机关调查取证的一种主要方式。传唤，是公安机关的办案人员对违反治安管理行为人或者嫌疑人，限令其在指定的时间、指定的地点接受询问的一项法律措施。为了限制公安机关对公民的传唤，本条专门规定了公安机关的办案人员传唤时所需要遵循的严格程序。传唤只适用于违反治安管理行为人，而对于被害人以及其他证人不得适用。

传唤分为三种：书面传唤、口头传唤、强制传唤。书面传唤必须由公安机关办案部门负责人批准。公安机关办案部门负责人，是指在公安机关中，具体负责办理违反治安管理案件部门的负责人，如公安局治安科的负责人，派出所所长等。口头传唤是对现场发现的违反治安管理人，人民警察可以在出示人民警察证后口头传唤。这体现了行政行为的公正原则和效率原则的要求。强制传唤是对无正当理由不接受传唤或者逃避口头传唤和书面传唤的人，如被传唤人无理取闹拒不前往，或者态度粗暴坚决不到指定的地点等，可以采取的措施。注意，对于强制传唤，本条规定的是"可以"，而不是"应当"。

实务应用

38. 对现场发现的违反治安管理行为嫌疑人是否可以适用继续盘问？

公安机关的人民警察在执行巡逻执勤、维护公共场所治安秩序、现场调查、追捕逃犯、侦查案件等执法执勤活动中，对当场发现的违反治安管理行为人，在表明人民警察身份后，可以对违反治安管理行为人进行当场盘问、检查，以排除或者证实被盘问人的违法嫌疑。经当场盘问、检查后，已经排除其违法嫌疑的，无须适用口头传唤或者采取其他调查手段。对经过当场盘问、检查后，不能排除其违法嫌疑，且具有身份不明或者携带的物品可能是违反治安管理的赃物等符合继续盘问适用条件的，人民警察可以依法将现场发现的违反治安管理行为人带至公安机关适用继续盘问。人民警察对明知被盘问人所涉案件已经作为治安案件受理的，按照《公安机关适用继续盘问规定》第9条的规定，不能适用继续盘问，只能适用口头传唤。

39. 强制传唤时是否可以使用警械？

《人民警察使用警械和武器条例》第8条第1款第2项规定，人民警察在依法执行逮捕、拘留、看押、押解、审讯、拘传、强制传唤任务，遇有违法犯罪分子可能脱逃、行凶、自杀、自伤或者有其他危险行为的，可以使用手铐、脚镣、警绳等约束性警械。可见，在执行强制传唤时，人民警察是可以使用警械的，但是应当严格按照有关规定执行。

关联参见

《公安机关办理行政案件程序规定》第66—69条；《公安机关适用继续盘问规定》第7—12条

第九十七条　【询问查证时限和通知家属】 对违反治安管理行为人，公安机关传唤后应当及时询问查证，询问查证的时间不得超过八小时；涉案人数众多、违反治安管理行为人身份不明的，询问查证的时间不得超过十二小时；情况复杂，依照本法规定可能适用行政拘留处罚的，询问查证的时间不得超过二十四小时。在执法办案场所询问违反治安管理行为人，应当全程同步录音录像。

公安机关应当及时将传唤的原因和处所通知被传唤人家属。

询问查证期间，公安机关应当保证违反治安管理行为人的饮食、必要的休息时间等正当需求。

条文解读

询问 对违反治安管理的行为人，公安机关传唤后应当及时询问查证，不应有任何耽误，否则既不利于案件取证，也不利于维护当事人合法权益。一般情况下，询问查证要在 8 小时内完成。涉案人数众多、违反治安管理行为人身份不明的，询问查证的时间不得超过 12 小时。这是询问查证的基本原则。"情况复杂"的情形是：一是情况复杂，即短时间内难以完成询问查证工作，如涉案人数众多；违反治安管理行为人流窜作案；涉及伤情鉴定或者物品鉴定问题；等等。二是依照本法规定可能适用行政拘留处罚的，即违反治安管理行为人的违法情节较重，社会危害性大，依照本法的规定可能被处以行政拘留处罚的。针对这些情形，询问查证的时间才可超过 8 小时，但无论如何不得超过 24 小时。"依照本法规定可能适用行政拘留处罚"是指本法第三章对行为人实施的违反治安管理行为设定了行政拘留处罚，且根据其行为的性质和情节轻重，可能依法对违反治安管理的行为人决定予以行政拘留的案件。

传唤在一定时间内限制了被传唤人的人身自由，因此为了避免给被传唤人及其家属和他人的生活、工作带来不便，法律规定合理、及时地通知被传唤人的家属是必要的。

此次修改，新增在执法办案场所询问违反治安管理行为人，应当全程同步录音录像的规定。同时还规定，在询问查证期间，公安机关应当保证违反治安管理行为人的饮食、必要的休息时间等正当需求。

实务应用

40. 是否可以连续传唤违法嫌疑人？

《公安机关办理行政案件程序规定》第69条第2款规定："不得以连续传唤的形式变相拘禁违法嫌疑人。"因此，在原则上不允许连续传唤。但是，在一次传唤的询问查证时间届满后，如果案情还未查清或者有证据需要核实的，是可以再次传唤违反治安管理行为人的，但是不得以连续传唤的形式限制其人身自由。即在两次传唤之间应有一个合理的间隔时间，这段时间以行为人有一定的自由活动、休息的时间为宜。

41. 实践中，如何计算询问查证时间？

根据本条规定，询问查证时间的起点应从被传唤人到案时开始计算，而不能从公安机关传唤违反治安管理行为人时开始计算，也不能从公安机关对被传唤人开始询问时计算。当然，在有些特殊情况下，因被传唤人的原因无法开展询问查证的，如醉酒的违反治安管理行为人，其询问查证的时间就可以从其酒醒能够接受询问时开始计算。询问查证的终止时间是结束询问查证、被传唤人可以自由离开公安机关或者指定询问地点的时间。结束询问查证，并不是指终止对案件的询问查证，而是结束本次传唤的询问查证。

关联参见

《公安机关办理行政案件程序规定》第69—72条

第九十八条 【制作询问笔录，询问未成年人】询问笔录应当交被询问人核对；对没有阅读能力的，应当向其宣读。记载有遗漏或者差错的，被询问人可以提出补充或者更正。被询问人确认笔录无误后,应当签名、盖章或者按指印,询问的人民警察也应当在笔录上签名。

被询问人要求就被询问事项自行提供书面材料的,应当准许;必要时,人民警察也可以要求被询问人自行书写。

询问不满十八周岁的违反治安管理行为人,应当通知其父母或者其他监护人到场;其父母或者其他监护人不能到场的,也可以通知其他成年亲属,所在学校、单位、居住地基层组织或者未成年人保护组织的代表等合适成年人到场,并将有关情况记录在案。确实无法通知或者通知后未到场的,应当在笔录中注明。

条文解读

询问笔录 ▶ 询问笔录,是行政执法机关调查行政案件的重要证据来源。行政执法机关及其执法人员询问当事人,应当制作询问笔录。本条规定了办理治安案件的人民警察对被询问人进行询问、制作询问笔录时所应当遵循的程序性事项。根据本条规定,办理治安案件的人民警察在对被询问人询问完毕后,应当将询问笔录交被询问人核对;对没有阅读能力的被询问人,应当向其宣读。如果经过核对,被询问人发现询问笔录的记载有遗漏或者差错的,其有权提出补充或者更正。如果经过对询问笔录的核对,确认笔录无误后,被询问人应当签名、盖章或者按指印,询问的人民警察也应当在笔录上签名。在特殊情况下,被询问人可以自行书写提供书面材料。如被询问人表述不清、不能口头陈述自己的意见;被询问人认为询问人不能准确理解和记录自己的回答等情况。

关联参见

《公安机关办理行政案件程序规定》第75条、第77条、第78条

第九十九条 【询问被侵害人和其他证人】人民警察询问被侵害人或者其他证人,可以在现场进行,也可以到其所在单位、住

处或者其提出的地点进行；必要时，也可以通知其到公安机关提供证言。

人民警察在公安机关以外询问被侵害人或者其他证人，应当出示人民警察证。

询问被侵害人或者其他证人，同时适用本法第九十八条的规定。

条文解读

证人与被侵害人都不是违反治安管理行为人，因此对他们进行询问不得使用传唤的方式。询问被侵害人或者其他证人，可以在现场进行，也可以到其所在单位、住处或者其提出的地点进行。对于必要情形，可以通知其到公安机关提供证言。此处的必要情形要根据实际情况决定，如案情涉及国家秘密，为了防止泄密；又如，证人与被侵害人的近亲属与此案有利害关系等。人民警察询问被侵害人或者其他证人的应当出示人民警察证，消除当事人的戒备心理，放下包袱配合询问工作。

关联参见

《公安机关办理行政案件程序规定》第79条

第一百条 【代为询问、远程视频询问】违反治安管理行为人、被侵害人或者其他证人在异地的，公安机关可以委托异地公安机关代为询问，也可以通过公安机关的视频系统远程询问。

通过远程视频方式询问的，应当向被询问人宣读询问笔录，被询问人确认笔录无误后，询问的人民警察应当在笔录上注明。询问和宣读过程应当全程同步录音录像。

条文解读

办案协作 ● 本条是此次修订的新增内容：一是委托异地公安机关

代为询问；二是通过远程视频询问。需要进行远程视频询问、处罚前告知的，应当由协作地公安机关事先核实被询问、告知人的身份。办案地公安机关应当制作询问、告知笔录并传输至协作地公安机关。询问、告知笔录经被询问、告知人确认并逐页签名或者捺指印后，由协作地公安机关协作人员签名或者盖章，并将原件或者电子签名笔录提供给办案地公安机关。办案地公安机关负责询问、告知的人民警察应当在首页注明收到日期，并签名或者盖章。询问、告知过程应当全程录音录像。

关联参见

《公安机关办理行政案件程序规定》第117—122条

第一百零一条 【询问聋哑人和不通晓当地通用的语言文字的人】询问聋哑的违反治安管理行为人、被侵害人或者其他证人，应当有通晓手语等交流方式的人提供帮助，并在笔录上注明。

询问不通晓当地通用的语言文字的违反治安管理行为人、被侵害人或者其他证人，应当配备翻译人员，并在笔录上注明。

条文解读

聋哑人因生理条件限制，以及不通晓当地通用语言的人因语言障碍，在接受询问和回答问题时都会面临理解和沟通上的困难。为了保证询问工作的正常顺利进行，保证全面查清案情，正确地处理治安案件，应当为其分别配备通晓手语的人员和翻译人员。注意此种情形的适用对象仅限于"违反治安管理行为人、被侵害人或者其他证人"，对于其他人如委托代理人则不适用。另外，此种情形应当在笔录中注明，否则影响其作为证据使用的可能性。实践中，不仅要注明询问聋哑人的情况、不通晓当地通用语言文字的人的情况，而且要注明相关翻译人员的姓名、工作单位、住址、职业等基本情况，并要求通晓手语等交流方式和当地语言文字的人员签名。此外，翻译人员的费用应当由公安机关负责，公安机关不得要求违反治安管理行为人、被侵害人或者其他证人支付。

关联参见

《公安机关办理行政案件程序规定》第 76 条

第一百零二条 【检查和提取、采集生物信息或样本】 为了查明案件事实，确定违反治安管理行为人、被侵害人的某些特征、伤害情况或者生理状态，需要对其人身进行检查，提取或者采集肖像、指纹信息和血液、尿液等生物样本的，经公安机关办案部门负责人批准后进行。对已经提取、采集的信息或者样本，不得重复提取、采集。提取或者采集被侵害人的信息或者样本，应当征得被侵害人或者其监护人同意。

条文解读

生物识别信息是通过测量和分析个体生物特征（如指纹、虹膜、面部特征等）生成的数据，主要用于身份验证和识别。它利用人体固有的生物特征进行身份认证，有效防止了在传统身份认证方式中可能存在的欺诈、盗用等问题。

《出境入境管理法》第 7 条第 1 款规定，经国务院批准，公安部、外交部根据出境入境管理的需要，可以对留存出境入境人员的指纹等人体生物识别信息作出规定。

《反恐怖主义法》第 50 条规定，公安机关调查恐怖活动嫌疑，可以依照有关法律规定对嫌疑人员进行盘问、检查、传唤，可以提取或者采集肖像、指纹、虹膜图像等人体生物识别信息和血液、尿液、脱落细胞等生物样本，并留存其签名。公安机关调查恐怖活动嫌疑，可以通知了解有关情况的人员到公安机关或者其他地点接受询问。

关联参见

《出境入境管理法》第 7 条；《反恐怖主义法》第 50 条

第一百零三条　【对有关场所、物品及人身的检查】 公安机关对与违反治安管理行为有关的场所或者违反治安管理行为人的人身、物品可以进行检查。检查时，人民警察不得少于二人，并应当出示人民警察证。

对场所进行检查的，经县级以上人民政府公安机关负责人批准，使用检查证检查；对确有必要立即进行检查的，人民警察经出示人民警察证，可以当场检查，并应当全程同步录音录像。检查公民住所应当出示县级以上人民政府公安机关开具的检查证。

检查妇女的身体，应当由女性工作人员或者医师进行。

条文解读

检查 ▶ 检查，是公安机关及其人民警察在办理治安案件时，对与违反治安管理行为有关的场所或者违反治安管理行为人的人身、物品以及人身进行检验查看的一项调查取证的强制性措施。

检查时应当遵循以下程序及要求：(1) 检查的对象要求。检查的对象仅限于与违反治安管理行为有关的场所、物品和人身，对于与违反治安管理行为无关的场所、物品、人身不可检查。(2) 检查的人数要求。检查时，人民警察不得少于 2 人。(3) 检查的证件要求。在一般情况下，人民警察出示人民警察证即可进行检查。(4) 对场所进行检查的要求。对场所进行检查的，经县级以上人民政府公安机关负责人批准，使用检查证检查；对确有必要立即进行检查的，人民警察经出示人民警察证，可以当场检查，并应当全程同步录音录像；检查公民住所应当出示县级以上人民政府公安机关开具的检查证。(5) 检查人员的要求。检查妇女的身体，由女性工作人员或者医师进行。

关联参见

《公安机关办理行政案件程序规定》第 53 条、第 82—83 条

第一百零四条 【检查笔录的制作】检查的情况应当制作检查笔录，由检查人、被检查人和见证人签名、盖章或者按指印；被检查人不在场或者被检查人、见证人拒绝签名的，人民警察应当在笔录上注明。

条文解读

检查笔录 ● 检查笔录作为一种现场笔录，与检查所得到的物证、书证、视听资料以及勘验笔录等共同构成违法行为调查的证据链。要求检查笔录应当由检查人、被检查人和见证人签名、盖章或者按指印，主要是为了保障检查笔录的真实性和合法性。特殊情况下被检查人不在场或者被检查人、见证人拒绝签名的，人民警察应当在笔录上注明，此时不影响检查笔录的效力。检查时的全程录音录像可以替代书面检查笔录，但应当对视听资料的关键内容和相应时间段等作文字说明。

关联参见

《公安机关办理行政案件程序规定》第 86 条

第一百零五条 【对物品的扣押】公安机关办理治安案件，对与案件有关的需要作为证据的物品，可以扣押；对被侵害人或者善意第三人合法占有的财产，不得扣押，应当予以登记，但是对其中与案件有关的必须鉴定的物品，可以扣押，鉴定后应当立即解除。对与案件无关的物品，不得扣押。

对扣押的物品，应当会同在场见证人和被扣押物品持有人查点

清楚，当场开列清单一式二份，由调查人员、见证人和持有人签名或者盖章，一份交给持有人，另一份附卷备查。

实施扣押前应当报经公安机关负责人批准；因情况紧急或者物品价值不大，当场实施扣押的，人民警察应当及时向其所属公安机关负责人报告，并补办批准手续。公安机关负责人认为不应当扣押的，应当立即解除。当场实施扣押的，应当全程同步录音录像。

对扣押的物品，应当妥善保管，不得挪作他用；对不宜长期保存的物品，按照有关规定处理。经查明与案件无关或者经核实属于被侵害人或者他人合法财产的，应当登记后立即退还；满六个月无人对该财产主张权利或者无法查清权利人的，应当公开拍卖或者按照国家有关规定处理，所得款项上缴国库。

条文解读

扣押 ● 扣押，是指有管辖权的行政机关把当事人的可作为必要证据的物品、文件、视听资料等财物转移至另外场所，加以控制，防止当事人占有、使用或处分的行为。

本条此次修订新增第3款，要求实施扣押前应当报经公安机关负责人批准；因情况紧急或者物品价值不大，当场实施扣押的，人民警察应当及时向其所属公安机关负责人报告，并补办批准手续。公安机关负责人认为不应当扣押的，应当立即解除。当场实施扣押的，应当全程同步录音录像。

实务应用

42. 实践中，对于被扣押的物品有哪些处理方式？

根据本法第11条和本条第4款规定，结合办案实践，对被扣押的物品通常有以下几种处理方式：

（1）由办案部门妥善保管。这类物品主要是违反治安管理行为人的作案工具，以及找不到失主的赃物等。

（2）退还所有人。这类物品通常是指不宜长期保存的赃物，如容易腐烂、灭损或者无法保管的物品；经查明与案件无关的物品；经核实属于他人（包括被侵害人）合法财产的物品等。

（3）拍卖或者变卖。对不宜长期保存的赃物，如找不到失主，经县级以上公安机关负责人批准，可以在拍照或者录像后进行拍卖或变卖，拍卖、变卖所得款项上缴国库。对满6个月无人对该财产主张权利或者无法查清权利人的，也可以拍卖，所得款项上缴国库。

（4）收缴。赌具、赌资、吸食、注射毒品的用具以及经查证属于直接用于实施违反治安管理行为且属于违反治安管理行为人所有的工具，应当予以收缴，并按照规定处理。

（5）销毁。扣押后，经鉴定属于毒品、淫秽物品或者其他违禁品的，应当一律收缴、销毁。

（6）上缴国库。对于找不到原主的赃款，应上缴国库。赃物应当经拍卖或者变卖后，将所得款项上缴。

（7）拍卖被处罚人的财物抵缴罚款。根据《行政处罚法》第72条第1款第2项的规定，被处罚人逾期不缴纳罚款的，作出罚款决定的公安机关，可以依法将扣押的被处罚人的财物拍卖抵缴罚款。

43. 扣押是否有时间限制？

《公安机关办理行政案件程序规定》第112条第1款规定，扣押期限为30日，情况复杂的，经县级以上公安机关负责人批准，可以延长30日；法律、行政法规另有规定的除外。延长扣押期限的，应当及时书面告知当事人，并说明理由。可见对于扣押的财产，公安机关不得无限期扣押，应当在法定期限内处理。

关联参见

《公安机关办理行政案件程序规定》第110—112条

第一百零六条 【鉴定】为了查明案情，需要解决案件中有争议的专门性问题的，应当指派或者聘请具有专门知识的人员进行鉴定；鉴定人鉴定后，应当写出鉴定意见，并且签名。

条文解读

鉴定 ▶ 鉴定，是公安机关在查处违反治安管理的案件时，为了解决案件中有争议的专门性问题，指派或者聘请具有专门知识的人进行鉴定，并提供鉴定意见的活动。可见，鉴定的对象限于"案件中有争议的专门性问题"。实践中，需要通过鉴定解决的专门性问题包括：伤情鉴定、价格鉴定、违禁品和危险品鉴定、精神病鉴定、毒品尿样鉴定、声像资料鉴定。鉴定人可以由公安机关指派或者聘请，但必须是"具有专门知识的人员"。鉴定人在鉴定活动结束后，必须出具鉴定意见。鉴定意见必须是书面的并且由鉴定人签名。在案件的审理过程中，鉴定意见只是众多的证据材料中的一种，需要经过双方当事人的质证才能作为定案的依据。

实务应用

44. 多人参加的鉴定，鉴定意见不一致的如何处理？

《全国人民代表大会常务委员会关于司法鉴定管理问题的决定》第10条规定："司法鉴定实行鉴定人负责制度。鉴定人应当独立进行鉴定，对鉴定意见负责并在鉴定书上签名或者盖章。多人参加的鉴定，对鉴定意见有不同意见的，应当注明。"因此，一案有几个鉴定人的，可以共同研究，提出共同的鉴定结论；如果鉴定人之间的意见不一致，可以分别写出自己的鉴定意见，并在鉴定意见的最后签名，以示负责。公安机关办案部门如果认为鉴定意见有问题，可以要求鉴定人作出解释，或者补充鉴定、重新鉴定。此外，只有自然人才能承担鉴定人的义务和责任。因此，具体承担鉴定任务的人应当是自然人，而不是单位。在鉴定意见上签字的，应当是具体承担鉴定责任的自然人，而不是鉴定人所在的单位。

45. 违反治安管理的行为人或者被侵害人不服鉴定结论,是否可以申请重新鉴定?

违反治安管理行为人或者被侵害人对鉴定结论有异议的,可以申请重新鉴定。如果违反治安管理行为人或者被侵害人提出的重新鉴定申请有合法、合理根据,经县级以上公安机关负责人批准后,可进行重新鉴定。但是,同一行政案件的同一事项重新鉴定以一次为限。违反治安管理行为人或者被侵害人对重新鉴定结论不服,再次申请重新鉴定的,公安机关不予批准。同时,为了保证鉴定结论的公平、公正,保证重新鉴定的质量,重新鉴定的,公安机关应当另行指派或者聘请鉴定人。

关联参见

《公安机关办理行政案件程序规定》第 87—100 条

第一百零七条　【辨认】 为了查明案情,人民警察可以让违反治安管理行为人、被侵害人和其他证人对与违反治安管理行为有关的场所、物品进行辨认,也可以让被侵害人、其他证人对违反治安管理行为人进行辨认,或者让违反治安管理行为人对其他违反治安管理行为人进行辨认。

辨认应当制作辨认笔录,由人民警察和辨认人签名、盖章或者按指印。

条文解读

辨认 ⇨ 辨认,是指公安机关为了查明案情,必要时让违反治安管理行为人、被侵害人、证人等对与违反治安管理行为有关的场所、物品进行辨认的一种调查行为。此项措施借鉴了刑事诉讼中的辨认。对于人员辨认,要确保被辨认的人员在年龄、体型、外貌等方面具有一定的相似性,避免明显的差异误导辨认人。同时,被辨认人的排列应当随机,不能有特定的顺序或暗示。对于物品辨认,应将需要辨认的物品与类似物品放在一起，物品的摆放应无规律可循，且不能给予辨认人任何关于目标物品位置的提示。对于场所辨认，应提供相似的环境或场景照片，让辨认人在多个选项中进行选择。公安民警在制作辨认笔录时，要严格按照法律规定和程序要求进行操作，确保辨认过程的公正、合法、准确，为案件的侦破和审理提供有力的证据支持。

关联参见

《最高人民法院关于适用〈中华人民共和国刑事诉讼法〉的解释》第105条；《公安机关办理刑事案件程序规定》第八章第九节；《人民检察院刑事诉讼规则》第九章第八节

第一百零八条　【两人执法、一人执法及录音录像】 公安机关进行询问、辨认、勘验，实施行政强制措施等调查取证工作时，人民警察不得少于二人。

公安机关在规范设置、严格管理的执法办案场所进行询问、扣押、辨认的，或者进行调解的，可以由一名人民警察进行。

依照前款规定由一名人民警察进行询问、扣押、辨认、调解的，应当全程同步录音录像。未按规定全程同步录音录像或者录音录像资料损毁、丢失的，相关证据不能作为处罚的根据。

条文解读

本条是新增条文。第1款规定在开展调查取证工作时，人民警察不少于2人。第2款规定在规范设置、严格管理的执法办案场所进行询问、扣押、辨认的，或者进行调解的，可以由1名民警进行。第3款将"全程同步录音录像"作为必要条件，不仅落实了《行政处罚法》第47条全过程执法记录的工作要求，还强化了对民警一人执法情形的监督。

关联参见

《行政处罚法》第 47 条；《公安机关办理行政案件程序规定》第 52 条

第二节 决 定

第一百零九条 【治安管理处罚的决定机关】治安管理处罚由县级以上地方人民政府公安机关决定；其中警告、一千元以下的罚款，可以由公安派出所决定。

条文解读

治安管理处罚的决定机关 ➡ 本条规定了治安管理处罚要由县级以上地方人民政府公安机关决定。这里要说明的有两点：一是治安管理案件的处罚权只能由公安机关行使，而且级别应当是县级以上地方人民政府公安机关。二是对于违反治安管理行为处以较轻的处罚，即警告和 1000 元以下的罚款时，可以由公安派出所决定。在此种情况下，公安派出所是作为"法律法规授权的组织"来行使职权的。也就是说，被处以警告、1000 元以下罚款的治安管理处罚相对人可以以公安派出所为行政复议被申请人或行政诉讼被告人。具体哪些行为应当被处以警告、1000 元以下罚款，参见本法第三章"违反治安管理的行为和处罚"，公安派出所应当严格依照法律规定实施。另外，由于公安派出所无独立的财政，所以如果此两类行为给相对人造成损害需要行政赔偿的，行政赔偿的义务履行机关应当是该派出所的领导机关，即公安派出所所在市、县级公安局或者公安分局。

实务应用

46. 公安派出所可否对违反治安管理的外国人附加作出限期出境或者驱逐出境的处罚？

根据本法第 10 条的规定，对违反治安管理的外国人在依法作出警告、罚款、行政拘留等治安管理处罚的同时，可以附加适用限期出境或者驱逐出境。从理论上讲，附加处罚的决定权应当与警告、罚款、行政拘留的审批权一致。但是，由于本法未赋予公安派出所限期出境或者驱逐出境处罚的决定权，所以，公安派出所只能依法作出警告和1000元（含1000元）以下罚款的处罚决定，需要对违反治安管理的外国人附加适用限期出境或者驱逐出境的，应当逐级上报有处罚权的公安机关决定。

第一百一十条　【行政拘留的折抵】对决定给予行政拘留处罚的人，在处罚前已经采取强制措施限制人身自由的时间，应当折抵。限制人身自由一日，折抵行政拘留一日。

条文解读

行政拘留的折抵 ▶ 首先，只有被采取强制措施限制人身自由的时间才可以折抵行政拘留处罚，其他措施是不可以折抵的，如询问查证和继续盘问的时间就不可以折抵。其次，被折抵的处罚只能是行政拘留，而不能是警告、罚款等其他处罚措施。最后，折抵计算是限制人身自由1日，折抵行政拘留1日，即"一日对一日"。

实务应用

47. 被刑事拘留前因同一行为被行政拘留的时间已经超过依法被决定的行政拘留时间，如何处理？

如果行为人依法被刑事拘留的时间已超过依法被裁决的行政拘留时间，则其行政拘留不再执行，但必须将治安管理处罚决定书送达被处罚人。对没有犯罪事实或者没有事实证明有犯罪重大嫌疑的人错误刑事拘留的，应当依法给予国家赔偿。但是，如果因同一行为依法被决定行政拘留，且刑事拘留时间已经折抵行政拘留时间的，已经折抵的刑事拘留时间不再给予国家赔偿。

48. 因同一行为被监视居住、取保候审的时间是否折抵被行政拘留的时间？

监视居住、取保候审是在一定程度上限制犯罪嫌疑人人身自由的刑事强制措施，并未完全限制其人身自由，不属于刑法规定的先行羁押措施。在刑事司法实践中，对判决之前被监视居住、取保候审的，其被监视居住、取保候审的时间不折抵刑期。因此，对被行政拘留前因同一行为被监视居住、取保候审的时间，也不应折抵行政拘留时间。但是，如果被拘留人在被取保候审、监视居住期间被变相羁押的，为切实保护公民的合法权益，其被变相羁押的监视居住、取保候审的时间应当折抵行政拘留时间。

第一百一十一条 【本人陈述的证据地位】公安机关查处治安案件，对没有本人陈述，但其他证据能够证明案件事实的，可以作出治安管理处罚决定。但是，只有本人陈述，没有其他证据证明的，不能作出治安管理处罚决定。

条文解读

重证据不轻信口供 ➡ 本条规定了公安机关查处治安案件时"重证据不轻信口供"的原则。该原则要求公安机关作出治安管理处罚决定时，必须以事实清楚、证据确凿为前提。本条规定了两种情况：一是没有本人陈述，但其他证据能够证明案件事实。此时，其他证据确实充分，而且相互吻合，能够证明案件事实，已经达到了"事实清楚、证据确凿"的要求，因而可以据此作出治安管理处罚决定。二是只有本人陈述，没有其他证据证明的。此时虽说本人陈述也是证据的一种，但仅凭其陈述而无其他相关证据，不能据此认定当事人实施了违反治安管理的行为，当事人可能避重就轻，或者提供掺有虚假成分的陈述，甚至完全是虚假的陈述。而且，实践中，不当的审讯行为（如刑讯逼供、诱供）可能导致当事人提供不实口供。因此，在这种情况下，不能作出治安管理处罚决定。

实务应用

49. 在共同违反治安管理案件中，只有共同违反治安管理行为人的陈述，可否作出治安管理处罚决定？

"重证据不轻信口供"原则，不仅适用于单独违反治安管理的治安案件，而且适用于共同违反治安管理的案件。在共同违反治安管理的案件中，只有共同违反治安管理行为人的陈述，而没有其他证据印证，一般不能作出治安管理处罚决定；没有共同违反治安管理行为人的陈述，只要其他证据确实充分，能够相互印证，形成证据链的，也可以依法作出治安管理处罚决定。

第一百一十二条 【告知义务、陈述与申辩权】公安机关作出治安管理处罚决定前，应当告知违反治安管理行为人拟作出治安管理处罚的内容及事实、理由、依据，并告知违反治安管理行为人依法享有的权利。

违反治安管理行为人有权陈述和申辩。公安机关必须充分听取违反治安管理行为人的意见，对违反治安管理行为人提出的事实、理由和证据，应当进行复核；违反治安管理行为人提出的事实、理由或者证据成立的，公安机关应当采纳。

违反治安管理行为人不满十八周岁的，还应当依照前两款的规定告知未成年人的父母或者其他监护人，充分听取其意见。

公安机关不得因违反治安管理行为人的陈述、申辩而加重其处罚。

条文解读

公安机关履行告知义务的时间，必须是在作出治安管理处罚决定之前，这样可以保证当事人行使其陈述和申辩的权利。告知的对象是违反治安管理行为人，主要是被处罚人。告知的内容包括拟作出治安管理处罚的内容及事实、理由、依据，以及违反治安管理行为人依法享有的权利。

陈述权，是指违反治安管理行为人对公安机关给予治安管理处罚所认定的事实及适用法律是否准确、适当，陈述自己的看法和意见，同时也可以提出自己的主张和权利要求。申辩权，是指违反治安管理行为人对公安机关的指控、证据等提出不同意见，进行申辩，以正当手段如要求召开听证会等方式，驳斥公安机关的指控以及驳斥公安机关提出的不利证据。陈述权和申辩权是当事人重要的权利，为确保权利的实现，公安机关应当依照法定程序给予当事人行使权利的机会。同时，为了切实维护当事人的权利，消除当事人顾虑，保证治安管理处罚决定的公正性和合法性，本条还规定了公安机关不得因违反治安管理行为人的陈述、申辩而加重处罚。需要注意的是，即使当事人的陈述、申辩与事实不符，也不得加重对于当事人的处罚。

关联参见

《公安机关办理行政案件程序规定》第167—169条

第一百一十三条 【治安案件调查结束后的处理】治安案件调查结束后，公安机关应当根据不同情况，分别作出以下处理：

（一）确有依法应当给予治安管理处罚的违法行为的，根据情节轻重及具体情况，作出处罚决定；

（二）依法不予处罚的，或者违法事实不能成立的，作出不予处罚决定；

（三）违法行为已涉嫌犯罪的，移送有关主管机关依法追究刑事责任；

（四）发现违反治安管理行为人有其他违法行为的，在对违反治安管理行为作出处罚决定的同时，通知或者移送有关主管机关处理。

对情节复杂或者重大违法行为给予治安管理处罚，公安机关负责人应当集体讨论决定。

条文解读

本条是关于公安机关治安案件作出不同处理的规定。

本条第1款第2项规定依法不予处罚的，或者违法事实不能成立的情况主要有这样几种：一是法定不予处罚。法定不予处罚的情形是：不满14周岁的人违反治安管理的；精神病人、智力残疾人在不能辨认或者不能控制自己行为的时候违反治安管理的；盲人或者又聋又哑的人违反治安管理的；情节轻微的；主动消除或者减轻违法后果的；取得被侵害人谅解的；出于他人胁迫或者诱骗的；主动投案，向公安机关如实陈述自己的违法行为的；有立功表现的；等等。二是可以不予处罚的。例如，盲人或既聋又哑的人违反治安管理的，情节特别轻微的，可以不予处罚。三是违法事实不能成立的，也就是说如果行为人是否实施违反治安管理的行为，不能得到明确而又肯定的认定，根据"疑罪从无"的原则，此时公安机关应当依法作出不予处罚的决定。

第3项对于违法行为已涉嫌犯罪的，按照本条规定，公安机关应当将案件移送有关主管部门依法追究刑事责任，不得作出治安管理处罚，也不得在移交有关主管部门的同时作出治安管理处罚。但是，如果公安机关在作出治安管理处罚后，发现违法行为已涉嫌犯罪的，应当撤销已作出的治安管理处罚决定，并将案件移交有关主管部门依法追究刑事责任。对于已执行的治安管理处罚是否折抵刑罚，《行政处罚法》第35条作了明确规定："违法行为构成犯罪，人民法院判处拘役或者有期徒刑时，行政机关已经给予当事人行政拘留的，应当依法折抵相应刑期。违法行为构成犯罪，人民法院判处罚金时，行政机关已经给予当事人罚款的，应当折抵相应罚金；行政机关尚未给予当事人罚款的，不再给予罚款。"当然，上述规定仅指治安管理处罚决定已执行的部分，对于治安管理处罚决定尚未执行的部分，则不应折抵。

关联参见

《行政处罚法》第 35 条；《公安机关办理行政案件程序规定》第 172 条

第一百一十四条 【法制审核】 有下列情形之一的，在公安机关作出治安管理处罚决定之前，应当由从事治安管理处罚决定法制审核的人员进行法制审核；未经法制审核或者审核未通过的，不得作出决定：

（一）涉及重大公共利益的；

（二）直接关系当事人或者第三人重大权益，经过听证程序的；

（三）案件情况疑难复杂、涉及多个法律关系的。

公安机关中初次从事治安管理处罚决定法制审核的人员，应当通过国家统一法律职业资格考试取得法律职业资格。

条文解读

本条为此次修订新增条文，主要是与《行政处罚法》相关规定相衔接。法制审核制度重在合法行政，核心在于通过推进专业化、法治化，既实现内部职能分离与互相监督，又提高公安执法效率，规范治安处罚行为，确保治安处罚行为合法。治安管理处罚决定法制审核的情形包括涉及重大公共利益，直接关系当事人或者第三人重大权益、经过听证程序的，案件情况疑难复杂、涉及多个法律关系等。此外，第 2 款还规定，公安机关中初次从事治安管理处罚决定法制审核的人员，应当通过国家统一法律职业资格考试取得法律职业资格。

关联参见

《行政处罚法》第 58 条；《优化营商环境条例》第 58 条

第一百一十五条 【处罚决定书的内容】公安机关作出治安管理处罚决定的,应当制作治安管理处罚决定书。决定书应当载明下列内容:

(一)被处罚人的姓名、性别、年龄、身份证件的名称和号码、住址;

(二)违法事实和证据;

(三)处罚的种类和依据;

(四)处罚的执行方式和期限;

(五)对处罚决定不服,申请行政复议、提起行政诉讼的途径和期限;

(六)作出处罚决定的公安机关的名称和作出决定的日期。

决定书应当由作出处罚决定的公安机关加盖印章。

条文解读

治安管理处罚决定书是行政处罚决定成立的法律文书。制作并送达该决定书,是公安机关履行治安管理职责的法定要求(既是权力也是义务),适用于当场处罚和一般程序处罚。本条明确规定了行政处罚决定书应当列明的内容。注意,治安管理处罚决定书必须加盖公安机关印章,而不能只有执法人员的签名或盖章。但在本法第119条、第120条规定的当场处罚的情况下,可由经办的人民警察签名或盖章。

实务应用

50. 一人有两种以上违法行为时,如何制作决定书?

一人有两种以上违法行为的,分别决定,合并执行,可以制作一份决定书,分别写明对每种违法行为的处理内容和合并执行的内容。另外,一个案件有多个违法行为人的,分别决定,可以制作一式多份决定书,写明给予每个人的处理决定,分别送达每一个违法行为人。

关联参见

《公安机关办理行政案件程序规定》第161条

第一百一十六条 【处罚决定书的宣告、通知和送达】公安机关应当向被处罚人宣告治安管理处罚决定书，并当场交付被处罚人；无法当场向被处罚人宣告的，应当在二日以内送达被处罚人。决定给予行政拘留处罚的，应当及时通知被处罚人的家属。

有被侵害人的，公安机关应当将决定书送达被侵害人。

条文解读

交付和送达是治安管理处罚决定发生效力的前提，未交付和未送达的治安管理处罚决定书，对被处罚人不具有法律效力。如果当事人对处罚没有异议的，应当按照处罚决定书的要求及时履行；如果对处罚决定不服的，应当按照处罚决定书载明的途径和期限，及时申请行政复议或者提起行政诉讼。对于处罚决定书，应当当场交付，但无法当场交付时，应当在2日以内送达。当场，是指宣布处罚决定的现场，而不仅是当场处罚的现场。送达有多种形式，如直接送达、委托送达、邮寄送达、公告送达等。

关联参见

《公安机关办理行政案件程序规定》第251—256条

第一百一十七条 【听证】公安机关作出吊销许可证件、处四千元以上罚款的治安管理处罚决定或者采取责令停业整顿措施前，应当告知违反治安管理行为人有权要求举行听证；违反治安管理行为人要求听证的，公安机关应当及时依法举行听证。

对依照本法第二十三条第二款规定可能执行行政拘留的未成年人，公安机关应当告知未成年人和其监护人有权要求举行听证；未成年人和其监护人要求听证的,公安机关应当及时依法举行听证。对未成年人案件的听证不公开举行。

前两款规定以外的案情复杂或者具有重大社会影响的案件,违反治安管理行为人要求听证,公安机关认为必要的,应当及时依法举行听证。

公安机关不得因违反治安管理行为人要求听证而加重其处罚。

条文解读

听证程序 ➡ 听证程序,是行政机关在作出行政处罚决定之前听取当事人的陈述和申辩,由听证程序参加人就有关问题相互进行质问、辩论和反驳,从而查明事实的过程。听证程序赋予了当事人为自己辩护的权利,为当事人充分维护和保障自己的权益,提供了程序上的条件。

为适应公安机关办案的需要,本条此次修订对公安机关办理治安案件中听证的适用范围和程序作出了新的规定。本条第2款规定,公安机关对未成年人作出行政拘留的治安管理处罚决定前,应当告知违反治安管理行为人和监护人有权要求举行听证,保障当事人的合法权益。这一规定,既避免误罚风险,又通过程序参与增强未成年人对法律的敬畏与认知。本条第3款规定,有其他案情复杂或者具有重大社会影响的案件,违反治安管理行为人要求听证,公安机关认为必要的,应当及时依法举行听证。这一规定,要求公安机关在特定情形下对听证申请采取"必要性审查+强制启动"模式。本条第4款规定,公安机关不得因违反治安管理行为人要求听证而加重其处罚。这一规定,旨在维护程序正义、约束行政权力、保障公民权利,同时确保行政处罚的公正性与公信力。

实务应用

51. 违反治安管理行为人要求听证的,应当何时提出?

本法对此没有规定,按照《行政处罚法》第64条的有关规定,治安案件的当事人要求听证的，应当在公安机关告知其享有要求举行听证权后的5日内提出。违反治安管理行为人超过上述法定期限要求听证的，公安机关不举行听证。

实践中，应当注意以下问题：（1）如果违反治安管理行为人因不可抗力，不能在法定期限内要求听证的，可以在障碍消除后5日内提出听证申请。但是，如果违反治安管理行为人提出听证时，公安机关已经作出治安管理处罚决定的，就不再组织听证。如果尚未作出治安管理处罚决定的，公安机关可以根据案件具体情况决定是否组织听证，不是必须举行听证。（2）违反治安管理行为人向公安机关明确表示不要求听证或者提出听证申请后又撤回，但在法定期限内又要求听证的，无论公安机关是否已作出治安管理处罚决定，公安机关都应当依法举行听证，并在举行听证后依法作出处理决定。

52. 共同违反治安管理行为人中的两人或者两人以上都要求听证的，是否可以合并举行听证？

为节省公安机关有限的执法资源，提高行政执法效率，对共同违反治安管理行为人中的两人或者两人以上都要求听证，且符合举行听证条件的，公安机关可以合并举行听证。同时，为了防止共同违反治安管理行为人听证时串供，在举行听证时，主持人应当分别听取共同违反治安管理行为人的陈述、申辩和质证，不能让共同违反治安管理行为人同庭申辩和质证。

关联参见

《行政处罚法》第63—65条；《公安机关办理行政案件程序规定》第123—153条

第一百一十八条　【办案期限】公安机关办理治安案件的期限，自立案之日起不得超过三十日；案情重大、复杂的，经上一级公安机关批准，可以延长三十日。期限延长以二次为限。公安派出所办理的案件需要延长期限的，由所属公安机关批准。

为了查明案情进行鉴定的期间、听证的期间，不计入办理治安案件的期限。

条文解读

治安案件办理期限 ● 公安机关办理治安案件，原则上应在立案之日起 30 日内作出处理决定。对于案情重大、复杂案件，经上一级公安机关批准，办案期限可以延长 30 日（最长 60 日）。需要注意的是，"可以"延长并非必然延长；能在 30 日内办结的，仍应按时办结。期限延长最多不得超过 2 次。需要延长期限的，由所属公安机关批准。

为了查明案情而进行的鉴定所需时间和听证所需时间，不计入上述办案期限（30 日或 60 日）。这是因为查明案情是依法作出正确处理决定的前提，这些程序所需时间不应占用法定的办案时限。

实务应用

53. 调解达成协议后不履行的，治安案件的办理期限如何计算？

按照本法第 9 条的规定，对于因民间纠纷引起的打架斗殴或者损毁他人财物等违反治安管理行为，情节较轻的，公安机关可以调解处理。经公安机关调解，当事人达成协议的，不予处罚。经调解未达成协议或者达成协议后不履行的，公安机关应当依法对违反治安管理行为给予处罚。在这种情况下，如果从公安机关立案之日起计算时间，有的案件可能已经超过 30 日甚至 60 日了。所以，调解达成协议后不履行的治安案件的办案期限，应当从调解未达成协议或者达成协议后不履行之日起开始计算，而不能从治安案件立案之日起计算。公安机关在调解时，应将调解情况记录在案，以备查核。

案例指引

13. 公安机关办理治安案件超期时是否需要继续作出处罚决定？[1]

2013年9月20日13时5分左右，江苏省南通市开发区某小区内1号门面店主与2号门面店主因空油桶堆放问题引发纠纷，双方人员由争执进而引发殴打。南通市公安局开发区分局（以下简称开发区分局）接到报警后，指令民警出警并对涉案人员及证人调查取证。2013年9月22日，开发区分局将该纠纷正式作为治安案件立案，并多次组织双方调解。10月9日，沈某被传唤接受询问时明确表示不同意调解。12月2日，沈某、蔡某以开发区分局不履行治安管理行政处罚法定职责为由，向法院提起行政诉讼，要求确认被告未在法律规定期限内作出治安处罚决定行为违法。在诉讼期间，被告于12月9日根据《治安管理处罚法》的规定分别对涉案人员作出行政处罚决定。

南通市港闸区人民法院一审认为，被告开发区分局是否在法定期限内履行了法定职责，应当从法律、法规规定的办案期限及是否存在不计入办案期限的正当事由两个方面审查。根据《治安管理处罚法》第99条[2]的规定，公安机关办理治安案件的期限，自受理之日起不得超过30日；案情重大、复杂的治安案件，经上一级公安机关的批准，可以再延长30日。这就意味着公安机关办理治安案件的一般期限为30日，最长期限不得超过60日。被告于2013年9月22日立案，至2013年12月9日作出行政处罚决定，办案期限明显超过了法律规定的一般办案期限，也超过了最长60日的办案期限。调解亦应当坚持自愿原则，当事人明确表示不愿意调解的，则不应适用调解处理。即使存在调解的事实，那么从原告沈某10月9日拒绝调解之日起至被告于12月9日作出行政处

---

[1] 参见《最高人民法院发布人民法院关于行政不作为十大案例》，沈某、蔡某诉南通市公安局开发区分局行政不作为案，载最高人民法院网，https://www.court.gov.cn/zixun/xiangqing/13066.html，最后访问日期：2025年6月30日。

[2] 对应2025年《治安管理处罚法》第118条。

罚决定止，亦长达 61 天，仍然超过了最长 60 日的办案期限。更何况被告未能在举证期限内提供经上一级公安机关批准延长办案期限的证据。据此，判决确认被告未在法律规定的期限内作出行政处罚决定行为违法。一审宣判后，双方当事人均未上诉。

　　本案典型意义在于：通过行政审判职能的发挥，对公安机关在治安管理领域的履责要求作出规范，有利于治安纠纷的及时化解。《治安管理处罚法》明确规定了公安机关办理治安案件的期限。根据公安部《公安机关办理行政案件程序规定》的相关规定，对于因民间纠纷引起的殴打他人等违反治安管理行为，情节较轻的，可以调解处理，调解案件的办案期限从调解未达成协议或者调解达成协议不履行之日起开始计算，但调解不能成为公安机关不及时履行职责的借口。本案中，在沈某已经明确表示不同意调解的情况下，公安机关就应在 30 日内依法作出处罚决定。对超过 30 日办案期限的，应提供证据证明经过上一级公安机关批准延长。而被告明显违反相关规定。当然，被告也认识到未及时履行职责的违法性，在原告起诉后一周内就作出处罚决定，体现了对法律的尊重和勇于纠错的诚意，并得到了原告谅解。在现代法治国家，一个明显违反法定期限的行政行为，即使实体内容完全合法，也会因为姗姗来迟而被贴上违法的标签。

关联参见

《公安机关办理行政案件程序规定》第 165 条

第一百一十九条　【当场处罚】违反治安管理行为事实清楚，证据确凿，处警告或者五百元以下罚款的，可以当场作出治安管理处罚决定。

条文解读

当场处罚 ▷ 当场处罚，是指人民警察对于违反治安管理行为人不再传唤到公安机关而直接当场作出治安管理处罚决定的一种处罚程序。此制度的意义在于为公安机关及人民警察迅速处理简单治安案件，高效履行治安管理职责，及时维护社会秩序提供了可行的程序。当场处罚的法定条件是：一是证据条件，即违反治安管理行为事实清楚，证据确凿；二是处罚条件，即处警告或者500元以下罚款。只有当这两个条件同时具备时，才"可以"而非"必须"当场处罚。注意，在此种情况下作出的处罚决定书只须由人民警察签名或盖章，无须按照本法第115条的规定由公安机关加盖印章。

实务应用

54. 哪些情形可以当场收缴罚款？

《公安机关办理行政案件程序规定》第214条规定："公安机关作出罚款决定，被处罚人应当自收到行政处罚决定书之日起十五日内，到指定的银行缴纳罚款。具有下列情形之一的，公安机关及其办案人民警察可以当场收缴罚款，法律另有规定的，从其规定：（一）对违反治安管理行为人处五十元以下罚款和对违反交通管理的行人、乘车人和非机动车驾驶人处罚款，被处罚人没有异议的；（二）对违反治安管理、交通管理以外的违法行为人当场处二十元以下罚款的；（三）在边远、水上、交通不便地区、旅客列车上或者口岸，被处罚人向指定银行缴纳罚款确有困难，经被处罚人提出的；（四）被处罚人在当地没有固定住所，不当场收缴事后难以执行的。对具有前款第一项和第三项情形之一的，办案人民警察应当要求被处罚人签名确认。"

55. 对违反治安管理行为当场处罚的决定是否可以申请行政复议或者提起行政诉讼？

法律规定当场处罚程序只是为了简化行政处罚程序，提高行政执法效率，并不是要排除当事人的法律救济权。为了切实保障被处罚人的合法权益，当事人可以根据本法第121条的规定向本级人民政府或者上一级公安机关申请行政复议，也可以直接向人民法院提起行政诉讼。

关联参见

《公安机关办理行政案件程序规定》第 37 条

第一百二十条 【当场处罚的程序】当场作出治安管理处罚决定的，人民警察应当向违反治安管理行为人出示人民警察证，并填写处罚决定书。处罚决定书应当当场交付被处罚人；有被侵害人的，并应当将决定书送达被侵害人。

前款规定的处罚决定书，应当载明被处罚人的姓名、违法行为、处罚依据、罚款数额、时间、地点以及公安机关名称，并由经办的人民警察签名或者盖章。

适用当场处罚，被处罚人对拟作出治安管理处罚的内容及事实、理由、依据没有异议的，可以由一名人民警察作出治安管理处罚决定，并应当全程同步录音录像。

当场作出治安管理处罚决定的，经办的人民警察应当在二十四小时以内报所属公安机关备案。

条文解读

当场处罚作为处罚程序中的一种简易程序，具有简便、迅速的特点，但其仍然是代表国家实施的一种执法行为，所以并不意味着只要当场处罚就可以想怎么处罚就怎么处罚，可以不受任何限制、不守任何规定。恰恰相反，作为一种处罚程序，当场处罚具有相应的程序要求，实施当场处罚，必须严格遵守当场处罚程序的规定。因此，依据本条规定，人民警察在作出当场处罚决定时应当出示人民警察证，告知被处罚人依法享有的权利，制作并交付处罚通知书，并向所在机关备案。同时也新增规定，适用当场处罚，被处罚人对拟作出治安管理处罚的内容及事实、理由、依据没有异议的，可以由一名人民警察作出治安管理处罚决定，并应当全程同步录音录像。

关联参见

《公安机关办理行政案件程序规定》第 38 条

第一百二十一条 【行政复议和行政诉讼】被处罚人、被侵害人对公安机关依照本法规定作出的治安管理处罚决定，作出的收缴、追缴决定，或者采取的有关限制性、禁止性措施等不服的，可以依法申请行政复议或者提起行政诉讼。

条文解读

行政处罚并不是终局性的，这已经成为法治国家的一个基本原则。被处罚人、被侵害人对公安机关作出的治安管理处罚决定，作出的收缴、追缴决定，或者采取的有关限制性、禁止性措施等不服的，可以通过两种途径——行政复议或行政诉讼来主张权利。对行政复议不服的，还可以提起行政诉讼。

行政复议，是指公民、法人或其他组织认为行政行为侵犯其合法权益，向行政机关提出申请，要求行政机关重新考虑其决定。它是运用行政机关系统内部的层级监督关系，由上级行政机关纠正下级行政机关的违法或不当行为，以保护相对人合法权益的程序，是行政系统内部对行政权的监督形式，是一种行政救济。

行政诉讼，是指公民、法人或其他组织认为行政机关和行政机关工作人员的行政行为侵犯其合法权益，请求法院审查行政机关的行政行为是否合法，以维护自己的合法权益的一种诉讼行为。在行政诉讼中，应由独立于行政机关之外的司法机关来审查行政行为的合法与否。如果说行政复议是行政机关内部的一种监督制度，那么，行政诉讼则是对行政行为的一种外部监督制度。

实务应用

56. 治安行政诉讼案件中由谁出庭参加应诉？

对未经行政复议和经行政复议决定维持原处罚决定的行政诉讼案件，由作出处罚决定的公安机关负责人和原办案部门的承办民警出庭应诉；对经行政复议决定撤销、变更原处罚决定或者责令被申请人重新作出行政行为的行政诉讼案件，由行政复议机关负责人和行政复议机构的承办民警出庭应诉。

57. 行政复议、行政诉讼期间，治安管理处罚决定是否可以停止或者暂缓执行？

根据《行政复议法》第42条、《行政诉讼法》第56条的规定，行政复议、行政诉讼期间治安管理处罚决定不停止执行。但是，具有下列情形的，治安管理处罚决定在行政复议期间可以停止执行：（1）被申请人认为需要停止执行；（2）行政复议机关认为需要停止执行；（3）申请人申请停止执行，行政复议机关认为其要求合理，决定停止执行；（4）法律、法规、规章规定停止执行的其他情形。在行政诉讼期间，治安管理处罚决定在下列情况下可以停止执行：（1）被告认为需要停止执行的；（2）原告或者利害关系人申请停止执行，人民法院认为该行政行为的执行会造成难以弥补的损失，并且停止执行不损害国家利益、社会公共利益的；（3）人民法院认为该行政行为的执行会给国家利益、社会公共利益造成重大损害的；（4）法律、法规规定停止执行的。另外，按照本法第126条的规定，在行政复议、行政诉讼期间，被行政拘留人依法提供了担保人或者交纳了保证金，经公安机关审查，符合担保条件的，行政拘留决定可以暂缓执行。

关联参见

《公安机关办理行政案件程序规定》第199条

第三节 执　　行

第一百二十二条　【行政拘留处罚的执行】对被决定给予行政拘留处罚的人，由作出决定的公安机关送拘留所执行；执行期满，拘留所应当按时解除拘留，发给解除拘留证明书。

被决定给予行政拘留处罚的人在异地被抓获或者有其他有必要在异地拘留所执行情形的，经异地拘留所主管公安机关批准，可以在异地执行。

条文解读

本条包含以下五层含义：一是送达拘留所执行的对象只能是被决定给予行政拘留的人。在行政处罚中只有行政拘留需要限制被处罚人的人身自由，因此需要通过单独的羁押场所来完成。二是执行行政拘留只能由作出决定的公安机关送达拘留所，在执行送达被处罚人时，执行送达任务的人民警察要带好相应的法律文书材料，如《治安管理处罚执行拘留通知书》《治安管理处罚决定书》等。三是执行行政拘留只能由拘留所执行，包括治安拘留所和看守所；若被拘留人同时涉及社区戒毒/强制隔离戒毒，且拘留所无戒毒条件时，可由强制隔离戒毒所代为执行。四是执行期满，拘留所应当按时解除拘留，发给解除拘留证明书。在后续申请行政复议或诉讼时，解除拘留证明书可作为执行完毕的证据。五是被决定给予行政拘留处罚的人在异地被抓获或者有其他有必要在异地拘留所执行情形的，经异地拘留所主管公安机关批准，可以在异地执行。

实务应用

58. 对县级以上人大代表治安拘留应履行何种手续？

《地方各级人民代表大会和地方各级人民政府组织法》第 40 条规定，县级以上的地方各级人民代表大会代表，非经本级人民代表大会主席团许可，在大会闭会期间，非经本级人民代表大会常务委员会许可，不受逮捕或者刑事审判。如果因为是现行犯被拘留，执行拘留的公安机关应当立即向该级人民代表大会主席团或者常务委员会报告。

59. 被拘留人在被拘留期间是否享有选举权和被选举权？

《宪法》第34条规定："中华人民共和国年满十八周岁的公民，不分民族、种族、性别、职业、家庭出身、宗教信仰、教育程度、财产状况、居住期限，都有选举权和被选举权；但是依照法律被剥夺政治权利的人除外。"治安管理处罚并不涉及剥夺公民的政治权利和民主权利问题。因此，在拘留执行期间，被拘留人除人身自由受到暂时限制外，其他公民权利并没有受到限制或者剥夺。也就是说，原来享有选举权、被选举权的被拘留人，在行政拘留执行期间仍享有这些权利，拘留所应当提供条件，保障被拘留人依法行使选举权和被选举权。

关联参见

《宪法》第34条；《地方各级人民代表大会和地方各级人民政府组织法》第40条；《公安机关办理行政案件程序规定》第164条

第一百二十三条　【罚款处罚的执行】 受到罚款处罚的人应当自收到处罚决定书之日起十五日以内，到指定的银行或者通过电子支付系统缴纳罚款。但是，有下列情形之一的，人民警察可以当场收缴罚款：

（一）被处二百元以下罚款，被处罚人对罚款无异议的；

（二）在边远、水上、交通不便地区，旅客列车上或者口岸，公安机关及其人民警察依照本法的规定作出罚款决定后，被处罚人到指定的银行或者通过电子支付系统缴纳罚款确有困难，经被处罚人提出的；

（三）被处罚人在当地没有固定住所，不当场收缴事后难以执行的。

条文解读

罚缴分离 ▶ 本条规定了罚款决定和执行相分离制度。具体来讲，公安机关及其人民警察在作出处罚决定后，应当将处罚决定书及时送达当事人，处罚决定书上要写明被处罚人应当向哪个银行或者电子支付系统缴纳罚款。当事人（被处罚人）应当自收到处罚决定书之日起 15 日内，到指定的银行或者通过电子支付系统缴纳罚款。在收取罚款后，收款方应当向被处罚人开具财政部门制发的罚款收据。

当场收缴罚款 ▶ 本条还规定了人民警察在特定的情形下可以当场收缴罚款。在实践中需要注意以下几点：一是人民警察作出的罚款决定，可以是当场作出，也可以是依照一般程序作出。二是除了本条第 1 项有数额限制以外，其他两项都没有数额限制。三是第 1 项要求"被处罚人对罚款无异议"，第 2 项要求"被处罚人提出"。

实务应用

60. 被处罚人是否可以暂缓或者分期缴纳罚款？

根据《行政处罚法》第 66 条第 2 款的规定，被处罚人确有经济困难，需要延期或者分期缴纳罚款的，经被处罚人申请和作出治安管理处罚决定的公安机关批准，可以暂缓或者分期缴纳。被处罚人申请延期或者分期缴纳罚款的，应当书面提出。在书面申请中，不仅要说明不能按期缴纳罚款的原因和理由，而且要写明申请延长的具体期限或者分期缴纳罚款的具体计划。公安机关对被处罚人的经济状况进行调查后，认为其申请理由不能成立的，可以驳回其申请，责令其依法按期缴纳；认为理由成立的，应当作出延期或者分期缴纳罚款的决定。

关联参见

《行政处罚法》第 66 条、第 72 条；《公安机关办理行政案件程序规定》第 214 条

第一百二十四条 【上交当场收缴的罚款】人民警察当场收缴的罚款，应当自收缴罚款之日起二日以内，交至所属的公安机关；在水上、旅客列车上当场收缴的罚款，应当自抵岸或者到站之日起二日以内，交至所属的公安机关；公安机关应当自收到罚款之日起二日以内将罚款缴付指定的银行。

关联参见

《公安机关办理行政案件程序规定》第 216 条

第一百二十五条 【专用票据】人民警察当场收缴罚款的，应当向被处罚人出具省级以上人民政府财政部门统一制发的专用票据；不出具统一制发的专用票据的，被处罚人有权拒绝缴纳罚款。

条文解读

人民警察当场收缴罚款时须出具省级以上人民政府财政部门统一制发的专用票据，否则被处罚人有权拒绝缴纳——此规定既规范了执法行为（防止乱罚款、侵吞罚没款等违法现象），又保障被处罚人救济权利（凭合规票据证明行政行为存在，以申请行政复议或提起行政诉讼）。此条明确了被处罚人两项法定抗辩权：当警察未出具法定罚款票据，或出具票据不符合省级财政部门统一制发要求时，有权拒绝缴纳罚款。

关联参见

《公安机关办理行政案件程序规定》第 215 条

第一百二十六条 【暂缓行政拘留和出所】被处罚人不服行政拘留处罚决定，申请行政复议、提起行政诉讼的，遇有参加升学考试、子女出生或者近亲属病危、死亡等情形的，可以向公安机关提出暂缓执行行政拘留的申请。公安机关认为暂缓执行行政拘留不致发生社会危险的，由被处罚人或者其近亲属提出符合本法第一百二十七条规定条件的担保人，或者按每日行政拘留二百元的标准交纳保证金，行政拘留的处罚决定暂缓执行。

正在被执行行政拘留处罚的人遇有参加升学考试、子女出生或者近亲属病危、死亡等情形，被拘留人或者其近亲属申请出所的，由公安机关依照前款规定执行。被拘留人出所的时间不计入拘留期限。

条文解读

暂缓执行行政拘留 ● 本条是关于被处罚人申请暂缓执行行政拘留的情形的规定。对此，需要满足下列条件：（1）被处罚人申请暂缓执行的只能是行政拘留的处罚决定，因为这一处罚具有最严厉性和不可挽回性。（2）被处罚人是在不服行政拘留处罚决定，申请行政复议、提起行政诉讼的，遇有参加升学考试、子女出生或者近亲属病危、死亡等情形的提出此申请的。（3）公安机关认为暂缓执行行政拘留不致发生社会危险。这里的危险，是指被处罚人可能阻碍、逃避公安机关、行政复议机关或人民法院的传唤、复议、审理、执行的，如逃跑、干扰证人、串供、伪造证据、实施其他违法行为等。（4）被处罚人或者其近亲属提供合格担保人或按每日200元交纳保证金。

本条新增第2款明确，正在被执行行政拘留处罚的人遇前述特殊情形时，可依同等条件（社会危险性评估+提供担保）申请出所，出所时间不计入拘留期限。此制度设计既保障被处罚人有效行使救济权（收集证据、委托代理人需人身自由），又通过严格审查标准（担保机制与社会危险性排除）平衡执法风险，且仅适用于不可逆的行政拘留处罚。

实务应用

61. 哪些情形不适用暂缓执行行政拘留？

《公安机关办理行政案件程序规定》第224条规定，被处罚人具有下列情形之一的，应当作出不暂缓执行行政拘留的决定，并告知申请人：（1）暂缓执行行政拘留后可能逃跑的；（2）有其他违法犯罪嫌疑，正在被调查或者侦查的；（3）不宜暂缓执行行政拘留的其他情形。

62. 被拘留人申请行政拘留暂缓执行的，公安机关是否可以释放被拘留人？

行政拘留决定一经作出，即发生法律效力。因此，为维护国家法律的严肃性和权威性，在公安机关依法作出行政拘留暂缓执行决定前，作出行政拘留的公安机关应当依照本法第122条的规定将被拘留人送达拘留所依法执行，不得关押在办公室或者其他监管场所，更不得因其提出暂缓执行行政拘留申请、提出了担保人或者交纳了保证金而释放被拘留人。

关联参见

《行政复议法》第42条；《行政诉讼法》第56条；《行政处罚法》第66条、第73条；《公安机关办理行政案件程序规定》第222—226条

第一百二十七条　【担保人的条件】 担保人应当符合下列条件：

（一）与本案无牵连；
（二）享有政治权利，人身自由未受到限制；
（三）在当地有常住户口和固定住所；
（四）有能力履行担保义务。

条文解读

担保人 ● 担保人必须同时满足以下条件：一是与本案无牵连，是指非本案共同违法人、证人或与案件无利害关系，确保其能客观履行担保义务。二是本人未被剥夺政治权利（选举权和被选举权，言论、出版、集会、结社、游行、示威自由的权利，担任国家机关职务的权利，担任国有公司、企业、事业单位和人民团体领导职务的权利）或限制人

身自由（未受到任何剥夺或者限制人身自由的刑事处罚，未被采取任何剥夺、限制人身自由的刑事、行政强制措施或者未受到限制人身自由的行政处罚，即未被刑事拘留、行政拘留、取保候审、监视居住等）。三是在当地有常住户口和固定住所（具备稳定居所与收入），便于公安机关联络并督促担保职责履行，同时通过利益关联降低被处罚人逃避的风险。四是有能力履行担保义务，是指具备完全民事行为能力，年龄、智力、体力等足以承担监督责任，确保被处罚人配合执法。

关联参见

《公安机关办理行政案件程序规定》第227条

第一百二十八条 【担保人的义务及法律责任】担保人应当保证被担保人不逃避行政拘留处罚的执行。

担保人不履行担保义务，致使被担保人逃避行政拘留处罚的执行的，处三千元以下罚款。

条文解读

担保人的义务如下：应当保证被担保人不逃避行政拘留处罚的执行。也就是说，在被处罚人申请暂缓行政拘留期间，担保人要保证被担保人（被处罚人）认真配合公安机关和人民法院的工作，既不能千方百计阻碍公安机关的调查取证工作、行政复议工作或者人民法院的审理工作，也不能以申请暂缓执行为名行逃避治安处罚之实，这也是申请暂缓执行制度存在的主要症结。如果对担保人的担保义务不作法律上的严格规定，将会使这项制度名存实亡、形同虚设。

担保人如果没有尽到法定义务，根据本条的规定，由公安机关对其处3000元以下罚款。这里的罚款也属于行政处罚。如果担保人对罚款决定不服，可根据《行政处罚法》的规定，申请行政复议或者提起行政诉讼。

实务应用

63. 担保人履行了担保义务,但被担保人仍逃避行政拘留处罚的,是否追究担保人的责任?

暂缓执行行政拘留的担保人履行了担保义务,但被担保人仍逃避行政拘留处罚的,或者被处罚人逃跑后,担保人积极帮助公安机关抓获被处罚人的,可以从轻或者不予行政处罚。

64. 担保人中途是否可以退出担保?

可以。暂缓执行行政拘留的担保人在暂缓执行行政拘留期间,不愿继续担保或者丧失担保条件的,行政拘留的决定机关应当责令被处罚人重新提出担保人或者交纳保证金。不提出担保人又不交纳保证金的,行政拘留的决定机关应当将被处罚人送拘留所执行。

关联参见

《公安机关办理行政案件程序规定》第229—230条

第一百二十九条 **【保证金的没收】** 被决定给予行政拘留处罚的人交纳保证金,暂缓行政拘留或者出所后,逃避行政拘留处罚的执行的,保证金予以没收并上缴国库,已经作出的行政拘留决定仍应执行。

条文解读

保证金 ● 保证金,是指被拘留人或其近亲属为申请暂缓执行行政拘留而缴纳的现金担保,旨在确保被拘留人在行政复议或行政诉讼期间不逃避拘留执行。没收保证金需要符合以下条件:一是被拘留人已交纳保证金;二是其在暂缓执行期间或出所后实施了逃避行政拘留执行的行为。如符合前述条件,公安机关有权没收保证金并上缴国库。任何单位不得私自扣留。此外，保证金予以没收，并不当然免除被决定给予行政拘留处罚的人的行政拘留处罚，已经作出的行政拘留决定仍应执行。即被决定给予行政拘留处罚的人自逃避执行行政拘留之日起，在任何时间，只要被公安机关抓获，仍要执行行政拘留，没有时限的要求。

关联参见

《公安机关办理行政案件程序规定》第232条

第一百三十条 【保证金的退还】行政拘留的处罚决定被撤销，行政拘留处罚开始执行，或者出所后继续执行的，公安机关收取的保证金应当及时退还交纳人。

条文解读

实践中，保证金制度的实施存在诸多问题。例如，部分公安机关在执行完行政拘留后未退还保证金，或交纳人因顾虑不敢索要，导致其合法权益受损，也有损公安机关的形象。必须采取相应措施予以解决，确保保证金发挥其应有作用，而非成为变相罚款。为此，本条专门对保证金的退还作出了明确规定。

根据本条的规定，符合以下任一情形，公安机关收取的保证金应当及时退还交纳人：一是行政拘留的处罚决定被撤销。行政拘留的处罚决定被撤销主要是基于行政复议或者行政诉讼，由上级公安机关裁定撤销或者由人民法院裁定公安机关败诉而撤销，即当事人通过行政复议或者行政诉讼维护了自己的合法权益。二是行政拘留的处罚开始执行。即当事人提起复议或诉讼后，经上级公安机关或人民法院裁定维持原处罚决定，需要执行行政拘留。此时，保证金的担保功能已实现，故需退还。

关联参见

《公安机关办理行政案件程序规定》第232条

第五章　执法监督

第一百三十一条　【执法原则】公安机关及其人民警察应当依法、公正、严格、高效办理治安案件,文明执法,不得徇私舞弊、玩忽职守、滥用职权。

条文解读

本条此次修订新增公安机关及其人民警察不得"玩忽职守、滥用职权"的规定。玩忽职守,是指民警在履行职责时,疏忽大意、懈怠怠慢或失职,未能尽到应有的职责,导致职责范围内的工作未能依法进行,造成社会治安、人民安全或者国家利益等方面的损失和不良后果。

滥用职权,是指公安机关及其人民警察不法行使职务上权限的行为,即以行使职权的外观,实施实质上违法或不当的具体行为。

第一百三十二条　【禁止性规定】公安机关及其人民警察办理治安案件,禁止对违反治安管理行为人打骂、虐待或者侮辱。

实务应用

65. 打骂、虐待或者侮辱违反治安管理行为人将受到何种处罚?

根据《人民警察法》的规定,人民警察不得刑讯逼供或者体罚、虐待人犯,不得殴打他人或者唆使他人打人。如有违反,则应当给予行政处分。行政处分包括:警告、记过、记大过、降级、撤职、开除。对受行政处分的人民警察,按照国家有关规定,可以降低警衔、取消警衔。此外,对违反纪律的人民警察,必要时可以对其采取停止执行职务、禁闭的措施。

对打骂、虐待、侮辱违反治安管理行为人的刑事责任问题,《刑法》第 246 条和第 248 条明确规定,以暴力或者其他方法公然侮辱他人或者捏造事实诽谤他人,情节严重的,处 3 年以下有期徒刑、拘役、管制或者剥夺政治权利。拘留所等监管机构的监管人员对被监管人进行殴打或者体罚虐待，情节严重的，处3年以下有期徒刑或者拘役；情节特别严重的，处3年以上10年以下有期徒刑。致人伤残、死亡的，依照《刑法》第234条故意伤害罪（处3年以下有期徒刑、拘役或者管制；致人重伤的，处3年以上10年以下有期徒刑；致人死亡或者以特别残忍手段致人重伤造成严重残疾的，处10年以上有期徒刑、无期徒刑或者死刑）、第232条故意杀人罪（处死刑、无期徒刑或者10年以上有期徒刑；情节较轻的，处3年以上10年以下有期徒刑）的规定定罪从重处罚。监管人员指使被监管人殴打或者体罚虐待其他被监管人的，依照上述规定处罚。

关联参见

《人民警察法》第22条、第48条；《刑法》第232条、第234条、第246条、第248条

第一百三十三条 【社会监督】公安机关及其人民警察办理治安案件，应当自觉接受社会和公民的监督。

公安机关及其人民警察办理治安案件，不严格执法或者有违法违纪行为的，任何单位和个人都有权向公安机关或者人民检察院、监察机关检举、控告；收到检举、控告的机关，应当依据职责及时处理。

第一百三十四条 【治安处罚与政务处分衔接】公安机关作出治安管理处罚决定，发现被处罚人是公职人员，依照《中华人民共和国公职人员政务处分法》的规定需要给予政务处分的，应当依照有关规定及时通报监察机关等有关单位。

条文解读

本条是此次修订新增的条文，明确了被处罚人是公职人员且需给予

政务处分的,需通报监察机关等有关单位。《行政复议法》第86条规定,行政复议机关在办理行政复议案件过程中,发现公职人员涉嫌贪污贿赂、失职渎职等职务违法或者职务犯罪的问题线索,应当依照有关规定移送监察机关,由监察机关依法调查处置。《监察法》第11条第3项规定,对违法的公职人员依法作出政务处分决定;对履行职责不力、失职失责的领导人员进行问责;对涉嫌职务犯罪的,将调查结果移送人民检察院依法审查、提起公诉;向监察对象所在单位提出监察建议。

关联参见

《行政复议法》第86条;《监察法》第11条

第一百三十五条 【罚款决定与罚款收缴分离】公安机关依法实施罚款处罚,应当依照有关法律、行政法规的规定,实行罚款决定与罚款收缴分离;收缴的罚款应当全部上缴国库,不得返还、变相返还,不得与经费保障挂钩。

条文解读

《罚款决定与罚款收缴分离实施办法》对罚款收缴程序作出系统规定。第一,经中国人民银行批准有代理收付款项业务的商业银行、信用合作社,可以开办代收罚款的业务。第二,行政机关应当依法同代收机构签订代收罚款协议。第三,行政机关作出罚款决定的行政处罚决定书应当载明代收机构的名称、地址和当事人应当缴纳罚款的数额、期限等,并明确对当事人逾期缴纳罚款是否加处罚款。第四,代收机构代收罚款,应当向当事人出具罚款收据。第五,当事人逾期缴纳罚款,行政处罚决定书明确需要加处罚款的,代收机构应当按照行政处罚决定书加收罚款。

为了杜绝贪污、截留、挪用、坐支罚款等现象,收缴的罚款必须全部上缴国库。《罚款决定与罚款收缴分离实施办法》规定:第一,罚款必须全部上缴国库,任何行政机关、组织或者个人不得以任何形式截留、私分或者变相私分。第二,代收机构应当按照《行政处罚法》和国家有关规定,直接上缴国库。第三,国库应当按照《国家金库条例》的规定,定期同财政部门和行政机关对账,以保证收缴的罚款和上缴国库的罚款数额一致。值得注意的是,本条此次修订新增收缴的罚款"不得返还、变相返还,不得与经费保障挂钩"的规定。

关联参见

《罚款决定与罚款收缴分离实施办法》第1—17条

第一百三十六条 【治安违法记录封存】违反治安管理的记录应当予以封存,不得向任何单位和个人提供或者公开,但有关国家机关为办案需要或者有关单位根据国家规定进行查询的除外。依法进行查询的单位,应当对被封存的违法记录的情况予以保密。

条文解读

过往因违反《治安管理处罚法》所受处罚而形成的记录,在特定情形下曾对当事人的长远发展构成显著不利影响。实践中,部分地区在出具无犯罪记录证明时附加标注治安违法记录的做法,导致当事人在升学、公务员招录、就业乃至职务晋升等关键环节面临决定性障碍。在个别案例中,此类记录甚至对当事人近亲属产生关联性负面效应。

本次《治安管理处罚法》修订确立了治安违法记录封存制度,系本次修法的亮点之一。该制度旨在构建更为包容的社会治理环境,避免当事人因一时过错而终生承受治安违法记录的持续性负担,具有显著的历史进步价值。鉴于治安管理活动与公民日常生活的密切关联(如邻里纠纷、言语冲突等常见情形),且当前档案信息系统高度完备,凡受治安处罚即形成永久性数据留存,使得建立规范化的记录封存机制尤为必要。

本条明确限定仅在两种法定情形下方可查询已封存记录。一是国家机关办案需要：有关国家机关须基于明确法律授权及具体办案需求方可启动查询，严格遵循"法无授权不可为"原则。查询所获信息仅限用于该特定案件办理，严禁用于无关目的或向非案件关联方泄露。二是法定授权单位依规查询：特定行业或岗位依法设定治安背景审查要求的（如法律规定的特殊职业准入），相关单位可依据国家规定进行查询。需着重强调的是，获授权单位在查询知悉相关信息后，依法负有保密责任，不得擅自扩散或泄露。

第一百三十七条 【同步录音录像运行安全管理】公安机关应当履行同步录音录像运行安全管理职责，完善技术措施，定期维护设施设备，保障录音录像设备运行连续、稳定、安全。

条文解读

本条是此次修订新增的条文，规定了公安机关需对执法全部过程进行记录，实现执法全过程留痕和可回溯管理的活动。《行政处罚法》第 47 条规定，行政机关应当依法以文字、音像等形式，对行政处罚的启动、调查取证、审核、决定、送达、执行等进行全过程记录，归档保存。

关联参见

《行政处罚法》第 47 条；《反间谍法》第 31 条

第一百三十八条 【个人信息保护】公安机关及其人民警察不得将在办理治安案件过程中获得的个人信息，依法提取、采集的相关信息、样本用于与治安管理、查处犯罪无关的用途，不得出售、提供给其他单位或者个人。

条文解读

本条是此次修订新增的条文，规定了公安机关及其人民警察应严格管理个人信息。公安机关应当落实相关措施,在办理治安案件过程中获得的个人信息不得泄露,不得出售、提供给他人,筑牢个人信息"防火墙"。依法提取、采集的相关人体生物识别信息、样本是公民的敏感信息,公安机关也应当严格管理。《个人信息保护法》第34条,国家机关为履行法定职责处理个人信息,应当依照法律、行政法规规定的权限、程序进行,不得超出履行法定职责所必需的范围和限度。

关联参见

《个人信息保护法》第34条;《数据安全法》第39条

第一百三十九条 【违法行为及其处罚】人民警察办理治安案件,有下列行为之一的,依法给予处分;构成犯罪的,依法追究刑事责任:

(一)刑讯逼供、体罚、打骂、虐待、侮辱他人的;

(二)超过询问查证的时间限制人身自由的;

(三)不执行罚款决定与罚款收缴分离制度或者不按规定将罚没的财物上缴国库或者依法处理的;

(四)私分、侵占、挪用、故意损毁所收缴、追缴、扣押的财物的;

(五)违反规定使用或者不及时返还被侵害人财物的;

(六)违反规定不及时退还保证金的;

(七)利用职务上的便利收受他人财物或者谋取其他利益的;

(八)当场收缴罚款不出具专用票据或者不如实填写罚款数额的;

(九)接到要求制止违反治安管理行为的报警后,不及时出警的;

(十)在查处违反治安管理活动时,为违法犯罪行为人通风报信的；

（十一）泄露办理治安案件过程中的工作秘密或者其他依法应当保密的信息的；

（十二）将在办理治安案件过程中获得的个人信息，依法提取、采集的相关信息、样本用于与治安管理、查处犯罪无关的用途，或者出售、提供给其他单位或者个人的；

（十三）剪接、删改、损毁、丢失办理治安案件的同步录音录像资料的；

（十四）有徇私舞弊、玩忽职守、滥用职权，不依法履行法定职责的其他情形的。

办理治安案件的公安机关有前款所列行为的，对负有责任的领导人员和直接责任人员，依法给予处分。

条文解读

本条第 1 款对人民警察在办理治安案件中实施的、应当追究法律责任的 14 项违法行为作了规定。人民警察应该公正、严格、高效地依法办事，文明执法，而上述 14 种行为，与人民警察的职责格格不入，所以必须依法追究其相应的法律责任。

按照本条第 1 款的规定，人民警察在办理治安案件的过程中，实施违法行为的，应当追究的法律责任有两种：行政责任，由所在的公安机关或者上级机关给予行政处分，分为警告、记过、记大过、降级、撤职、开除 6 种；刑事责任，人民警察违反法律规定，实施违法行为，情节严重，构成犯罪的，应当追究刑事责任。

根据本条第 2 款的规定，公安机关有本条第 1 款所列行为的，要追究相关的法律责任。因为公安机关不是自然人，所以对其追究法律责任，是对负有责任的领导人员和其他直接责任人员追究责任。

第一百四十条　【赔偿责任】公安机关及其人民警察违法行

使职权，侵犯公民、法人和其他组织合法权益的，应当赔礼道歉；造成损害的，应当依法承担赔偿责任。

条文解读

违法行使职权 ▶ 违法行使职权，是指公安机关及其人民警察，在履行治安管理职责的过程中，没有按照法律规定的条件、程序行使职权。违反法律规定的条件。例如，人民警察进行当场处罚时，不出具法定处罚收据。

赔礼道歉 ▶ 赔礼道歉，是指公安机关及其人民警察向受害人公开承认错误，表示歉意。赔礼道歉可以用口头方式，由公安机关的领导人或者具体实施违法行为的人民警察，向受害人表示歉意；也可以用书面方式进行，由公安机关的领导人或者具体实施违法行为的人民警察，在报刊上刊登赔礼道歉的文函等。赔礼道歉，是公安机关及其人民警察承担侵权责任的一种方式，而非一般意义上的赔礼道歉，它具有一定的强制性。赔礼道歉是用精神补救办法解决精神损害的一种有效方式。赔礼道歉主要适用于侵犯公民、法人或者其他组织名誉权、荣誉权的情形。

赔偿责任 ▶ 公安机关及其人民警察行使职权，侵犯公民、组织合法权益，造成损害的，应当依法承担赔偿责任，属于行政赔偿的范畴。行政赔偿的条件是，行政机关及其工作人员在行使职权的时候，实施了侵犯人身权、财产权的行为。根据《国家赔偿法》的规定，行政机关及其工作人员在行使行政职权时有下列侵犯人身权情形之一的，受害人有取得赔偿的权利：（1）违法拘留或者违法采取限制公民人身自由的行政强制措施的；（2）非法拘禁或者以其他方法非法剥夺公民人身自由的；（3）以殴打、虐待等行为或者唆使、放纵他人以殴打、虐待等行为造成公民身体伤害或者死亡的；（4）违法使用武器、警械造成公民身体伤害或者死亡的；（5）造成公民身体伤害或者死亡的其他违法行为。行政机关及其工作人员在行使行政职权时有下列侵犯财产权情形之一的，受害人有取得赔偿的权利：(1) 违法实施罚款、吊销许可证和执照、责令停产停业、没收财物等行政处罚的；(2) 违法对财产采取查封、扣押、冻结等行政强制措施的；(3) 违法征收、征用财产的；(4) 造成财产损害的其他违法行为。

　　按照《国家赔偿法》的规定，受害的公民、法人和其他组织有权要求赔偿。受害的公民死亡，其继承人和其他有扶养关系的亲属有权要求赔偿。受害的法人或者其他组织终止的，其权利承受人有权要求赔偿。行政机关及其工作人员行使行政职权给公民、法人和其他组织的合法权益造成损害的，该行政机关为赔偿义务机关。经复议机关复议的，最初造成侵权行为的行政机关为赔偿义务机关，但复议机关的复议决定加重损害的，复议机关对加重的部分履行赔偿义务。

案例指引

14. 被害人死亡因他人犯罪行为所致，公安机关违法拖延出警是否应当承担相应的赔偿责任？[①]

　　2006年3月3日凌晨3时许，被害人刘某某路过甘肃省天水市麦积区桥南伯阳路农行储蓄所门前时，遭到罪犯苏某某、吴某某、佟某的拦路抢劫。刘某某被刺伤后喊叫求救，个体司机胡某、美容中心经理梁某听到呼救后，先后用手机于4时02分、4时13分、4时20分三次拨打"110"电话报警，"110"值班人员让给"120"打电话，"120"让给"110"打电话。梁某于4时24分20秒（时长79秒）再次给"110"打电话报警后，"110"值班接警人员于6时23分35秒电话指令桥南派出所出警。此时被害人刘某某因失血过多已经死亡。经法医鉴定：被害人刘某某系被他人持锐器刺破股动脉，致失血性休克死亡。天水市麦积区人民法院于2007年3月23日作出(2007)麦刑初字第4号刑事判决，

---

　　① 参见《人民法院关于行政不作为十大案例》，张某某等五人诉天水市公安局麦积分局行政不作为赔偿案，载最高人民法院网，https://www.court.gov.cn/zixun/xiangqing/13066.html，最后访问日期：2025年6月30日。

认定麦积分局"110"值班民警高某犯玩忽职守罪，免予刑事处罚。高某上诉后，二审维持原判。

天水市中级人民法院作出（2006）天刑一初字第24号刑事附带民事判决，判决被告人苏某某、吴某某、佟某赔偿刘某某相应的死亡赔偿金等。在民事判决执行中，因被告人苏某某已被执行死刑，无财产可供执行；被告人吴某某、佟某服刑前靠父母养活，暂无财产可供执行，天水市中级人民法院于2008年6月3日以（2008）天执字第29号民事裁定终结执行。被害人刘某某的近亲属张某某等5人于2009年1月16日以公安机关行政不作为为由向天水市公安局麦积分局提出行政赔偿申请，该局作出不予行政赔偿的决定。张某某等5人遂以该局为被告，向法院提起行政赔偿诉讼，请求判令被告赔偿刘某某死亡赔偿金和丧葬费498640元，被扶养人生活费26959.95元。

天水市麦积区人民法院一审认为，《国家赔偿法》第34条第1款第3项规定，侵犯公民生命健康权的，赔偿金按照下列规定计算：造成死亡的，应当支付死亡赔偿金、丧葬费，总额为国家上年度职工年平均工资的20倍。对死者生前扶养的无劳动能力的人，还应当支付生活费。本案天水市公安局麦积分局应当按国家规定支付死亡赔偿金、丧葬费总额的20%份额。故判决：一、由该局按照2008年全国在岗职工年平均工资29229元×20倍×20%的标准，在判决生效之日起10日内向张某某等5人赔偿刘某某死亡赔偿金和丧葬费116916元；二、驳回张某某等5人关于要求赔偿被扶养人生活费的诉讼请求。

一审宣判后，张某某等5人认为判决以20%承担赔偿责任太少、被告天水市公安局麦积分局则认为不应予以赔偿，双方均不服提出上诉。在天水市中级人民法院二审期间，经该院主持调解，双方当事人于2014年4月25日达成调解协议：一、天水市公安局麦积分局在2014年6月10日前一次性给张某某等5人支付刘某某死亡赔偿金20万元。二、张某某等5人放弃要求天水市公安局麦积分局支付被扶养人生活费及刘某某丧葬费的诉讼请求。

关联参见

《国家赔偿法》第 6—16 条、第 32—37 条

第六章 附 则

第一百四十一条 【相关法律的衔接适用】 其他法律中规定由公安机关给予行政拘留处罚的，其处罚程序适用本法规定。

公安机关依照《中华人民共和国枪支管理法》、《民用爆炸物品安全管理条例》等直接关系公共安全和社会治安秩序的法律、行政法规实施处罚的，其处罚程序适用本法规定。

本法第三十二条、第三十四条、第四十六条、第五十六条规定给予行政拘留处罚，其他法律、行政法规同时规定给予罚款、没收违法所得、没收非法财物等其他行政处罚的行为，由相关主管部门依照相应规定处罚；需要给予行政拘留处罚的，由公安机关依照本法规定处理。

第一百四十二条 【海警机构海上治安管理职责与职权】 海警机构履行海上治安管理职责，行使本法规定的公安机关的职权，但是法律另有规定的除外。

条文解读

根据《海警法》第 12 条、第 23 条的规定，海警机构依法履行实施海上治安管理，查处海上违反治安管理、入境出境管理的行为，防范和处置海上恐怖活动，维护海上治安秩序的职责。海警机构为维护海上治安秩序，对有违法犯罪嫌疑的人员进行当场盘问、检查或者继续盘问的，依照《人民警察法》的规定执行。

关联参见

《海警法》第 12 条、第 23 条

第一百四十三条 【"以上、以下、以内"的含义】本法所称以上、以下、以内,包括本数。

第一百四十四条 【施行日期】本法自 2026 年 1 月 1 日起施行。

> 条文解读

治安管理处罚法的时间效力,是指《治安管理处罚法》在时间上的适用范围,即自 2026 年 1 月 1 日起施行。《治安管理处罚法》不溯及既往,即发生在 2026 年 1 月 1 日以前的违反治安管理行为,依照以前的有关规定处理,发生于 2026 年 1 月 1 日以后的,适用本法。

法律法规新解读丛书

关联法规

治安管理处罚法
解读与应用

中华人民共和国刑法*（节录）

- 1979年7月1日第五届全国人民代表大会第二次会议通过
- 1997年3月14日第八届全国人民代表大会第五次会议修订
- 1997年3月14日中华人民共和国主席令第83号公布
- 自1997年10月1日起施行

……

第二百三十八条 【非法拘禁罪】非法拘禁他人或者以其他方法非法剥夺他人人身自由的，处三年以下有期徒刑、拘役、管制或者剥夺政治权利。具有殴打、侮辱情节的，从重处罚。

---

* 根据1998年12月29日第九届全国人民代表大会常务委员会第六次会议通过的《全国人民代表大会常务委员会关于惩治骗购外汇、逃汇和非法买卖外汇犯罪的决定》、1999年12月25日第九届全国人民代表大会常务委员会第十三次会议通过的《中华人民共和国刑法修正案》、2001年8月31日第九届全国人民代表大会常务委员会第二十三次会议通过的《中华人民共和国刑法修正案（二）》、2001年12月29日第九届全国人民代表大会常务委员会第二十五次会议通过的《中华人民共和国刑法修正案（三）》、2002年12月28日第九届全国人民代表大会常务委员会第三十一次会议通过的《中华人民共和国刑法修正案（四）》、2005年2月28日第十届全国人民代表大会常务委员会第十四次会议通过的《中华人民共和国刑法修正案（五）》、2006年6月29日第十届全国人民代表大会常务委员会第二十二次会议通过的《中华人民共和国刑法修正案（六）》、2009年2月28日第十一届全国人民代表大会常务委员会第七次会议通过的《中华人民共和国刑法修正案（七）》、2009年8月27日第十一届全国人民代表大会常务委员会第十次会议通过的《全国人民代表大会常务委员会关于修改部分法律的决定》、2011年2月25日第十一届全国人民代表大会常务委员会第十九次会议通过的《中华人民共和国刑法修正案（八）》、2015年8月29日第十二届全国人民代表大会常务委员会第十六次会议通过的《中华人民共和国刑法修正案（九）》、2017年11月4日第十二届全国人民代表大会常务委员会第三十次会议通过的《中华人民共和国刑法修正案（十）》、2020年12月26日第十三届全国人民代表大会常务委员会第二十四次会议通过的《中华人民共和国刑法修正案（十一）》和2023年12月29日第十四届全国人民代表大会常务委员会第七次会议通过的《中华人民共和国刑法修正案（十二）》修正。

另，分则条文主旨是根据司法解释的确定罪名所加。

犯前款罪，致人重伤的，处三年以上十年以下有期徒刑；致人死亡的，处十年以上有期徒刑。使用暴力致人伤残、死亡的，依照本法第二百三十四条、第二百三十二条的规定定罪处罚。

为索取债务非法扣押、拘禁他人的，依照前两款的规定处罚。

国家机关工作人员利用职权犯前三款罪的，依照前三款的规定从重处罚。

第二百四十三条 【诬告陷害罪】捏造事实诬告陷害他人，意图使他人受刑事追究，情节严重的，处三年以下有期徒刑、拘役或者管制；造成严重后果的，处三年以上十年以下有期徒刑。

国家机关工作人员犯前款罪的，从重处罚。

不是有意诬陷，而是错告，或者检举失实的，不适用前两款的规定。

第二百四十四条 【强迫劳动罪】以暴力、威胁或者限制人身自由的方法强迫他人劳动的，处三年以下有期徒刑或者拘役，并处罚金；情节严重的，处三年以上十年以下有期徒刑，并处罚金。

明知他人实施前款行为，为其招募、运送人员或者有其他协助强迫他人劳动行为的，依照前款的规定处罚。

单位犯前两款罪的，对单位判处罚金，并对其直接负责的主管人员和其他直接责任人员，依照第一款的规定处罚。[1]

第二百四十四条之一 【雇用童工从事危重劳动罪】违反劳动管理法规，雇用未满十六周岁的未成年人从事超强度体力劳动的，或者从事高空、井下作业的，或者在爆炸性、易燃性、放射性、毒害性等危险环境下从事劳动，情节严重的，对直接责任人员，处三年以下有期徒刑或者拘役，并处罚金；情节特别严重的，处三年以上七年以下有期徒刑，并处罚金。

---

[1] 根据2011年2月25日《刑法修正案（八）》修改。原条文为："用人单位违反劳动管理法规，以限制人身自由方法强迫职工劳动，情节严重的，对直接责任人员，处三年以下有期徒刑或者拘役，并处或者单处罚金。"

有前款行为，造成事故，又构成其他犯罪的，依照数罪并罚的规定处罚。①

第二百四十五条 【非法搜查罪　非法侵入住宅罪】非法搜查他人身体、住宅，或者非法侵入他人住宅的，处三年以下有期徒刑或者拘役。

司法工作人员滥用职权，犯前款罪的，从重处罚。

第二百四十六条 【侮辱罪　诽谤罪】以暴力或者其他方法公然侮辱他人或者捏造事实诽谤他人，情节严重的，处三年以下有期徒刑、拘役、管制或者剥夺政治权利。

前款罪，告诉的才处理，但是严重危害社会秩序和国家利益的除外。

通过信息网络实施第一款规定的行为，被害人向人民法院告诉，但提供证据确有困难的，人民法院可以要求公安机关提供协助。②

……

第二百五十六条 【破坏选举罪】在选举各级人民代表大会代表和国家机关领导人员时，以暴力、威胁、欺骗、贿赂、伪造选举文件、虚报选举票数等手段破坏选举或者妨害选民和代表自由行使选举权和被选举权，情节严重的，处三年以下有期徒刑、拘役或者剥夺政治权利。

……

第二百六十条 【虐待罪】虐待家庭成员，情节恶劣的，处二年以下有期徒刑、拘役或者管制。

犯前款罪，致使被害人重伤、死亡的，处二年以上七年以下有期徒刑。

第一款罪，告诉的才处理，但被害人没有能力告诉，或者因受到强

---

① 根据2002年12月28日《刑法修正案（四）》增加。
② 根据2015年8月29日《刑法修正案（九）》增加一款，作为第3款。

制、威吓无法告诉的除外。①

第二百六十条之一 【虐待被监护、看护人罪】对未成年人、老年人、患病的人、残疾人等负有监护、看护职责的人虐待被监护、看护的人，情节恶劣的，处三年以下有期徒刑或者拘役。

单位犯前款罪的，对单位判处罚金，并对其直接负责的主管人员和其他直接责任人员，依照前款的规定处罚。

有第一款行为，同时构成其他犯罪的，依照处罚较重的规定定罪处罚。②

第二百六十一条 【遗弃罪】对于年老、年幼、患病或者其他没有独立生活能力的人，负有扶养义务而拒绝扶养，情节恶劣的，处五年以下有期徒刑、拘役或者管制。

……

第二百六十三条 【抢劫罪】以暴力、胁迫或者其他方法抢劫公私财物的，处三年以上十年以下有期徒刑，并处罚金；有下列情形之一的，处十年以上有期徒刑、无期徒刑或者死刑，并处罚金或者没收财产：

（一）入户抢劫的；
（二）在公共交通工具上抢劫的；
（三）抢劫银行或者其他金融机构的；
（四）多次抢劫或者抢劫数额巨大的；
（五）抢劫致人重伤、死亡的；
（六）冒充军警人员抢劫的；
（七）持枪抢劫的；
（八）抢劫军用物资或者抢险、救灾、救济物资的。

第二百六十四条 【盗窃罪】盗窃公私财物，数额较大的，或者多

---

① 根据 2015 年 8 月 29 日《刑法修正案（九）》修改。原第 3 款条文为："第一款罪，告诉的才处理。"
② 根据 2015 年 8 月 29 日《刑法修正案（九）》增加。

次盗窃、入户盗窃、携带凶器盗窃、扒窃的，处三年以下有期徒刑、拘役或者管制，并处或者单处罚金；数额巨大或者有其他严重情节的，处三年以上十年以下有期徒刑，并处罚金；数额特别巨大或者有其他特别严重情节的，处十年以上有期徒刑或者无期徒刑，并处罚金或者没收财产。①

第二百六十五条　【盗窃罪】以牟利为目的，盗接他人通信线路、复制他人电信码号或者明知是盗接、复制的电信设备、设施而使用的，依照本法第二百六十四条的规定定罪处罚。

第二百六十六条　【诈骗罪】诈骗公私财物，数额较大的，处三年以下有期徒刑、拘役或者管制，并处或者单处罚金；数额巨大或者有其他严重情节的，处三年以上十年以下有期徒刑，并处罚金；数额特别巨大或者有其他特别严重情节的，处十年以上有期徒刑或者无期徒刑，并处罚金或者没收财产。本法另有规定的，依照规定。

第二百六十七条　【抢夺罪】抢夺公私财物，数额较大的，或者多次抢夺的，处三年以下有期徒刑、拘役或者管制，并处或者单处罚金；数额巨大或者有其他严重情节的，处三年以上十年以下有期徒刑，并处罚金；数额特别巨大或者有其他特别严重情节的，处十年以上有期徒刑或者无期徒刑，并处罚金或者没收财产。②

携带凶器抢夺的，依照本法第二百六十三条的规定定罪处罚。

---

① 根据2011年2月25日《刑法修正案（八）》修改。原条文为："盗窃公私财物，数额较大或者多次盗窃的，处三年以下有期徒刑、拘役或者管制，并处或者单处罚金；数额巨大或者有其他严重情节的，处三年以上十年以下有期徒刑，并处罚金；数额特别巨大或者有其他特别严重情节的，处十年以上有期徒刑或者无期徒刑，并处罚金或者没收财产；有下列情形之一的，处无期徒刑或者死刑，并处没收财产：
"（一）盗窃金融机构，数额特别巨大的；
"（二）盗窃珍贵文物，情节严重的。"

② 根据2015年8月29日《刑法修正案（九）》修改。原第1款条文为："抢夺公私财物，数额较大的，处三年以下有期徒刑、拘役或者管制，并处或者单处罚金；数额巨大或者有其他严重情节的，处三年以上十年以下有期徒刑，并处罚金；数额特别巨大或者有其他特别严重情节的，处十年以上有期徒刑或者无期徒刑，并处罚金或者没收财产。"

……

第二百七十四条 【敲诈勒索罪】敲诈勒索公私财物,数额较大或者多次敲诈勒索的,处三年以下有期徒刑、拘役或者管制,并处或者单处罚金;数额巨大或者有其他严重情节的,处三年以上十年以下有期徒刑,并处罚金;数额特别巨大或者有其他特别严重情节的,处十年以上有期徒刑,并处罚金。[①]

第二百七十五条 【故意毁坏财物罪】故意毁坏公私财物,数额较大或者有其他严重情节的,处三年以下有期徒刑、拘役或者罚金;数额巨大或者有其他特别严重情节的,处三年以上七年以下有期徒刑。

……

第二百八十五条 【非法侵入计算机信息系统罪】违反国家规定,侵入国家事务、国防建设、尖端科学技术领域的计算机信息系统的,处三年以下有期徒刑或者拘役。

【非法获取计算机信息系统数据、非法控制计算机信息系统罪】违反国家规定,侵入前款规定以外的计算机信息系统或者采用其他技术手段,获取该计算机信息系统中存储、处理或者传输的数据,或者对该计算机信息系统实施非法控制,情节严重的,处三年以下有期徒刑或者拘役,并处或者单处罚金;情节特别严重的,处三年以上七年以下有期徒刑,并处罚金。

【提供侵入、非法控制计算机信息系统程序、工具罪】提供专门用于侵入、非法控制计算机信息系统的程序、工具,或者明知他人实施侵入、非法控制计算机信息系统的违法犯罪行为而为其提供程序、工具,情节严重的,依照前款的规定处罚。

单位犯前三款罪的,对单位判处罚金,并对其直接负责的主管人员

[①] 根据2011年2月25日《刑法修正案(八)》修改。原条文为:"敲诈勒索公私财物,数额较大的,处三年以下有期徒刑、拘役或者管制;数额巨大或者有其他严重情节的,处三年以上十年以下有期徒刑。"

和其他直接责任人员,依照各该款的规定处罚。①

第二百八十六条 【破坏计算机信息系统罪】违反国家规定,对计算机信息系统功能进行删除、修改、增加、干扰,造成计算机信息系统不能正常运行,后果严重的,处五年以下有期徒刑或者拘役;后果特别严重的,处五年以上有期徒刑。

违反国家规定,对计算机信息系统中存储、处理或者传输的数据和应用程序进行删除、修改、增加的操作,后果严重的,依照前款的规定处罚。

故意制作、传播计算机病毒等破坏性程序,影响计算机系统正常运行,后果严重的,依照第一款的规定处罚。

单位犯前三款罪的,对单位判处罚金,并对其直接负责的主管人员和其他直接责任人员,依照第一款的规定处罚。②

……

第二百九十条 【聚众扰乱社会秩序罪】聚众扰乱社会秩序,情节严重,致使工作、生产、营业和教学、科研、医疗无法进行,造成严重损失的,对首要分子,处三年以上七年以下有期徒刑;对其他积极参加的,处三年以下有期徒刑、拘役、管制或者剥夺政治权利。

【聚众冲击国家机关罪】聚众冲击国家机关,致使国家机关工作无法进行,造成严重损失的,对首要分子,处五年以上十年以下有期徒刑;对其他积极参加的,处五年以下有期徒刑、拘役、管制或者剥夺政治权利。

【扰乱国家机关工作秩序罪】多次扰乱国家机关工作秩序,经行政处罚后仍不改正,造成严重后果的,处三年以下有期徒刑、拘役或者管制。

【组织、资助非法聚集罪】多次组织、资助他人非法聚集,扰乱社

---

① 根据2009年2月28日《刑法修正案(七)》增加两款,作为第2款、第3款。根据2015年8月29日《刑法修正案(九)》增加一款,作为第4款。
② 根据2015年8月29日《刑法修正案(九)》增加一款,作为第4款。

会秩序，情节严重的，依照前款的规定处罚。①

第二百九十一条 【聚众扰乱公共场所秩序、交通秩序罪】聚众扰乱车站、码头、民用航空站、商场、公园、影剧院、展览会、运动场或者其他公共场所秩序，聚众堵塞交通或者破坏交通秩序，抗拒、阻碍国家治安管理工作人员依法执行职务，情节严重的，对首要分子，处五年以下有期徒刑、拘役或者管制。

第二百九十一条之一 【投放虚假危险物质罪】【编造、故意传播虚假恐怖信息罪】投放虚假的爆炸性、毒害性、放射性、传染病病原体等物质，或者编造爆炸威胁、生化威胁、放射威胁等恐怖信息，或者明知是编造的恐怖信息而故意传播，严重扰乱社会秩序的，处五年以下有期徒刑、拘役或者管制；造成严重后果的，处五年以上有期徒刑。

【编造、故意传播虚假信息罪】编造虚假的险情、疫情、灾情、警情，在信息网络或者其他媒体上传播，或者明知是上述虚假信息，故意在信息网络或者其他媒体上传播，严重扰乱社会秩序的，处三年以下有期徒刑、拘役或者管制；造成严重后果的，处三年以上七年以下有期徒刑。②

……

第三百条 【组织、利用会道门、邪教组织、利用迷信破坏法律实施罪】组织、利用会道门、邪教组织或者利用迷信破坏国家法律、行政法规实施的，处三年以上七年以下有期徒刑，并处罚金；情节特别严重的，处七年以上有期徒刑或者无期徒刑，并处罚金或者没收财产；情节较轻的，处三年以下有期徒刑、拘役、管制或者剥夺政治权利，并处或者单处罚金。

---

① 根据2015年8月29日《刑法修正案（九）》修改。原第1款条文为："聚众扰乱社会秩序，情节严重，致使工作、生产、营业和教学、科研无法进行，造成严重损失的，对首要分子，处三年以上七年以下有期徒刑；对其他积极参加的，处三年以下有期徒刑、拘役、管制或者剥夺政治权利。"增加二款，作为第3款、第4款。

② 根据2001年12月29日《刑法修正案（三）》增加。根据2015年8月29日《刑法修正案（九）》增加一款，作为第2款。

【组织、利用会道门、邪教组织、利用迷信致人重伤、死亡罪】组织、利用会道门、邪教组织或者利用迷信蒙骗他人,致人重伤、死亡的,依照前款的规定处罚。

犯第一款罪又有奸淫妇女、诈骗财物等犯罪行为的,依照数罪并罚的规定处罚。①

……

第三百零三条 【赌博罪】以营利为目的,聚众赌博或者以赌博为业的,处三年以下有期徒刑、拘役或者管制,并处罚金。

【开设赌场罪】开设赌场的,处五年以下有期徒刑、拘役或者管制,并处罚金;情节严重的,处五年以上十年以下有期徒刑,并处罚金。

【组织参与国(境)外赌博罪】组织中华人民共和国公民参与国(境)外赌博,数额巨大或者有其他严重情节的,依照前款的规定处罚。②

……

第三百一十八条 【组织他人偷越国(边)境罪】组织他人偷越国(边)境的,处二年以上七年以下有期徒刑,并处罚金;有下列情形之一的,处七年以上有期徒刑或者无期徒刑,并处罚金或者没收财产:

---

① 根据2015年8月29日《刑法修正案(九)》修改。原条文为:"组织和利用会道门、邪教组织或者利用迷信破坏国家法律、行政法规实施的,处三年以上七年以下有期徒刑;情节特别严重的,处七年以上有期徒刑。

"组织和利用会道门、邪教组织或者利用迷信蒙骗他人,致人死亡的,依照前款的规定处罚。

"组织和利用会道门、邪教组织或者利用迷信奸淫妇女、诈骗财物的,分别依照本法第二百三十六条、第二百六十六条的规定定罪处罚。"

② 根据2006年6月29日《刑法修正案(六)》第一次修改。原条文为:"以营利为目的,聚众赌博、开设赌场或者以赌博为业的,处三年以下有期徒刑、拘役或者管制,并处罚金。"

根据2020年12月26日《刑法修正案(十一)》第二次修改。原条文为:"以营利为目的,聚众赌博或者以赌博为业的,处三年以下有期徒刑、拘役或者管制,并处罚金。

"开设赌场的,处三年以下有期徒刑、拘役或者管制,并处罚金;情节严重的,处三年以上十年以下有期徒刑,并处罚金。"

（一）组织他人偷越国（边）境集团的首要分子；

（二）多次组织他人偷越国（边）境或者组织他人偷越国（边）境人数众多的；

（三）造成被组织人重伤、死亡的；

（四）剥夺或者限制被组织人人身自由的；

（五）以暴力、威胁方法抗拒检查的；

（六）违法所得数额巨大的；

（七）有其他特别严重情节的。

犯前款罪，对被组织人有杀害、伤害、强奸、拐卖等犯罪行为，或者对检查人员有杀害、伤害等犯罪行为的，依照数罪并罚的规定处罚。

……

第三百二十一条 【运送他人偷越国（边）境罪】运送他人偷越国（边）境的，处五年以下有期徒刑、拘役或者管制，并处罚金；有下列情形之一的，处五年以上十年以下有期徒刑，并处罚金：

（一）多次实施运送行为或者运送人数众多的；

（二）所使用的船只、车辆等交通工具不具备必要的安全条件，足以造成严重后果的；

（三）违法所得数额巨大的；

（四）有其他特别严重情节的。

在运送他人偷越国（边）境中造成被运送人重伤、死亡，或者以暴力、威胁方法抗拒检查的，处七年以上有期徒刑，并处罚金。

犯前两款罪，对被运送人有杀害、伤害、强奸、拐卖等犯罪行为，或者对检查人员有杀害、伤害等犯罪行为的，依照数罪并罚的规定处罚。

……

第三百五十八条 【组织卖淫罪】【强迫卖淫罪】组织、强迫他人卖淫的，处五年以上十年以下有期徒刑，并处罚金；情节严重的，处十年以上有期徒刑或者无期徒刑，并处罚金或者没收财产。

组织、强迫未成年人卖淫的，依照前款的规定从重处罚。

犯前两款罪，并有杀害、伤害、强奸、绑架等犯罪行为的，依照数罪并罚的规定处罚。

【协助组织卖淫罪】为组织卖淫的人招募、运送人员或者有其他协助组织他人卖淫行为的，处五年以下有期徒刑，并处罚金；情节严重的，处五年以上十年以下有期徒刑，并处罚金。①

第三百五十九条 【引诱、容留、介绍卖淫罪】引诱、容留、介绍他人卖淫的，处五年以下有期徒刑、拘役或者管制，并处罚金；情节严重的，处五年以上有期徒刑，并处罚金。

【引诱幼女卖淫罪】引诱不满十四周岁的幼女卖淫的，处五年以上有期徒刑，并处罚金。

……

第三百六十三条 【制作、复制、出版、贩卖、传播淫秽物品牟利罪】以牟利为目的，制作、复制、出版、贩卖、传播淫秽物品的，处三年以下有期徒刑、拘役或者管制，并处罚金；情节严重的，处三年以上十年以下有期徒刑，并处罚金；情节特别严重的，处十年以上有期徒刑或者无期徒刑，并处罚金或者没收财产。

---

① 根据2011年2月25日《刑法修正案（八）》第一次修改。原第3款条文为："协助组织他人卖淫的，处五年以下有期徒刑，并处罚金；情节严重的，处五年以上十年以下有期徒刑，并处罚金。"

根据2015年8月29日《刑法修正案（九）》第二次修改。原条文为："组织他人卖淫或者强迫他人卖淫的，处五年以上十年以下有期徒刑，并处罚金；有下列情形之一的，处十年以上有期徒刑或者无期徒刑，并处罚金或者没收财产：

"（一）组织他人卖淫，情节严重的；

"（二）强迫不满十四周岁的幼女卖淫的；

"（三）强迫多人卖淫或者多次强迫他人卖淫的；

"（四）强奸后迫使卖淫的；

"（五）造成被强迫卖淫的人重伤、死亡或者其他严重后果的。

"有前款所列情形之一，情节特别严重的，处无期徒刑或者死刑，并处没收财产。

"为组织卖淫的人招募、运送人员或者有其他协助组织他人卖淫行为的，处五年以下有期徒刑，并处罚金；情节严重的，处五年以上十年以下有期徒刑，并处罚金。"

【为他人提供书号出版淫秽书刊罪】为他人提供书号，出版淫秽书刊的，处三年以下有期徒刑、拘役或者管制，并处或者单处罚金；明知他人用于出版淫秽书刊而提供书号的，依照前款的规定处罚。

第三百六十四条 【传播淫秽物品罪】传播淫秽的书刊、影片、音像、图片或者其他淫秽物品，情节严重的，处二年以下有期徒刑、拘役或者管制。

【组织播放淫秽音像制品罪】组织播放淫秽的电影、录像等音像制品的，处三年以下有期徒刑、拘役或者管制，并处罚金；情节严重的，处三年以上十年以下有期徒刑，并处罚金。

制作、复制淫秽的电影、录像等音像制品组织播放的，依照第二款的规定从重处罚。

向不满十八周岁的未成年人传播淫秽物品的，从重处罚。

第三百六十五条 【组织淫秽表演罪】组织进行淫秽表演的，处三年以下有期徒刑、拘役或者管制，并处罚金；情节严重的，处三年以上十年以下有期徒刑，并处罚金。

第三百六十六条 【单位实施有关淫秽物品犯罪的处罚】单位犯本节第三百六十三条、第三百六十四条、第三百六十五条规定之罪的，对单位判处罚金，并对其直接负责的主管人员和其他直接责任人员，依照各该条的规定处罚。

第三百六十七条 【淫秽物品的界定】本法所称淫秽物品，是指具体描绘性行为或者露骨宣扬色情的诲淫性的书刊、影片、录像带、录音带、图片及其他淫秽物品。

有关人体生理、医学知识的科学著作不是淫秽物品。

包含有色情内容的有艺术价值的文学、艺术作品不视为淫秽物品。

……

中华人民共和国民法典（节录）

- 2020年5月28日第十三届全国人民代表大会第三次会议通过
- 2020年5月28日中华人民共和国主席令第45号公布
- 自2021年1月1日起施行

……

第二章 损害赔偿

第一千一百七十九条 【人身损害赔偿范围】侵害他人造成人身损害的，应当赔偿医疗费、护理费、交通费、营养费、住院伙食补助费等为治疗和康复支出的合理费用，以及因误工减少的收入。造成残疾的，还应当赔偿辅助器具费和残疾赔偿金；造成死亡的，还应当赔偿丧葬费和死亡赔偿金。

第一千一百八十条 【以相同数额确定死亡赔偿金】因同一侵权行为造成多人死亡的，可以以相同数额确定死亡赔偿金。

第一千一百八十一条 【被侵权人死亡时请求权主体的确定】被侵权人死亡的，其近亲属有权请求侵权人承担侵权责任。被侵权人为组织，该组织分立、合并的，承继权利的组织有权请求侵权人承担侵权责任。

被侵权人死亡的，支付被侵权人医疗费、丧葬费等合理费用的人有权请求侵权人赔偿费用，但是侵权人已经支付该费用的除外。

第一千一百八十二条 【侵害他人人身权益造成财产损失的赔偿计算方式】侵害他人人身权益造成财产损失的，按照被侵权人因此受到的损失或者侵权人因此获得的利益赔偿；被侵权人因此受到的损失以及侵权人因此获得的利益难以确定，被侵权人和侵权人就赔偿数额协商不一致，向人民法院提起诉讼的，由人民法院根据实际情况确定赔偿数额。

第一千一百八十三条 【精神损害赔偿】侵害自然人人身权益造成严重精神损害的，被侵权人有权请求精神损害赔偿。

因故意或者重大过失侵害自然人具有人身意义的特定物造成严重精神损害的，被侵权人有权请求精神损害赔偿。

第一千一百八十四条 【财产损失的计算】侵害他人财产的，财产损失按照损失发生时的市场价格或者其他合理方式计算。

第一千一百八十五条 【故意侵害知识产权的惩罚性赔偿责任】故意侵害他人知识产权，情节严重的，被侵权人有权请求相应的惩罚性赔偿。

第一千一百八十六条 【公平分担损失】受害人和行为人对损害的发生都没有过错的，依照法律的规定由双方分担损失。

第一千一百八十七条 【赔偿费用的支付方式】损害发生后，当事人可以协商赔偿费用的支付方式。协商不一致的，赔偿费用应当一次性支付；一次性支付确有困难的，可以分期支付，但是被侵权人有权请求提供相应的担保。

……

公安机关办理行政案件程序规定

- 2012 年 12 月 19 日公安部令第 125 号修订发布
- 根据 2014 年 6 月 29 日公安部令第 132 号《公安部关于修改部分部门规章的决定》第一次修正
- 根据 2018 年 11 月 25 日公安部令第 149 号《公安部关于修改〈公安机关办理行政案件程序规定〉的决定》第二次修正
- 根据 2020 年 8 月 6 日《公安部关于废止和修改部分规章的决定》第三次修正

第一章 总 则

第一条 为了规范公安机关办理行政案件程序，保障公安机关在办理行政案件中正确履行职责，保护公民、法人和其他组织的合法权益，根据《中华人民共和国行政处罚法》《中华人民共和国行政强制法》《中华人民共和国治安管理处罚法》等有关法律、行政法规，制定本规定。

第二条　本规定所称行政案件，是指公安机关依照法律、法规和规章的规定对违法行为人决定行政处罚以及强制隔离戒毒等处理措施的案件。

本规定所称公安机关，是指县级以上公安机关、公安派出所、依法具有独立执法主体资格的公安机关业务部门以及出入境边防检查站。

第三条　办理行政案件应当以事实为根据，以法律为准绳。

第四条　办理行政案件应当遵循合法、公正、公开、及时的原则，尊重和保障人权，保护公民的人格尊严。

第五条　办理行政案件应当坚持教育与处罚相结合的原则，教育公民、法人和其他组织自觉守法。

第六条　办理未成年人的行政案件，应当根据未成年人的身心特点，保障其合法权益。

第七条　办理行政案件，在少数民族聚居或者多民族共同居住的地区，应当使用当地通用的语言进行询问。对不通晓当地通用语言文字的当事人，应当为他们提供翻译。

第八条　公安机关及其人民警察在办理行政案件时，对涉及的国家秘密、商业秘密或者个人隐私，应当保密。

第九条　公安机关人民警察在办案中玩忽职守、徇私舞弊、滥用职权、索取或者收受他人财物的，依法给予处分；构成犯罪的，依法追究刑事责任。

第二章　管　　辖

第十条　行政案件由违法行为地的公安机关管辖。由违法行为人居住地公安机关管辖更为适宜的，可以由违法行为人居住地公安机关管辖，但是涉及卖淫、嫖娼、赌博、毒品的案件除外。

违法行为地包括违法行为发生地和违法结果发生地。违法行为发生地，包括违法行为的实施地以及开始地、途经地、结束地等与违法行为有关的地点；违法行为有连续、持续或者继续状态的，违法行为连续、持续或者继续实施的地方都属于违法行为发生地。违法结果发生地，包括违法对象被侵害地、违法所得的实际取得地、藏匿地、转移地、使用地、销售地。

居住地包括户籍所在地、经常居住地。经常居住地是指公民离开户籍所在地最后连续居住一年以上的地方，但在医院住院就医的除外。

移交违法行为人居住地公安机关管辖的行政案件，违法行为地公安机关在移交前应当及时收集证据，并配合违法行为人居住地公安机关开展调查取证工作。

第十一条 针对或者利用网络实施的违法行为，用于实施违法行为的网站服务器所在地、网络接入地以及网站建立者或者管理者所在地，被侵害的网络及其运营者所在地，违法过程中违法行为人、被侵害人使用的网络及其运营者所在地，被侵害人被侵害时所在地，以及被侵害人财产遭受损失地公安机关可以管辖。

第十二条 行驶中的客车上发生的行政案件，由案发后客车最初停靠地公安机关管辖；必要时，始发地、途经地、到达地公安机关也可以管辖。

第十三条 行政案件由县级公安机关及其公安派出所、依法具有独立执法主体资格的公安机关业务部门以及出入境边防检查站按照法律、行政法规、规章授权和管辖分工办理，但法律、行政法规、规章规定由设区的市级以上公安机关办理的除外。

第十四条 几个公安机关都有权管辖的行政案件，由最初受理的公安机关管辖。必要时，可以由主要违法行为地公安机关管辖。

第十五条 对管辖权发生争议的，报请共同的上级公安机关指定管辖。

对于重大、复杂的案件，上级公安机关可以直接办理或者指定管辖。

上级公安机关直接办理或者指定管辖的，应当书面通知被指定管辖的公安机关和其他有关的公安机关。

原受理案件的公安机关自收到上级公安机关书面通知之日起不再行使管辖权，并立即将案卷材料移送被指定管辖的公安机关或者办理的上级公安机关，及时书面通知当事人。

第十六条 铁路公安机关管辖列车上，火车站工作区域内，铁路系统的机关、厂、段、所、队等单位内发生的行政案件，以及在铁路线上放置障碍物或者损毁、移动铁路设施等可能影响铁路运输安全、盗窃铁路设施的行政案件。对倒卖、伪造、变造火车票案件，由最初受理的铁路或者地方公安机关管辖。必要时，可以移送主要违法行为发生地的铁路或者地方公安机关管辖。

交通公安机关管辖港航管理机构管理的轮船上、港口、码头工作区域内和港航系统的机关、厂、所、队等单位内发生的行政案件。

民航公安机关管辖民航管理机构管理的机场工作区域以及民航系统的机关、厂、所、队等单位内和民航飞机上发生的行政案件。

国有林区的森林公安机关管辖林区内发生的行政案件。

海关缉私机构管辖阻碍海关缉私警察依法执行职务的治安案件。

第三章 回 避

第十七条 公安机关负责人、办案人民警察有下列情形之一的，应当自行提出回避申请，案件当事人及其法定代理人有权要求他们回避：

（一）是本案的当事人或者当事人近亲属的；

（二）本人或者其近亲属与本案有利害关系的；

（三）与本案当事人有其他关系，可能影响案件公正处理的。

第十八条 公安机关负责人、办案人民警察提出回避申请的，应当说明理由。

第十九条　办案人民警察的回避，由其所属的公安机关决定；公安机关负责人的回避，由上一级公安机关决定。

第二十条　当事人及其法定代理人要求公安机关负责人、办案人民警察回避的，应当提出申请，并说明理由。口头提出申请的，公安机关应当记录在案。

第二十一条　对当事人及其法定代理人提出的回避申请，公安机关应当在收到申请之日起二日内作出决定并通知申请人。

第二十二条　公安机关负责人、办案人民警察具有应当回避的情形之一，本人没有申请回避，当事人及其法定代理人也没有申请其回避的，有权决定其回避的公安机关可以指令其回避。

第二十三条　在行政案件调查过程中，鉴定人和翻译人员需要回避的，适用本章的规定。

鉴定人、翻译人员的回避，由指派或者聘请的公安机关决定。

第二十四条　在公安机关作出回避决定前，办案人民警察不得停止对行政案件的调查。

作出回避决定后，公安机关负责人、办案人民警察不得再参与该行政案件的调查和审核、审批工作。

第二十五条　被决定回避的公安机关负责人、办案人民警察、鉴定人和翻译人员，在回避决定作出前所进行的与案件有关的活动是否有效，由作出回避决定的公安机关根据是否影响案件依法公正处理等情况决定。

第四章　证　据

第二十六条　可以用于证明案件事实的材料，都是证据。公安机关办理行政案件的证据包括：

（一）物证；

（二）书证；

（三）被侵害人陈述和其他证人证言；

（四）违法嫌疑人的陈述和申辩；

（五）鉴定意见；

（六）勘验、检查、辨认笔录，现场笔录；

（七）视听资料、电子数据。

证据必须经过查证属实，才能作为定案的根据。

第二十七条 公安机关必须依照法定程序，收集能够证实违法嫌疑人是否违法、违法情节轻重的证据。

严禁刑讯逼供和以威胁、欺骗等非法方法收集证据。采用刑讯逼供等非法方法收集的违法嫌疑人的陈述和申辩以及采用暴力、威胁等非法方法收集的被侵害人陈述、其他证人证言，不能作为定案的根据。收集物证、书证不符合法定程序，可能严重影响执法公正的，应当予以补正或者作出合理解释；不能补正或者作出合理解释的，不能作为定案的根据。

第二十八条 公安机关向有关单位和个人收集、调取证据时，应当告知其必须如实提供证据，并告知其伪造、隐匿、毁灭证据，提供虚假证词应当承担的法律责任。

需要向有关单位和个人调取证据的，经公安机关办案部门负责人批准，开具调取证据通知书，明确调取的证据和提供时限。被调取人应当在通知书上盖章或者签名，被调取人拒绝的，公安机关应当注明。必要时，公安机关应当采用录音、录像等方式固定证据内容及取证过程。

需要向有关单位紧急调取证据的，公安机关可以在电话告知人民警察身份的同时，将调取证据通知书连同办案人民警察的人民警察证复印件通过传真、互联网通讯工具等方式送达有关单位。

第二十九条 收集调取的物证应当是原物。在原物不便搬运、不易保存或者依法应当由有关部门保管、处理或者依法应当返还时，可以拍摄或者制作足以反映原物外形或者内容的照片、录像。

物证的照片、录像，经与原物核实无误或者经鉴定证明为真实的，可以作为证据使用。

第三十条 收集、调取的书证应当是原件。在取得原件确有困难时，可以使用副本或者复制件。

书证的副本、复制件，经与原件核实无误或者经鉴定证明为真实的，可以作为证据使用。书证有更改或者更改迹象不能作出合理解释的，或者书证的副本、复制件不能反映书证原件及其内容的，不能作为证据使用。

第三十一条 物证的照片、录像，书证的副本、复制件，视听资料的复制件，应当附有关制作过程及原件、原物存放处的文字说明，并由制作人和物品持有人或者持有单位有关人员签名。

第三十二条 收集电子数据，能够扣押电子数据原始存储介质的，应当扣押。

无法扣押原始存储介质的，可以提取电子数据。提取电子数据，应当制作笔录，并附电子数据清单，由办案人民警察、电子数据持有人签名。持有人无法或者拒绝签名的，应当在笔录中注明。

由于客观原因无法或者不宜依照前两款规定收集电子数据的，可以采取打印、拍照或者录像等方式固定相关证据，并附有关原因、过程等情况的文字说明，由办案人民警察、电子数据持有人签名。持有人无法或者拒绝签名的，应当注明情况。

第三十三条 刑事案件转为行政案件办理的，刑事案件办理过程中收集的证据材料，可以作为行政案件的证据使用。

第三十四条 凡知道案件情况的人，都有作证的义务。

生理上、精神上有缺陷或者年幼，不能辨别是非、不能正确表达的人，不能作为证人。

第五章 期间与送达

第三十五条 期间以时、日、月、年计算，期间开始之时或者日不计算在内。法律文书送达的期间不包括路途上的时间。期间的最后一日是节假日的，以节假日后的第一日为期满日期，但违法行为人被限制人身自由的期间，应当至期满之日为止，不得因节假日而延长。

第三十六条　送达法律文书，应当遵守下列规定：

（一）依照简易程序作出当场处罚决定的，应当将决定书当场交付被处罚人，并由被处罚人在备案的决定书上签名或者捺指印；被处罚人拒绝的，由办案人民警察在备案的决定书上注明；

（二）除本款第一项规定外，作出行政处罚决定和其他行政处理决定，应当在宣告后将决定书当场交付被处理人，并由被处理人在附卷的决定书上签名或者捺指印，即为送达；被处理人拒绝的，由办案人民警察在附卷的决定书上注明；被处理人不在场的，公安机关应当在作出决定的七日内将决定书送达被处理人，治安管理处罚决定应当在二日内送达。

送达法律文书应当首先采取直接送达方式，交给受送达人本人；受送达人不在的，可以交付其成年家属、所在单位的负责人员或者其居住地居（村）民委员会代收。受送达人本人或者代收人拒绝接收或者拒绝签名和捺指印的，送达人可以邀请其邻居或者其他见证人到场，说明情况，也可以对拒收情况进行录音录像，把文书留在受送达人处，在附卷的法律文书上注明拒绝的事由、送达日期，由送达人、见证人签名或者捺指印，即视为送达。

无法直接送达的，委托其他公安机关代为送达，或者邮寄送达。经受送达人同意，可以采用传真、互联网通讯工具等能够确认其收悉的方式送达。

经采取上述送达方式仍无法送达的，可以公告送达。公告的范围和方式应当便于公民知晓，公告期限不得少于六十日。

第六章　简易程序和快速办理

第一节　简易程序

第三十七条　违法事实确凿，且具有下列情形之一的，人民警察可以当场作出处罚决定，有违禁品的，可以当场收缴：

（一）对违反治安管理行为人或者道路交通违法行为人处二百元以下罚款或者警告的；

（二）出入境边防检查机关对违反出境入境管理行为人处五百元以下罚款或者警告的；

（三）对有其他违法行为的个人处五十元以下罚款或者警告、对单位处一千元以下罚款或者警告的；

（四）法律规定可以当场处罚的其他情形。

涉及卖淫、嫖娼、赌博、毒品的案件，不适用当场处罚。

第三十八条 当场处罚，应当按照下列程序实施：

（一）向违法行为人表明执法身份；

（二）收集证据；

（三）口头告知违法行为人拟作出行政处罚决定的事实、理由和依据，并告知违法行为人依法享有的陈述权和申辩权；

（四）充分听取违法行为人的陈述和申辩。违法行为人提出的事实、理由或者证据成立的，应当采纳；

（五）填写当场处罚决定书并当场交付被处罚人；

（六）当场收缴罚款的，同时填写罚款收据，交付被处罚人；未当场收缴罚款的，应当告知被处罚人在规定期限内到指定的银行缴纳罚款。

第三十九条 适用简易程序处罚的，可以由人民警察一人作出行政处罚决定。

人民警察当场作出行政处罚决定的，应当于作出决定后的二十四小时内将当场处罚决定书报所属公安机关备案，交通警察应当于作出决定后的二日内报所属公安机关交通管理部门备案。在旅客列车、民航飞机、水上作出行政处罚决定的，应当在返回后的二十四小时内报所属公安机关备案。

第二节 快速办理

第四十条 对不适用简易程序，但事实清楚，违法嫌疑人自愿认错认罚，且对违法事实和法律适用没有异议的行政案件，公安机关可以通过简化取证方式和审核审批手续等措施快速办理。

第四十一条 行政案件具有下列情形之一的，不适用快速办理：

（一）违法嫌疑人系盲、聋、哑人，未成年人或者疑似精神病人的；

（二）依法应当适用听证程序的；

（三）可能作出十日以上行政拘留处罚的；

（四）其他不宜快速办理的。

第四十二条 快速办理行政案件前，公安机关应当书面告知违法嫌疑人快速办理的相关规定，征得其同意，并由其签名确认。

第四十三条 对符合快速办理条件的行政案件，违法嫌疑人在自行书写材料或者询问笔录中承认违法事实、认错认罚，并有视音频记录、电子数据、检查笔录等关键证据能够相互印证的，公安机关可以不再开展其他调查取证工作。

第四十四条 对适用快速办理的行政案件，可以由专兼职法制员或者办案部门负责人审核后，报公安机关负责人审批。

第四十五条 对快速办理的行政案件，公安机关可以根据不同案件类型，使用简明扼要的格式询问笔录，尽量减少需要文字记录的内容。

被询问人自行书写材料的，办案单位可以提供样式供其参考。

使用执法记录仪等设备对询问过程录音录像的，可以替代书面询问笔录，必要时，对视听资料的关键内容和相应时间段等作文字说明。

第四十六条 对快速办理的行政案件，公安机关可以根据违法行为人认错悔改、纠正违法行为、赔偿损失以及被侵害人谅解情况等情节，依法对违法行为人从轻、减轻处罚或者不予行政处罚。

对快速办理的行政案件，公安机关可以采用口头方式履行处罚前告知程序，由办案人民警察在案卷材料中注明告知情况，并由被告知人签名确认。

第四十七条　对快速办理的行政案件，公安机关应当在违法嫌疑人到案后四十八小时内作出处理决定。

第四十八条　公安机关快速办理行政案件时，发现不适宜快速办理的，转为一般案件办理。快速办理阶段依法收集的证据，可以作为定案的根据。

第七章　调 查 取 证

第一节　一 般 规 定

第四十九条　对行政案件进行调查时，应当合法、及时、客观、全面地收集、调取证据材料，并予以审查、核实。

第五十条　需要调查的案件事实包括：

（一）违法嫌疑人的基本情况；

（二）违法行为是否存在；

（三）违法行为是否为违法嫌疑人实施；

（四）实施违法行为的时间、地点、手段、后果以及其他情节；

（五）违法嫌疑人有无法定从重、从轻、减轻以及不予行政处罚的情形；

（六）与案件有关的其他事实。

第五十一条　公安机关调查取证时，应当防止泄露工作秘密。

第五十二条　公安机关进行询问、辨认、检查、勘验，实施行政强制措施等调查取证工作时，人民警察不得少于二人，并表明执法身份。

接报案、受案登记、接受证据、信息采集、调解、送达文书等工作，可以由一名人民警察带领警务辅助人员进行，但应当全程录音录像。

第五十三条　对查获或者到案的违法嫌疑人应当进行安全检查，发现违禁品或者管制器具、武器、易燃易爆等危险品以及与案件有关的需要作为证据的物品的，应当立即扣押；对违法嫌疑人随身携带的与案件无关的物品，应当按照有关规定予以登记、保管、退还。安全检查不需要开具检查证。

前款规定的扣押适用本规定第五十五条和第五十六条以及本章第七节的规定。

第五十四条 办理行政案件时，可以依法采取下列行政强制措施：

（一）对物品、设施、场所采取扣押、扣留、查封、先行登记保存、抽样取证、封存文件资料等强制措施，对恐怖活动嫌疑人的存款、汇款、债券、股票、基金份额等财产还可以采取冻结措施；

（二）对违法嫌疑人采取保护性约束措施、继续盘问、强制传唤、强制检测、拘留审查、限制活动范围，对恐怖活动嫌疑人采取约束措施等强制措施。

第五十五条 实施行政强制措施应当遵守下列规定：

（一）实施前须依法向公安机关负责人报告并经批准；

（二）通知当事人到场，当场告知当事人采取行政强制措施的理由、依据以及当事人依法享有的权利、救济途径。当事人不到场的，邀请见证人到场，并在现场笔录中注明；

（三）听取当事人的陈述和申辩；

（四）制作现场笔录，由当事人和办案人民警察签名或者盖章，当事人拒绝的，在笔录中注明。当事人不在场的，由见证人和办案人民警察在笔录上签名或者盖章；

（五）实施限制公民人身自由的行政强制措施的，应当当场告知当事人家属实施强制措施的公安机关、理由、地点和期限；无法当场告知的，应当在实施强制措施后立即通过电话、短信、传真等方式通知；身份不明、拒不提供家属联系方式或者因自然灾害等不可抗力导致无法通知的，可以不予通知。告知、通知家属情况或者无法通知家属的原因应当在询问笔录中注明。

（六）法律、法规规定的其他程序。

勘验、检查时实施行政强制措施，制作勘验、检查笔录的，不再制作现场笔录。

实施行政强制措施的全程录音录像，已经具备本条第一款第二项、第三项规定的实质要素的，可以替代书面现场笔录，但应当对视听资料的关键内容和相应时间段等作文字说明。

第五十六条 情况紧急，当场实施行政强制措施的，办案人民警察应当在二十四小时内依法向其所属的公安机关负责人报告，并补办批准手续。当场实施限制公民人身自由的行政强制措施的，办案人民警察应当在返回单位后立即报告，并补办批准手续。公安机关负责人认为不应当采取行政强制措施的，应当立即解除。

第五十七条 为维护社会秩序，人民警察对有违法嫌疑的人员，经表明执法身份后，可以当场盘问、检查。对当场盘问、检查后，不能排除其违法嫌疑，依法可以适用继续盘问的，可以将其带至公安机关，经公安派出所负责人批准，对其继续盘问。对违反出境入境管理的嫌疑人依法适用继续盘问的，应当经县级以上公安机关或者出入境边防检查机关负责人批准。

继续盘问的时限一般为十二小时；对在十二小时以内确实难以证实或者排除其违法犯罪嫌疑的，可以延长至二十四小时；对不讲真实姓名、住址、身份，且在二十四小时以内仍不能证实或者排除其违法犯罪嫌疑的，可以延长至四十八小时。

第五十八条 违法嫌疑人在醉酒状态中，对本人有危险或者对他人的人身、财产或者公共安全有威胁的，可以对其采取保护性措施约束至酒醒，也可以通知其家属、亲友或者所属单位将其领回看管，必要时，应当送医院醒酒。对行为举止失控的醉酒人，可以使用约束带或者警绳等进行约束，但是不得使用手铐、脚镣等警械。

约束过程中，应当指定专人严加看护。确认醉酒人酒醒后，应当立即解除约束，并进行询问。约束时间不计算在询问查证时间内。

第五十九条 对恐怖活动嫌疑人实施约束措施，应当遵守下列规定：

（一）实施前须经县级以上公安机关负责人批准；

（二）告知嫌疑人采取约束措施的理由、依据以及其依法享有的权利、救济途径；

（三）听取嫌疑人的陈述和申辩；

（四）出具决定书。

公安机关可以采取电子监控、不定期检查等方式对被约束人遵守约束措施的情况进行监督。

约束措施的期限不得超过三个月。对不需要继续采取约束措施的，应当及时解除并通知被约束人。

第二节　受　案

第六十条　县级公安机关及其公安派出所、依法具有独立执法主体资格的公安机关业务部门以及出入境边防检查站对报案、控告、举报、群众扭送或者违法嫌疑人投案，以及其他国家机关移送的案件，应当及时受理并按照规定进行网上接报案登记。对重复报案、案件正在办理或者已经办结的，应当向报案人、控告人、举报人、扭送人、投案人作出解释，不再登记。

第六十一条　公安机关应当对报案、控告、举报、群众扭送或者违法嫌疑人投案分别作出下列处理，并将处理情况在接报案登记中注明：

（一）对属于本单位管辖范围内的案件，应当立即调查处理，制作受案登记表和受案回执，并将受案回执交报案人、控告人、举报人、扭送人；

（二）对属于公安机关职责范围，但不属于本单位管辖的，应当在二十四小时内移送有管辖权的单位处理，并告知报案人、控告人、举报人、扭送人、投案人；

（三）对不属于公安机关职责范围的事项，在接报案时能够当场判断的，应当立即口头告知报案人、控告人、举报人、扭送人、投案人向其他主管机关报案或者投案，报案人、控告人、举报人、扭送人、投案人对口头告知内容有异议或者不能当场判断的，应当书面告知，但因没有联系方式、身份不明等客观原因无法书面告知的除外。

在日常执法执勤中发现的违法行为，适用前款规定。

第六十二条　属于公安机关职责范围但不属于本单位管辖的案件，具有下列情形之一的，受理案件或者发现案件的公安机关及其人民警察应当依法先行采取必要的强制措施或者其他处置措施，再移送有管辖权的单位处理：

（一）违法嫌疑人正在实施危害行为的；

（二）正在实施违法行为或者违法后即时被发现的现行犯被扭送至公安机关的；

（三）在逃的违法嫌疑人已被抓获或者被发现的；

（四）有人员伤亡，需要立即采取救治措施的；

（五）其他应当采取紧急措施的情形。

行政案件移送管辖的，询问查证时间和扣押等措施的期限重新计算。

第六十三条　报案人不愿意公开自己的姓名和报案行为的，公安机关应当在受案登记时注明，并为其保密。

第六十四条　对报案人、控告人、举报人、扭送人、投案人提供的有关证据材料、物品等应当登记，出具接受证据清单，并妥善保管。必要时，应当拍照、录音、录像。移送案件时，应当将有关证据材料和物品一并移交。

第六十五条　对发现或者受理的案件暂时无法确定为刑事案件或者行政案件的，可以按照行政案件的程序办理。在办理过程中，认为涉嫌构成犯罪的，应当按照《公安机关办理刑事案件程序规定》办理。

第三节　询　　问

第六十六条　询问违法嫌疑人，可以到违法嫌疑人住处或者单位进行，也可以将违法嫌疑人传唤到其所在市、县内的指定地点进行。

第六十七条 需要传唤违法嫌疑人接受调查的，经公安派出所、县级以上公安机关办案部门或者出入境边防检查机关负责人批准，使用传唤证传唤。对现场发现的违法嫌疑人，人民警察经出示人民警察证，可以口头传唤，并在询问笔录中注明违法嫌疑人到案经过、到案时间和离开时间。

单位违反公安行政管理规定，需要传唤其直接负责的主管人员和其他直接责任人员的，适用前款规定。

对无正当理由不接受传唤或者逃避传唤的违反治安管理、出境入境管理的嫌疑人以及法律规定可以强制传唤的其他违法嫌疑人，经公安派出所、县级以上公安机关办案部门或者出入境边防检查机关负责人批准，可以强制传唤。强制传唤时，可以依法使用手铐、警绳等约束性警械。

公安机关应当将传唤的原因和依据告知被传唤人，并通知其家属。公安机关通知被传唤人家属适用本规定第五十五条第一款第五项的规定。

第六十八条 使用传唤证传唤的，违法嫌疑人被传唤到案后和询问查证结束后，应当由其在传唤证上填写到案和离开时间并签名。拒绝填写或者签名的，办案人民警察应当在传唤证上注明。

第六十九条 对被传唤的违法嫌疑人，应当及时询问查证，询问查证的时间不得超过八小时；案情复杂，违法行为依法可能适用行政拘留处罚的，询问查证的时间不得超过二十四小时。

不得以连续传唤的形式变相拘禁违法嫌疑人。

第七十条 对于投案自首或者群众扭送的违法嫌疑人，公安机关应当立即进行询问查证，并在询问笔录中记明违法嫌疑人到案经过、到案和离开时间。询问查证时间适用本规定第六十九条第一款的规定。

对于投案自首或者群众扭送的违法嫌疑人，公安机关应当适用本规定第五十五条第一款第五项的规定通知其家属。

第七十一条　在公安机关询问违法嫌疑人，应当在办案场所进行。

询问查证期间应当保证违法嫌疑人的饮食和必要的休息时间，并在询问笔录中注明。

在询问查证的间隙期间，可以将违法嫌疑人送入候问室，并按照候问室的管理规定执行。

第七十二条　询问违法嫌疑人、被侵害人或者其他证人，应当个别进行。

第七十三条　首次询问违法嫌疑人时，应当问明违法嫌疑人的姓名、出生日期、户籍所在地、现住址、身份证件种类及号码，是否为各级人民代表大会代表，是否受过刑事处罚或者行政拘留、强制隔离戒毒、社区戒毒、收容教养等情况。必要时，还应当问明其家庭主要成员、工作单位、文化程度、民族、身体状况等情况。

违法嫌疑人为外国人的，首次询问时还应当问明其国籍、出入境证件种类及号码、签证种类、入境时间、入境事由等情况。必要时，还应当问明其在华关系人等情况。

第七十四条　询问时，应当告知被询问人必须如实提供证据、证言和故意作伪证或者隐匿证据应负的法律责任，对与本案无关的问题有拒绝回答的权利。

第七十五条　询问未成年人时，应当通知其父母或者其他监护人到场，其父母或者其他监护人不能到场的，也可以通知未成年人的其他成年亲属，所在学校、单位、居住地基层组织或者未成年人保护组织的代表到场，并将有关情况记录在案。确实无法通知或者通知后未到场的，应当在询问笔录中注明。

第七十六条　询问聋哑人，应当有通晓手语的人提供帮助，并在询问笔录中注明被询问人的聋哑情况以及翻译人员的姓名、住址、工作单位和联系方式。

对不通晓当地通用的语言文字的被询问人，应当为其配备翻译人员，并在询问笔录中注明翻译人员的姓名、住址、工作单位和联系方式。

第七十七条 询问笔录应当交被询问人核对，对没有阅读能力的，应当向其宣读。记录有误或者遗漏的，应当允许被询问人更正或者补充，并要求其在修改处捺指印。被询问人确认笔录无误后，应当在询问笔录上逐页签名或者捺指印。拒绝签名和捺指印的，办案人民警察应当在询问笔录中注明。

办案人民警察应当在询问笔录上签名，翻译人员应当在询问笔录的结尾处签名。

询问时，可以全程录音、录像，并保持录音、录像资料的完整性。

第七十八条 询问违法嫌疑人时，应当听取违法嫌疑人的陈述和申辩。对违法嫌疑人的陈述和申辩，应当核查。

第七十九条 询问被侵害人或者其他证人，可以在现场进行，也可以到其单位、学校、住所、其居住地居（村）民委员会或者其提出的地点进行。必要时，也可以书面、电话或者当场通知其到公安机关提供证言。

在现场询问的，办案人民警察应当出示人民警察证。

询问前，应当了解被询问人的身份以及其与被侵害人、其他证人、违法嫌疑人之间的关系。

第八十条 违法嫌疑人、被侵害人或者其他证人请求自行提供书面材料的，应当准许。必要时，办案人民警察也可以要求违法嫌疑人、被侵害人或者其他证人自行书写。违法嫌疑人、被侵害人或者其他证人应当在其提供的书面材料的结尾处签名或者捺指印。对打印的书面材料，违法嫌疑人、被侵害人或者其他证人应当逐页签名或者捺指印。办案人民警察收到书面材料后，应当在首页注明收到日期，并签名。

第四节 勘验、检查

第八十一条 对于违法行为案发现场，必要时应当进行勘验，提取与案件有关的证据材料，判断案件性质，确定调查方向和范围。

现场勘验参照刑事案件现场勘验的有关规定执行。

第八十二条　对与违法行为有关的场所、物品、人身可以进行检查。检查时，人民警察不得少于二人，并应当出示人民警察证和县级以上公安机关开具的检查证。对确有必要立即进行检查的，人民警察经出示人民警察证，可以当场检查；但检查公民住所的，必须有证据表明或者有群众报警公民住所内正在发生危害公共安全或者公民人身安全的案（事）件，或者违法存放危险物质，不立即检查可能会对公共安全或者公民人身、财产安全造成重大危害。

对机关、团体、企业、事业单位或者公共场所进行日常执法监督检查，依照有关法律、法规和规章执行，不适用前款规定。

第八十三条　对违法嫌疑人，可以依法提取或者采集肖像、指纹等人体生物识别信息；涉嫌酒后驾驶机动车、吸毒、从事恐怖活动等违法行为的，可以依照《中华人民共和国道路交通安全法》《中华人民共和国禁毒法》《中华人民共和国反恐怖主义法》等规定提取或者采集血液、尿液、毛发、脱落细胞等生物样本。人身安全检查和当场检查时已经提取、采集的信息，不再提取、采集。

第八十四条　对违法嫌疑人进行检查时，应当尊重被检查人的人格尊严，不得以有损人格尊严的方式进行检查。

检查妇女的身体，应当由女性工作人员进行。

依法对卖淫、嫖娼人员进行性病检查，应当由医生进行。

第八十五条　检查场所或者物品时，应当注意避免对物品造成不必要的损坏。

检查场所时，应当有被检查人或者见证人在场。

第八十六条　检查情况应当制作检查笔录。检查笔录由检查人员、被检查人或者见证人签名；被检查人不在场或者拒绝签名的，办案人民警察应当在检查笔录中注明。

检查时的全程录音录像可以替代书面检查笔录，但应当对视听资料的关键内容和相应时间段等作文字说明。

第五节 鉴 定

第八十七条 为了查明案情,需要对专门性技术问题进行鉴定的,应当指派或者聘请具有专门知识的人员进行。

需要聘请本公安机关以外的人进行鉴定的,应当经公安机关办案部门负责人批准后,制作鉴定聘请书。

第八十八条 公安机关应当为鉴定提供必要的条件,及时送交有关检材和比对样本等原始材料,介绍与鉴定有关的情况,并且明确提出要求鉴定解决的问题。

办案人民警察应当做好检材的保管和送检工作,并注明检材送检环节的责任人,确保检材在流转环节中的同一性和不被污染。

禁止强迫或者暗示鉴定人作出某种鉴定意见。

第八十九条 对人身伤害的鉴定由法医进行。

卫生行政主管部门许可的医疗机构具有执业资格的医生出具的诊断证明,可以作为公安机关认定人身伤害程度的依据,但具有本规定第九十条规定情形的除外。

对精神病的鉴定,由有精神病鉴定资格的鉴定机构进行。

第九十条 人身伤害案件具有下列情形之一的,公安机关应当进行伤情鉴定:

(一)受伤程度较重,可能构成轻伤以上伤害程度的;

(二)被侵害人要求作伤情鉴定的;

(三)违法嫌疑人、被侵害人对伤害程度有争议的。

第九十一条 对需要进行伤情鉴定的案件,被侵害人拒绝提供诊断证明或者拒绝进行伤情鉴定的,公安机关应当将有关情况记录在案,并可以根据已认定的事实作出处理决定。

经公安机关通知,被侵害人无正当理由未在公安机关确定的时间内作伤情鉴定的,视为拒绝鉴定。

第九十二条 对电子数据涉及的专门性问题难以确定的,由司法鉴定机构出具鉴定意见，或者由公安部指定的机构出具报告。

第九十三条　涉案物品价值不明或者难以确定的，公安机关应当委托价格鉴证机构估价。

根据当事人提供的购买发票等票据能够认定价值的涉案物品，或者价值明显不够刑事立案标准的涉案物品，公安机关可以不进行价格鉴证。

第九十四条　对涉嫌吸毒的人员，应当进行吸毒检测，被检测人员应当配合；对拒绝接受检测的，经县级以上公安机关或者其派出机构负责人批准，可以强制检测。采集女性被检测人检测样本，应当由女性工作人员进行。

对涉嫌服用国家管制的精神药品、麻醉药品驾驶机动车的人员，可以对其进行体内国家管制的精神药品、麻醉药品含量检验。

第九十五条　对有酒后驾驶机动车嫌疑的人，应当对其进行呼气酒精测试，对具有下列情形之一的，应当立即提取血样，检验血液酒精含量：

（一）当事人对呼气酒精测试结果有异议的；

（二）当事人拒绝配合呼气酒精测试的；

（三）涉嫌醉酒驾驶机动车的；

（四）涉嫌饮酒后驾驶机动车发生交通事故的。

当事人对呼气酒精测试结果无异议的，应当签字确认。事后提出异议的，不予采纳。

第九十六条　鉴定人鉴定后，应当出具鉴定意见。鉴定意见应当载明委托人、委托鉴定的事项、提交鉴定的相关材料、鉴定的时间、依据和结论性意见等内容，并由鉴定人签名或者盖章。通过分析得出鉴定意见的，应当有分析过程的说明。鉴定意见应当附有鉴定机构和鉴定人的资质证明或者其他证明文件。

鉴定人对鉴定意见负责，不受任何机关、团体、企业、事业单位和个人的干涉。多人参加鉴定，对鉴定意见有不同意见的，应当注明。

鉴定人故意作虚假鉴定的，应当承担法律责任。

第九十七条　办案人民警察应当对鉴定意见进行审查。

对经审查作为证据使用的鉴定意见，公安机关应当在收到鉴定意见之日起五日内将鉴定意见复印件送达违法嫌疑人和被侵害人。

医疗机构出具的诊断证明作为公安机关认定人身伤害程度的依据的，应当将诊断证明结论书面告知违法嫌疑人和被侵害人。

违法嫌疑人或者被侵害人对鉴定意见有异议的，可以在收到鉴定意见复印件之日起三日内提出重新鉴定的申请，经县级以上公安机关批准后，进行重新鉴定。同一行政案件的同一事项重新鉴定以一次为限。

当事人是否申请重新鉴定，不影响案件的正常办理。

公安机关认为必要时，也可以直接决定重新鉴定。

第九十八条　具有下列情形之一的，应当进行重新鉴定：

（一）鉴定程序违法或者违反相关专业技术要求，可能影响鉴定意见正确性的；

（二）鉴定机构、鉴定人不具备鉴定资质和条件的；

（三）鉴定意见明显依据不足的；

（四）鉴定人故意作虚假鉴定的；

（五）鉴定人应当回避而没有回避的；

（六）检材虚假或者被损坏的；

（七）其他应当重新鉴定的。

不符合前款规定情形的，经县级以上公安机关负责人批准，作出不准予重新鉴定的决定，并在作出决定之日起的三日以内书面通知申请人。

第九十九条　重新鉴定，公安机关应当另行指派或者聘请鉴定人。

第一百条　鉴定费用由公安机关承担，但当事人自行鉴定的除外。

第六节　辨　　认

第一百零一条　为了查明案情，办案人民警察可以让违法嫌疑人、被侵害人或者其他证人对与违法行为有关的物品、场所或者违法嫌疑人进行辨认。

第一百零二条　辨认由二名以上办案人民警察主持。

组织辨认前，应当向辨认人详细询问辨认对象的具体特征，并避免辨认人见到辨认对象。

第一百零三条　多名辨认人对同一辨认对象或者一名辨认人对多名辨认对象进行辨认时，应当个别进行。

第一百零四条　辨认时，应当将辨认对象混杂在特征相类似的其他对象中，不得给辨认人任何暗示。

辨认违法嫌疑人时，被辨认的人数不得少于七人；对违法嫌疑人照片进行辨认的，不得少于十人的照片。

辨认每一件物品时，混杂的同类物品不得少于五件。

同一辨认人对与同一案件有关的辨认对象进行多组辨认的，不得重复使用陪衬照片或者陪衬人。

第一百零五条　辨认人不愿意暴露身份的，对违法嫌疑人的辨认可以在不暴露辨认人的情况下进行，公安机关及其人民警察应当为其保守秘密。

第一百零六条　辨认经过和结果，应当制作辨认笔录，由办案人民警察和辨认人签名或者捺指印。必要时，应当对辨认过程进行录音、录像。

第七节　证据保全

第一百零七条　对下列物品，经公安机关负责人批准，可以依法扣押或者扣留：

（一）与治安案件、违反出境入境管理的案件有关的需要作为证据的物品；

（二）道路交通安全法律、法规规定适用扣留的车辆、机动车驾驶证；

(三)《中华人民共和国反恐怖主义法》等法律、法规规定适用扣押或者扣留的物品。

对下列物品，不得扣押或者扣留：

(一) 与案件无关的物品；

(二) 公民个人及其所扶养家属的生活必需品；

(三) 被侵害人或者善意第三人合法占有的财产。

对具有本条第二款第二项、第三项情形的，应当予以登记，写明登记财物的名称、规格、数量、特征，并由占有人签名或者捺指印。必要时，可以进行拍照。但是，与案件有关必须鉴定的，可以依法扣押，结束后应当立即解除。

第一百零八条　办理下列行政案件时，对专门用于从事无证经营活动的场所、设施、物品，经公安机关负责人批准，可以依法查封。但对与违法行为无关的场所、设施，公民个人及其扶养家属的生活必需品不得查封：

(一) 擅自经营按照国家规定需要由公安机关许可的行业的；

(二) 依照《娱乐场所管理条例》可以由公安机关采取取缔措施的；

(三)《中华人民共和国反恐怖主义法》等法律、法规规定适用查封的其他公安行政案件。

场所、设施、物品已被其他国家机关依法查封的，不得重复查封。

第一百零九条　收集证据时，经公安机关办案部门负责人批准，可以采取抽样取证的方法。

抽样取证应当采取随机的方式，抽取样品的数量以能够认定本品的品质特征为限。

抽样取证时，应当对抽样取证的现场、被抽样物品及被抽取的样品进行拍照或者对抽样过程进行录像。

对抽取的样品应当及时进行检验。经检验，能够作为证据使用的，应当依法扣押、先行登记保存或者登记；不属于证据的，应当及时返还样品。样品有减损的，应当予以补偿。

第一百一十条　在证据可能灭失或者以后难以取得的情况下，经公安机关办案部门负责人批准，可以先行登记保存。

先行登记保存期间，证据持有人及其他人员不得损毁或者转移证据。

对先行登记保存的证据，应当在七日内作出处理决定。逾期不作出处理决定的，视为自动解除。

第一百一十一条　实施扣押、扣留、查封、抽样取证、先行登记保存等证据保全措施时，应当会同当事人查点清楚，制作并当场交付证据保全决定书。必要时，应当对采取证据保全措施的证据进行拍照或者对采取证据保全的过程进行录像。证据保全决定书应当载明下列事项：

（一）当事人的姓名或者名称、地址；

（二）抽样取证、先行登记保存、扣押、扣留、查封的理由、依据和期限；

（三）申请行政复议或者提起行政诉讼的途径和期限；

（四）作出决定的公安机关的名称、印章和日期。

证据保全决定书应当附清单，载明被采取证据保全措施的场所、设施、物品的名称、规格、数量、特征等，由办案人民警察和当事人签名后，一份交当事人，一份附卷。有见证人的，还应当由见证人签名。当事人或者见证人拒绝签名的，办案人民警察应当在证据保全清单上注明。

对可以作为证据使用的录音带、录像带，在扣押时应当予以检查，记明案由、内容以及录取和复制的时间、地点等，并妥为保管。

对扣押的电子数据原始存储介质，应当封存，保证在不解除封存状态的情况下，无法增加、删除、修改电子数据，并在证据保全清单中记录封存状态。

第一百一十二条　扣押、扣留、查封期限为三十日，情况复杂的，经县级以上公安机关负责人批准，可以延长三十日；法律、行政法规另有规定的除外。延长扣押、扣留、查封期限的，应当及时书面告知当事人，并说明理由。

对物品需要进行鉴定的，鉴定期间不计入扣押、扣留、查封期间，但应当将鉴定的期间书面告知当事人。

第一百一十三条　公安机关对恐怖活动嫌疑人的存款、汇款、债券、股票、基金份额等财产采取冻结措施的，应当经县级以上公安机关负责人批准，向金融机构交付冻结通知书。

作出冻结决定的公安机关应当在三日内向恐怖活动嫌疑人交付冻结决定书。冻结决定书应当载明下列事项：

（一）恐怖活动嫌疑人的姓名或者名称、地址；

（二）冻结的理由、依据和期限；

（三）冻结的账号和数额；

（四）申请行政复议或者提起行政诉讼的途径和期限；

（五）公安机关的名称、印章和日期。

第一百一十四条　自被冻结之日起二个月内，公安机关应当作出处理决定或者解除冻结；情况复杂的，经上一级公安机关负责人批准，可以延长一个月。

延长冻结的决定应当及时书面告知恐怖活动嫌疑人，并说明理由。

第一百一十五条　有下列情形之一的，公安机关应当立即退还财物，并由当事人签名确认；不涉及财物退还的，应当书面通知当事人解除证据保全：

（一）当事人没有违法行为的；

（二）被采取证据保全的场所、设施、物品、财产与违法行为无关的；

（三）已经作出处理决定，不再需要采取证据保全措施的；

（四）采取证据保全措施的期限已经届满的；

（五）其他不再需要采取证据保全措施的。

作出解除冻结决定的，应当及时通知金融机构。

第一百一十六条　行政案件变更管辖时，与案件有关的财物及其孳息应当随案移交，并书面告知当事人。移交时，由接收人、移交人当面查点清楚，并在交接单据上共同签名。

第八节　办案协作

第一百一十七条　办理行政案件需要异地公安机关协作的，应当制作办案协作函件。负责协作的公安机关接到请求协作的函件后，应当办理。

第一百一十八条　需要到异地执行传唤的，办案人民警察应当持传唤证、办案协作函件和人民警察证，与协作地公安机关联系，在协作地公安机关的协作下进行传唤。协作地公安机关应当协助将违法嫌疑人传唤到其所在市、县内的指定地点或者到其住处、单位进行询问。

第一百一十九条　需要异地办理检查、查询，查封、扣押或者冻结与案件有关的财物、文件的，应当持相关的法律文书、办案协作函件和人民警察证，与协作地公安机关联系，协作地公安机关应当协助执行。

在紧急情况下，可以将办案协作函件和相关的法律文书传真或者通过执法办案信息系统发送至协作地公安机关，协作地公安机关应当及时采取措施。办案地公安机关应当立即派员前往协作地办理。

第一百二十条　需要进行远程视频询问、处罚前告知的，应当由协作地公安机关事先核实被询问、告知人的身份。办案地公安机关应当制作询问、告知笔录并传输至协作地公安机关。询问、告知笔录经被询问、告知人确认并逐页签名或者捺指印后，由协作地公安机关协作人员签名或者盖章，并将原件或者电子签名笔录提供给办案地公安机关。办案地公安机关负责询问、告知的人民警察应当在首页注明收到日期，并签名或者盖章。询问、告知过程应当全程录音录像。

第一百二十一条　办案地公安机关可以委托异地公安机关代为询问、向有关单位和个人调取电子数据、接收自行书写材料、进行辨认、履行处罚前告知程序、送达法律文书等工作。

委托代为询问、辨认、处罚前告知的,办案地公安机关应当列出明确具体的询问、辨认、告知提纲,提供被辨认对象的照片和陪衬照片。

委托代为向有关单位和个人调取电子数据的,办案地公安机关应当将办案协作函件和相关法律文书传真或者通过执法办案信息系统发送至协作地公安机关,由协作地公安机关办案部门审核确认后办理。

第一百二十二条　协作地公安机关依照办案地公安机关的要求,依法履行办案协作职责所产生的法律责任,由办案地公安机关承担。

第八章　听证程序

第一节　一般规定

第一百二十三条　在作出下列行政处罚决定之前,应当告知违法嫌疑人有要求举行听证的权利:

(一)责令停产停业;

(二)吊销许可证或者执照;

(三)较大数额罚款;

(四)法律、法规和规章规定违法嫌疑人可以要求举行听证的其他情形。

前款第三项所称"较大数额罚款",是指对个人处以二千元以上罚款,对单位处以一万元以上罚款,对违反边防出境入境管理法律、法规和规章的个人处以六千元以上罚款。对依据地方性法规或者地方政府规章作出的罚款处罚,适用听证的罚款数额按照地方规定执行。

第一百二十四条　听证由公安机关法制部门组织实施。

依法具有独立执法主体资格的公安机关业务部门以及出入境边防检查站依法作出行政处罚决定的,由其非本案调查人员组织听证。

第一百二十五条　公安机关不得因违法嫌疑人提出听证要求而加重处罚。

第一百二十六条 听证人员应当就行政案件的事实、证据、程序、适用法律等方面全面听取当事人陈述和申辩。

第二节 听证人员和听证参加人

第一百二十七条 听证设听证主持人一名，负责组织听证；记录员一名，负责制作听证笔录。必要时，可以设听证员一至二名，协助听证主持人进行听证。

本案调查人员不得担任听证主持人、听证员或者记录员。

第一百二十八条 听证主持人决定或者开展下列事项：

（一）举行听证的时间、地点；

（二）听证是否公开举行；

（三）要求听证参加人到场参加听证，提供或者补充证据；

（四）听证的延期、中止或者终止；

（五）主持听证，就案件的事实、理由、证据、程序、适用法律等组织质证和辩论；

（六）维持听证秩序，对违反听证纪律的行为予以制止；

（七）听证员、记录员的回避；

（八）其他有关事项。

第一百二十九条 听证参加人包括：

（一）当事人及其代理人；

（二）本案办案人民警察；

（三）证人、鉴定人、翻译人员；

（四）其他有关人员。

第一百三十条 当事人在听证活动中享有下列权利：

（一）申请回避；

（二）委托一至二人代理参加听证；

（三）进行陈述、申辩和质证；

（四）核对、补正听证笔录；

（五）依法享有的其他权利。

第一百三十一条　与听证案件处理结果有直接利害关系的其他公民、法人或者其他组织，作为第三人申请参加听证的，应当允许。为查明案情，必要时，听证主持人也可以通知其参加听证。

第三节　听证的告知、申请和受理

第一百三十二条　对适用听证程序的行政案件，办案部门在提出处罚意见后，应当告知违法嫌疑人拟作出的行政处罚和有要求举行听证的权利。

第一百三十三条　违法嫌疑人要求听证的，应当在公安机关告知后三日内提出申请。

第一百三十四条　违法嫌疑人放弃听证或者撤回听证要求后，处罚决定作出前，又提出听证要求的，只要在听证申请有效期限内，应当允许。

第一百三十五条　公安机关收到听证申请后，应当在二日内决定是否受理。认为听证申请人的要求不符合听证条件，决定不予受理的，应当制作不予受理听证通知书，告知听证申请人。逾期不通知听证申请人的，视为受理。

第一百三十六条　公安机关受理听证后，应当在举行听证的七日前将举行听证通知书送达听证申请人，并将举行听证的时间、地点通知其他听证参加人。

第四节　听证的举行

第一百三十七条　听证应当在公安机关收到听证申请之日起十日内举行。

除涉及国家秘密、商业秘密、个人隐私的行政案件外，听证应当公开举行。

第一百三十八条　听证申请人不能按期参加听证的，可以申请延期，是否准许，由听证主持人决定。

第一百三十九条 二个以上违法嫌疑人分别对同一行政案件提出听证要求的，可以合并举行。

第一百四十条 同一行政案件中有二个以上违法嫌疑人，其中部分违法嫌疑人提出听证申请的，应当在听证举行后一并作出处理决定。

第一百四十一条 听证开始时，听证主持人核对听证参加人；宣布案由；宣布听证员、记录员和翻译人员名单；告知当事人在听证中的权利和义务；询问当事人是否提出回避申请；对不公开听证的行政案件，宣布不公开听证的理由。

第一百四十二条 听证开始后，首先由办案人民警察提出听证申请人违法的事实、证据和法律依据及行政处罚意见。

第一百四十三条 办案人民警察提出证据时，应当向听证会出示。对证人证言、鉴定意见、勘验笔录和其他作为证据的文书，应当当场宣读。

第一百四十四条 听证申请人可以就办案人民警察提出的违法事实、证据和法律依据以及行政处罚意见进行陈述、申辩和质证，并可以提出新的证据。

第三人可以陈述事实，提出新的证据。

第一百四十五条 听证过程中，当事人及其代理人有权申请通知新的证人到会作证，调取新的证据。对上述申请，听证主持人应当当场作出是否同意的决定；申请重新鉴定的，按照本规定第七章第五节有关规定办理。

第一百四十六条 听证申请人、第三人和办案人民警察可以围绕案件的事实、证据、程序、适用法律、处罚种类和幅度等问题进行辩论。

第一百四十七条 辩论结束后，听证主持人应当听取听证申请人、第三人、办案人民警察各方最后陈述意见。

第一百四十八条 听证过程中，遇有下列情形之一，听证主持人可以中止听证：

（一）需要通知新的证人到会、调取新的证据或者需要重新鉴定或者勘验的；

（二）因回避致使听证不能继续进行的；

（三）其他需要中止听证的。

中止听证的情形消除后，听证主持人应当及时恢复听证。

第一百四十九条　听证过程中，遇有下列情形之一，应当终止听证：

（一）听证申请人撤回听证申请的；

（二）听证申请人及其代理人无正当理由拒不出席或者未经听证主持人许可中途退出听证的；

（三）听证申请人死亡或者作为听证申请人的法人或者其他组织被撤销、解散的；

（四）听证过程中，听证申请人或者其代理人扰乱听证秩序，不听劝阻，致使听证无法正常进行的；

（五）其他需要终止听证的。

第一百五十条　听证参加人和旁听人员应当遵守听证会场纪律。对违反听证会场纪律的，听证主持人应当警告制止；对不听制止、干扰听证正常进行的旁听人员，责令其退场。

第一百五十一条　记录员应当将举行听证的情况记入听证笔录。听证笔录应当载明下列内容：

（一）案由；

（二）听证的时间、地点和方式；

（三）听证人员和听证参加人的身份情况；

（四）办案人民警察陈述的事实、证据和法律依据以及行政处罚意见；

（五）听证申请人或者其代理人的陈述和申辩；

（六）第三人陈述的事实和理由；

（七）办案人民警察、听证申请人或者其代理人、第三人质证、辩论的内容；

（八）证人陈述的事实；

（九）听证申请人、第三人、办案人民警察的最后陈述意见；

（十）其他事项。

第一百五十二条 听证笔录应当交听证申请人阅读或者向其宣读。听证笔录中的证人陈述部分，应当交证人阅读或者向其宣读。听证申请人或者证人认为听证笔录有误的，可以请求补充或者改正。听证申请人或者证人审核无误后签名或者捺指印。听证申请人或者证人拒绝的，由记录员在听证笔录中记明情况。

听证笔录经听证主持人审阅后，由听证主持人、听证员和记录员签名。

第一百五十三条 听证结束后，听证主持人应当写出听证报告书，连同听证笔录一并报送公安机关负责人。

听证报告书应当包括下列内容：

（一）案由；

（二）听证人员和听证参加人的基本情况；

（三）听证的时间、地点和方式；

（四）听证会的基本情况；

（五）案件事实；

（六）处理意见和建议。

第九章　行政处理决定

第一节　行政处罚的适用

第一百五十四条 违反治安管理行为在六个月内没有被公安机关发现，其他违法行为在二年内没有被公安机关发现的，不再给予行政处罚。

前款规定的期限，从违法行为发生之日起计算，违法行为有连续、继续或者持续状态的，从行为终了之日起计算。

被侵害人在违法行为追究时效内向公安机关控告，公安机关应当受理而不受理的，不受本条第一款追究时效的限制。

第一百五十五条 实施行政处罚时，应当责令违法行为人当场或者限期改正违法行为。

第一百五十六条 对违法行为人的同一个违法行为，不得给予两次以上罚款的行政处罚。

第一百五十七条 不满十四周岁的人有违法行为的，不予行政处罚，但是应当责令其监护人严加管教，并在不予行政处罚决定书中载明。已满十四周岁不满十八周岁的人有违法行为的，从轻或者减轻行政处罚。

第一百五十八条 精神病人在不能辨认或者不能控制自己行为时有违法行为的，不予行政处罚，但应当责令其监护人严加看管和治疗，并在不予行政处罚决定书中载明。间歇性精神病人在精神正常时有违法行为的，应当给予行政处罚。尚未完全丧失辨认或者控制自己行为能力的精神病人有违法行为的，应当予以行政处罚，但可以从轻或者减轻行政处罚。

第一百五十九条 违法行为人有下列情形之一的，应当从轻、减轻处罚或者不予行政处罚：

（一）主动消除或者减轻违法行为危害后果，并取得被侵害人谅解的；

（二）受他人胁迫或者诱骗的；

（三）有立功表现的；

（四）主动投案，向公安机关如实陈述自己的违法行为的；

（五）其他依法应当从轻、减轻或者不予行政处罚的。

违法行为轻微并及时纠正，没有造成危害后果的，不予行政处罚。

盲人或者又聋又哑的人违反治安管理的，可以从轻、减轻或者不予行政处罚；醉酒的人违反治安管理的，应当给予处罚。

第一百六十条 违法行为人有下列情形之一的，应当从重处罚：

（一）有较严重后果的；

（二）教唆、胁迫、诱骗他人实施违法行为的；

（三）对报案人、控告人、举报人、证人等打击报复的；

（四）六个月内曾受过治安管理处罚或者一年内因同类违法行为受到两次以上公安行政处罚的；

（五）刑罚执行完毕三年内，或者在缓刑期间，违反治安管理的。

第一百六十一条 一人有两种以上违法行为的，分别决定，合并执行，可以制作一份决定书，分别写明对每种违法行为的处理内容和合并执行的内容。

一个案件有多个违法行为人的，分别决定，可以制作一式多份决定书，写明给予每个人的处理决定，分别送达每一个违法行为人。

第一百六十二条 行政拘留处罚合并执行的，最长不超过二十日。

行政拘留处罚执行完毕前，发现违法行为人有其他违法行为，公安机关依法作出行政拘留决定的，与正在执行的行政拘留合并执行。

第一百六十三条 对决定给予行政拘留处罚的人，在处罚前因同一行为已经被采取强制措施限制人身自由的时间应当折抵。限制人身自由一日，折抵执行行政拘留一日。询问查证、继续盘问和采取约束措施的时间不予折抵。

被采取强制措施限制人身自由的时间超过决定的行政拘留期限的，行政拘留决定不再执行。

第一百六十四条 违法行为人具有下列情形之一，依法应当给予行政拘留处罚的，应当作出处罚决定，但不送拘留所执行：

（一）已满十四周岁不满十六周岁的；

（二）已满十六周岁不满十八周岁，初次违反治安管理或者其他公安行政管理的。但是，曾被收容教养、被行政拘留依法不执行行政拘留或者曾因实施扰乱公共秩序，妨害公共安全，侵犯人身权利、财产权利，妨害社会管理的行为被人民法院判决有罪的除外；

（三）七十周岁以上的；

（四）孕妇或者正在哺乳自己婴儿的妇女。

第二节 行政处理的决定

第一百六十五条 公安机关办理治安案件的期限，自受理之日起不得超过三十日；案情重大、复杂的，经上一级公安机关批准，可以延长三十日。办理其他行政案件，有法定办案期限的，按照相关法律规定办理。

为了查明案情进行鉴定的期间，不计入办案期限。

对因违反治安管理行为人不明或者逃跑等客观原因造成案件在法定期限内无法作出行政处理决定的，公安机关应当继续进行调查取证，并向被侵害人说明情况，及时依法作出处理决定。

第一百六十六条 违法嫌疑人不讲真实姓名、住址，身份不明，但只要违法事实清楚、证据确实充分的，可以按其自报的姓名并贴附照片作出处理决定，并在相关法律文书中注明。

第一百六十七条 在作出行政处罚决定前，应当告知违法嫌疑人拟作出行政处罚决定的事实、理由及依据，并告知违法嫌疑人依法享有陈述权和申辩权。单位违法的，应当告知其法定代表人、主要负责人或者其授权的人员。

适用一般程序作出行政处罚决定的，采用书面形式或者笔录形式告知。

依照本规定第一百七十二条第一款第三项作出不予行政处罚决定的，可以不履行本条第一款规定的告知程序。

第一百六十八条 对违法行为事实清楚，证据确实充分，依法应当予以行政处罚，因违法行为人逃跑等原因无法履行告知义务的，公安机关可以采取公告方式予以告知。自公告之日起七日内，违法嫌疑人未提出申辩的，可以依法作出行政处罚决定。

第一百六十九条 违法嫌疑人有权进行陈述和申辩。对违法嫌疑人提出的新的事实、理由和证据，公安机关应当进行复核。

公安机关不得因违法嫌疑人申辩而加重处罚。

第一百七十条 对行政案件进行审核、审批时，应当审查下列内容：

（一）违法嫌疑人的基本情况；

（二）案件事实是否清楚，证据是否确实充分；

（三）案件定性是否准确；

（四）适用法律、法规和规章是否正确；

（五）办案程序是否合法；

（六）拟作出的处理决定是否适当。

第一百七十一条 法制员或者办案部门指定的人员、办案部门负责人、法制部门的人员可以作为行政案件审核人员。

初次从事行政处罚决定审核的人员，应当通过国家统一法律职业资格考试取得法律职业资格。

第一百七十二条 公安机关根据行政案件的不同情况分别作出下列处理决定：

（一）确有违法行为，应当给予行政处罚的，根据其情节和危害后果的轻重，作出行政处罚决定；

（二）确有违法行为，但有依法不予行政处罚情形的，作出不予行政处罚决定；有违法所得和非法财物、违禁品、管制器具的，应当予以追缴或者收缴；

（三）违法事实不能成立的，作出不予行政处罚决定；

（四）对需要给予社区戒毒、强制隔离戒毒、收容教养等处理的，依法作出决定；

（五）违法行为涉嫌构成犯罪的，转为刑事案件办理或者移送有权处理的主管机关、部门办理，无需撤销行政案件。公安机关已经作出行政处理决定的，应当附卷；

（六）发现违法行为人有其他违法行为的，在依法作出行政处理决定的同时，通知有关行政主管部门处理。

对已经依照前款第三项作出不予行政处罚决定的案件，又发现新的证据的，应当依法及时调查；违法行为能够认定的，依法重新作出处理决定，并撤销原不予行政处罚决定。

治安案件有被侵害人的，公安机关应当在作出不予行政处罚或者处罚决定之日起二日内将决定书复印件送达被侵害人。无法送达的，应当注明。

第一百七十三条　行政拘留处罚由县级以上公安机关或者出入境边防检查机关决定。依法应当对违法行为人予以行政拘留的，公安派出所、依法具有独立执法主体资格的公安机关业务部门应当报其所属的县级以上公安机关决定。

第一百七十四条　对县级以上的各级人民代表大会代表予以行政拘留的，作出处罚决定前应当经该级人民代表大会主席团或者人民代表大会常务委员会许可。

对乡、民族乡、镇的人民代表大会代表予以行政拘留的，作出决定的公安机关应当立即报告乡、民族乡、镇的人民代表大会。

第一百七十五条　作出行政处罚决定的，应当制作行政处罚决定书。决定书应当载明下列内容：

（一）被处罚人的姓名、性别、出生日期、身份证件种类及号码、户籍所在地、现住址、工作单位、违法经历以及被处罚单位的名称、地址和法定代表人；

（二）违法事实和证据以及从重、从轻、减轻等情节；

（三）处罚的种类、幅度和法律依据；

（四）处罚的执行方式和期限；

（五）对涉案财物的处理结果及对被处罚人的其他处理情况；

（六）对处罚决定不服，申请行政复议、提起行政诉讼的途径和期限；

（七）作出决定的公安机关的名称、印章和日期。

作出罚款处罚的，行政处罚决定书应当载明逾期不缴纳罚款依法加处罚款的标准和最高限额；对涉案财物作出处理的，行政处罚决定书应当附没收、收缴、追缴物品清单。

第一百七十六条 作出行政拘留处罚决定的，应当及时将处罚情况和执行场所或者依法不执行的情况通知被处罚人家属。

作出社区戒毒决定的，应当通知被决定人户籍所在地或者现居住地的城市街道办事处、乡镇人民政府。作出强制隔离戒毒、收容教养决定的，应当在法定期限内通知被决定人的家属、所在单位、户籍所在地公安派出所。

被处理人拒不提供家属联系方式或者不讲真实姓名、住址，身份不明的，可以不予通知，但应当在附卷的决定书中注明。

第一百七十七条 公安机关办理的刑事案件，尚不够刑事处罚，依法应当给予公安行政处理的，经县级以上公安机关负责人批准，依照本章规定作出处理决定。

第十章 治安调解

第一百七十八条 对于因民间纠纷引起的殴打他人、故意伤害、侮辱、诽谤、诬告陷害、故意损毁财物、干扰他人正常生活、侵犯隐私、非法侵入住宅等违反治安管理行为，情节较轻，且具有下列情形之一的，可以调解处理：

（一）亲友、邻里、同事、在校学生之间因琐事发生纠纷引起的；

（二）行为人的侵害行为系由被侵害人事前的过错行为引起的；

（三）其他适用调解处理更易化解矛盾的。

对不构成违反治安管理行为的民间纠纷，应当告知当事人向人民法院或者人民调解组织申请处理。

对情节轻微、事实清楚、因果关系明确，不涉及医疗费用、物品损失或者双方当事人对医疗费用和物品损失的赔付无争议，符合治安调解条件，双方当事人同意当场调解并当场履行的治安案件，可以当场调解，并制作调解协议书。当事人基本情况、主要违法事实和协议内容在现场录音录像中明确记录的，不再制作调解协议书。

第一百七十九条 具有下列情形之一的，不适用调解处理：

（一）雇凶伤害他人的；

（二）结伙斗殴或者其他寻衅滋事的；

（三）多次实施违反治安管理行为的；

（四）当事人明确表示不愿意调解处理的；

（五）当事人在治安调解过程中又针对对方实施违反治安管理行为的；

（六）调解过程中，违法嫌疑人逃跑的；

（七）其他不宜调解处理的。

第一百八十条 调解处理案件，应当查明事实，收集证据，并遵循合法、公正、自愿、及时的原则，注重教育和疏导，化解矛盾。

第一百八十一条 当事人中有未成年人的，调解时应当通知其父母或者其他监护人到场。但是，当事人为年满十六周岁以上的未成年人，以自己的劳动收入为主要生活来源，本人同意不通知的，可以不通知。

被侵害人委托其他人参加调解的，应当向公安机关提交委托书，并写明委托权限。违法嫌疑人不得委托他人参加调解。

第一百八十二条 对因邻里纠纷引起的治安案件进行调解时，可以邀请当事人居住地的居（村）民委员会的人员或者双方当事人熟悉的人员参加帮助调解。

第一百八十三条 调解一般为一次。对一次调解不成，公安机关认为有必要或者当事人申请的，可以再次调解，并应当在第一次调解后的七个工作日内完成。

第一百八十四条 调解达成协议的，在公安机关主持下制作调解协议书，双方当事人应当在调解协议书上签名，并履行调解协议。

调解协议书应当包括调解机关名称、主持人、双方当事人和其他在场人员的基本情况，案件发生时间、地点、人员、起因、经过、情节、结果等情况、协议内容、履行期限和方式等内容。

对调解达成协议的,应当保存案件证据材料,与其他文书材料和调解协议书一并归入案卷。

第一百八十五条　调解达成协议并履行的,公安机关不再处罚。对调解未达成协议或者达成协议后不履行的,应当对违反治安管理行为人依法予以处罚;对违法行为造成的损害赔偿纠纷,公安机关可以进行调解,调解不成的,应当告知当事人向人民法院提起民事诉讼。

调解案件的办案期限从调解未达成协议或者调解达成协议不履行之日起开始计算。

第一百八十六条　对符合本规定第一百七十八条规定的治安案件,当事人申请人民调解或者自行和解,达成协议并履行后,双方当事人书面申请并经公安机关认可的,公安机关不予治安管理处罚,但公安机关已依法作出处理决定的除外。

第十一章　涉案财物的管理和处理

第一百八十七条　对于依法扣押、扣留、查封、抽样取证、追缴、收缴的财物以及由公安机关负责保管的先行登记保存的财物,公安机关应当妥善保管,不得使用、挪用、调换或者损毁。造成损失的,应当承担赔偿责任。

涉案财物的保管费用由作出决定的公安机关承担。

第一百八十八条　县级以上公安机关应当指定一个内设部门作为涉案财物管理部门,负责对涉案财物实行统一管理,并设立或者指定专门保管场所,对涉案财物进行集中保管。涉案财物集中保管的范围,由地方公安机关根据本地区实际情况确定。

对价值较低、易于保管,或者需要作为证据继续使用,以及需要先行返还被侵害人的涉案财物,可以由办案部门设置专门的场所进行保管。办案部门应当指定不承担办案工作的民警负责本部门涉案财物的接收、保管、移交等管理工作;严禁由办案人员自行保管涉案财物。

对查封的场所、设施、财物,可以委托第三人保管,第三人不得损毁或者擅自转移、处置。因第三人的原因造成的损失，公安机关先行赔付后，有权向第三人追偿。

第一百八十九条 公安机关涉案财物管理部门和办案部门应当建立电子台账，对涉案财物逐一编号登记，载明案由、来源、保管状态、场所和去向。

第一百九十条 办案人民警察应当在依法提取涉案财物后的二十四小时内将财物移交涉案财物管理人员，并办理移交手续。对查封、冻结、先行登记保存的涉案财物，应当在采取措施后的二十四小时内，将法律文书复印件及涉案财物的情况送交涉案财物管理人员予以登记。

在异地或者在偏远、交通不便地区提取涉案财物的，办案人民警察应当在返回单位后的二十四小时内移交。

对情况紧急，需要在提取涉案财物后的二十四小时内进行鉴定、辨认、检验、检查等工作的，经办案部门负责人批准，可以在完成上述工作后的二十四小时内移交。

在提取涉案财物后的二十四小时内已将涉案财物处理完毕的，不再移交，但应当将处理涉案财物的相关手续附卷保存。

因询问、鉴定、辨认、检验、检查等办案需要，经办案部门负责人批准，办案人民警察可以调用涉案财物，并及时归还。

第一百九十一条 对容易腐烂变质及其他不易保管的物品、危险物品，经公安机关负责人批准，在拍照或者录像后依法变卖或者拍卖，变卖或者拍卖的价款暂予保存，待结案后按有关规定处理。

对易燃、易爆、毒害性、放射性等危险物品应当存放在符合危险物品存放条件的专门场所。

对属于被侵害人或者善意第三人合法占有的财物，应当在登记、拍照或者录像、估价后及时返还，并在案卷中注明返还的理由，将原物照片、清单和领取手续存卷备查。

对不宜入卷的物证，应当拍照入卷，原物在结案后按照有关规定处理。

第一百九十二条　有关违法行为查证属实后，对有证据证明权属明确且无争议的被侵害人合法财物及其孳息，凡返还不损害其他被侵害人或者利害关系人的利益，不影响案件正常办理的，应当在登记、拍照或者录像和估价后，及时发还被侵害人。办案人民警察应当在案卷材料中注明返还的理由，并将原物照片、清单和被侵害人的领取手续附卷。

　　第一百九十三条　在作出行政处理决定时，应当对涉案财物一并作出处理。

　　第一百九十四条　对在办理行政案件中查获的下列物品应当依法收缴：

　　（一）毒品、淫秽物品等违禁品；

　　（二）赌具和赌资；

　　（三）吸食、注射毒品的用具；

　　（四）伪造、变造的公文、证件、证明文件、票证、印章等；

　　（五）倒卖的车船票、文艺演出票、体育比赛入场券等有价票证；

　　（六）主要用于实施违法行为的本人所有的工具以及直接用于实施毒品违法行为的资金；

　　（七）法律、法规规定可以收缴的其他非法财物。

　　前款第六项所列的工具，除非有证据表明属于他人合法所有，可以直接认定为违法行为人本人所有。对明显无价值的，可以不作出收缴决定，但应当在证据保全文书中注明处理情况。

　　违法所得应当依法予以追缴或者没收。

　　多名违法行为人共同实施违法行为，违法所得或者非法财物无法分清所有人的，作为共同违法所得或者非法财物予以处理。

　　第一百九十五条　收缴由县级以上公安机关决定。但是，违禁品，管制器具，吸食、注射毒品的用具以及非法财物价值在五百元以下且当事人对财物价值无异议的，公安派出所可以收缴。

　　追缴由县级以上公安机关决定。但是，追缴的财物应当退还被侵害人的，公安派出所可以追缴。

第一百九十六条 对收缴和追缴的财物，经原决定机关负责人批准，按照下列规定分别处理：

（一）属于被侵害人或者善意第三人的合法财物，应当及时返还；

（二）没有被侵害人的，登记造册，按照规定上缴国库或者依法变卖、拍卖后，将所得款项上缴国库；

（三）违禁品、没有价值的物品，或者价值轻微，无法变卖、拍卖的物品，统一登记造册后销毁；

（四）对无法变卖或者拍卖的危险物品，由县级以上公安机关主管部门组织销毁或者交有关厂家回收。

第一百九十七条 对应当退还原主或者当事人的财物，通知原主或者当事人在六个月内来领取；原主不明确的，应当采取公告方式告知原主认领。在通知原主、当事人或者公告后六个月内，无人认领的，按无主财物处理，登记后上缴国库，或者依法变卖或者拍卖后，将所得款项上缴国库。遇有特殊情况的，可酌情延期处理，延长期限最长不超过三个月。

第十二章 执 行

第一节 一 般 规 定

第一百九十八条 公安机关依法作出行政处理决定后，被处理人应当在行政处理决定的期限内予以履行。逾期不履行的，作出行政处理决定的公安机关可以依法强制执行或者申请人民法院强制执行。

第一百九十九条 被处理人对行政处理决定不服申请行政复议或者提起行政诉讼的，行政处理决定不停止执行，但法律另有规定的除外。

第二百条 公安机关在依法作出强制执行决定或者申请人民法院强制执行前，应当事先催告被处理人履行行政处理决定。催告以书面形式作出，并直接送达被处理人。被处理人拒绝接受或者无法直接送达被处理人的，依照本规定第五章的有关规定送达。

催告书应当载明下列事项：

（一）履行行政处理决定的期限和方式；

（二）涉及金钱给付的，应当有明确的金额和给付方式；

（三）被处理人依法享有的陈述权和申辩权。

第二百零一条 被处理人收到催告书后有权进行陈述和申辩。公安机关应当充分听取并记录、复核。被处理人提出的事实、理由或者证据成立的，公安机关应当采纳。

第二百零二条 经催告，被处理人无正当理由逾期仍不履行行政处理决定，法律规定由公安机关强制执行的，公安机关可以依法作出强制执行决定。

在催告期间，对有证据证明有转移或者隐匿财物迹象的，公安机关可以作出立即强制执行决定。

强制执行决定应当以书面形式作出，并载明下列事项：

（一）被处理人的姓名或者名称、地址；

（二）强制执行的理由和依据；

（三）强制执行的方式和时间；

（四）申请行政复议或者提起行政诉讼的途径和期限；

（五）作出决定的公安机关名称、印章和日期。

第二百零三条 依法作出要求被处理人履行排除妨碍、恢复原状等义务的行政处理决定，被处理人逾期不履行，经催告仍不履行，其后果已经或者将危害交通安全的，公安机关可以代履行，或者委托没有利害关系的第三人代履行。

代履行应当遵守下列规定：

（一）代履行前送达决定书，代履行决定书应当载明当事人的姓名或者名称、地址，代履行的理由和依据、方式和时间、标的、费用预算及代履行人；

（二）代履行三日前，催告当事人履行，当事人履行的，停止代履行；

（三）代履行时，作出决定的公安机关应当派员到场监督；

（四）代履行完毕，公安机关到场监督人员、代履行人和当事人或者见证人应当在执行文书上签名或者盖章。

代履行的费用由当事人承担。但是，法律另有规定的除外。

第二百零四条　需要立即清理道路的障碍物，当事人不能清除的，或者有其他紧急情况需要立即履行的，公安机关可以决定立即实施代履行。当事人不在场的，公安机关应当在事后立即通知当事人，并依法作出处理。

第二百零五条　实施行政强制执行，公安机关可以在不损害公共利益和他人合法权益的情况下，与当事人达成执行协议。执行协议可以约定分阶段履行；当事人采取补救措施的，可以减免加处的罚款。

执行协议应当履行。被处罚人不履行执行协议的，公安机关应当恢复强制执行。

第二百零六条　当事人在法定期限内不申请行政复议或者提起行政诉讼，又不履行行政处理决定的，法律没有规定公安机关强制执行的，作出行政处理决定的公安机关可以自期限届满之日起三个月内，向所在地有管辖权的人民法院申请强制执行。因情况紧急，为保障公共安全，公安机关可以申请人民法院立即执行。

强制执行的费用由被执行人承担。

第二百零七条　申请人民法院强制执行前，公安机关应当催告被处理人履行义务，催告书送达十日后被处理人仍未履行义务的，公安机关可以向人民法院申请强制执行。

第二百零八条　公安机关向人民法院申请强制执行，应当提供下列材料：

（一）强制执行申请书；

（二）行政处理决定书及作出决定的事实、理由和依据；

（三）当事人的意见及公安机关催告情况；

（四）申请强制执行标的情况；

（五）法律、法规规定的其他材料。

强制执行申请书应当由作出处理决定的公安机关负责人签名，加盖公安机关印章，并注明日期。

第二百零九条　公安机关对人民法院不予受理强制执行申请、不予强制执行的裁定有异议的，可以在十五日内向上一级人民法院申请复议。

第二百一十条　具有下列情形之一的，中止强制执行：

（一）当事人暂无履行能力的；

（二）第三人对执行标的主张权利，确有理由的；

（三）执行可能对他人或者公共利益造成难以弥补的重大损失的；

（四）其他需要中止执行的。

中止执行的情形消失后，公安机关应当恢复执行。对没有明显社会危害，当事人确无能力履行，中止执行满三年未恢复执行的，不再执行。

第二百一十一条　具有下列情形之一的，终结强制执行：

（一）公民死亡，无遗产可供执行，又无义务承受人的；

（二）法人或者其他组织终止，无财产可供执行，又无义务承受人的；

（三）执行标的灭失的；

（四）据以执行的行政处理决定被撤销的；

（五）其他需要终结执行的。

第二百一十二条　在执行中或者执行完毕后，据以执行的行政处理决定被撤销、变更，或者执行错误，应当恢复原状或者退还财物；不能恢复原状或者退还财物的，依法给予赔偿。

第二百一十三条　除依法应当销毁的物品外，公安机关依法没收或者收缴、追缴的违法所得和非法财物，必须按照国家有关规定处理或者上缴国库。

罚款、没收或者收缴的违法所得和非法财物拍卖或者变卖的款项和没收的保证金，必须全部上缴国库，不得以任何形式截留、私分或者变相私分。

第二节　罚款的执行

第二百一十四条　公安机关作出罚款决定，被处罚人应当自收到行政处罚决定书之日起十五日内，到指定的银行缴纳罚款。具有下列情形之一的，公安机关及其办案人民警察可以当场收缴罚款，法律另有规定的，从其规定：

（一）对违反治安管理行为人处五十元以下罚款和对违反交通管理的行人、乘车人和非机动车驾驶人处罚款，被处罚人没有异议的；

（二）对违反治安管理、交通管理以外的违法行为人当场处二十元以下罚款的；

（三）在边远、水上、交通不便地区、旅客列车上或者口岸，被处罚人向指定银行缴纳罚款确有困难，经被处罚人提出的；

（四）被处罚人在当地没有固定住所，不当场收缴事后难以执行的。

对具有前款第一项和第三项情形之一的，办案人民警察应当要求被处罚人签名确认。

第二百一十五条　公安机关及其人民警察当场收缴罚款的，应当出具省级或者国家财政部门统一制发的罚款收据。对不出具省级或者国家财政部门统一制发的罚款收据的，被处罚人有权拒绝缴纳罚款。

第二百一十六条　人民警察应当自收缴罚款之日起二日内，将当场收缴的罚款交至其所属公安机关；在水上当场收缴的罚款，应当自抵岸之日起二日内将当场收缴的罚款交至其所属公安机关；在旅客列车上当场收缴的罚款，应当自返回之日起二日内将当场收缴的罚款交至其所属公安机关。

公安机关应当自收到罚款之日起二日内将罚款缴付指定的银行。

第二百一十七条　被处罚人确有经济困难，经被处罚人申请和作出处罚决定的公安机关批准，可以暂缓或者分期缴纳罚款。

第二百一十八条　被处罚人未在本规定第二百一十四条规定的期限内缴纳罚款的，作出行政处罚决定的公安机关可以采取下列措施：

（一）将依法查封、扣押的被处罚人的财物拍卖或者变卖抵缴罚款。拍卖或者变卖的价款超过罚款数额的，余额部分应当及时退还被处罚人；

（二）不能采取第一项措施的，每日按罚款数额的百分之三加处罚款，加处罚款总额不得超出罚款数额。

拍卖财物，由公安机关委托拍卖机构依法办理。

第二百一十九条　依法加处罚款超过三十日，经催告被处罚人仍不履行的，作出行政处罚决定的公安机关可以按照本规定第二百零六条的规定向所在地有管辖权的人民法院申请强制执行。

第三节　行政拘留的执行

第二百二十条　对被决定行政拘留的人，由作出决定的公安机关送达拘留所执行。对抗拒执行的，可以使用约束性警械。

对被决定行政拘留的人，在异地被抓获或者具有其他有必要在异地拘留所执行情形的，经异地拘留所主管公安机关批准，可以在异地执行。

第二百二十一条　对同时被决定行政拘留和社区戒毒或者强制隔离戒毒的人员，应当先执行行政拘留，由拘留所给予必要的戒毒治疗，强制隔离戒毒期限连续计算。

拘留所不具备戒毒治疗条件的，行政拘留决定机关可以直接将被行政拘留人送公安机关管理的强制隔离戒毒所代为执行行政拘留，强制隔离戒毒期限连续计算。

第二百二十二条　被处罚人不服行政拘留处罚决定，申请行政复议或者提起行政诉讼的，可以向作出行政拘留决定的公安机关提出暂缓执行行政拘留的申请；口头提出申请的，公安机关人民警察应当予以记录，并由申请人签名或者捺指印。

被处罚人在行政拘留执行期间，提出暂缓执行行政拘留申请的，拘留所应当立即将申请转交作出行政拘留决定的公安机关。

第二百二十三条 公安机关应当在收到被处罚人提出暂缓执行行政拘留申请之时起二十四小时内作出决定。

公安机关认为暂缓执行行政拘留不致发生社会危险，且被处罚人或者其近亲属提出符合条件的担保人，或者按每日行政拘留二百元的标准交纳保证金的，应当作出暂缓执行行政拘留的决定。

对同一被处罚人，不得同时责令其提出保证人和交纳保证金。

被处罚人已送达拘留所执行的，公安机关应当立即将暂缓执行行政拘留决定送达拘留所，拘留所应当立即释放被处罚人。

第二百二十四条 被处罚人具有下列情形之一的，应当作出不暂缓执行行政拘留的决定，并告知申请人：

（一）暂缓执行行政拘留后可能逃跑的；

（二）有其他违法犯罪嫌疑，正在被调查或者侦查的；

（三）不宜暂缓执行行政拘留的其他情形。

第二百二十五条 行政拘留并处罚款的，罚款不因暂缓执行行政拘留而暂缓执行。

第二百二十六条 在暂缓执行行政拘留期间，被处罚人应当遵守下列规定：

（一）未经决定机关批准不得离开所居住的市、县；

（二）住址、工作单位和联系方式发生变动的，在二十四小时以内向决定机关报告；

（三）在行政复议和行政诉讼中不得干扰证人作证、伪造证据或者串供；

（四）不得逃避、拒绝或者阻碍处罚的执行。

在暂缓执行行政拘留期间，公安机关不得妨碍被处罚人依法行使行政复议和行政诉讼权利。

第二百二十七条 暂缓执行行政拘留的担保人应当符合下列条件：

(一) 与本案无牵连；
(二) 享有政治权利，人身自由未受到限制或者剥夺；
(三) 在当地有常住户口和固定住所；
(四) 有能力履行担保义务。

第二百二十八条 公安机关经过审查认为暂缓执行行政拘留的担保人符合条件的，由担保人出具保证书，并到公安机关将被担保人领回。

第二百二十九条 暂缓执行行政拘留的担保人应当履行下列义务：
(一) 保证被担保人遵守本规定第二百二十六条的规定；
(二) 发现被担保人伪造证据、串供或者逃跑的，及时向公安机关报告。

暂缓执行行政拘留的担保人不履行担保义务，致使被担保人逃避行政拘留处罚执行的，公安机关可以对担保人处以三千元以下罚款，并对被担保人恢复执行行政拘留。

暂缓执行行政拘留的担保人履行了担保义务，但被担保人仍逃避行政拘留处罚执行的，或者被处罚人逃跑后，担保人积极帮助公安机关抓获被处罚人的，可以从轻或者不予行政处罚。

第二百三十条 暂缓执行行政拘留的担保人在暂缓执行行政拘留期间，不愿继续担保或者丧失担保条件的，行政拘留的决定机关应当责令被处罚人重新提出担保人或者交纳保证金。不提出担保人又不交纳保证金的，行政拘留的决定机关应当将被处罚人送拘留所执行。

第二百三十一条 保证金应当由银行代收。在银行非营业时间，公安机关可以先行收取，并在收到保证金后的三日内存入指定的银行账户。

公安机关应当指定办案部门以外的法制、装备财务等部门负责管理保证金。严禁截留、坐支、挪用或者以其他任何形式侵吞保证金。

第二百三十二条 行政拘留处罚被撤销或者开始执行时，公安机关应当将保证金退还交纳人。

被决定行政拘留的人逃避行政拘留处罚执行的，由决定行政拘留的公安机关作出没收或者部分没收保证金的决定，行政拘留的决定机关应当将被处罚人送拘留所执行。

第二百三十三条　被处罚人对公安机关没收保证金的决定不服的，可以依法申请行政复议或者提起行政诉讼。

第四节　其他处理决定的执行

第二百三十四条　作出吊销公安机关发放的许可证或者执照处罚的，应当在被吊销的许可证或者执照上加盖吊销印章后收缴。被处罚人拒不缴销证件的，公安机关可以公告宣布作废。吊销许可证或者执照的机关不是发证机关的，作出决定的机关应当在处罚决定生效后及时通知发证机关。

第二百三十五条　作出取缔决定的，可以采取在经营场所张贴公告等方式予以公告，责令被取缔者立即停止经营活动；有违法所得的，依法予以没收或者追缴。拒不停止经营活动的，公安机关可以依法没收或者收缴其专门用于从事非法经营活动的工具、设备。已经取得营业执照的，公安机关应当通知工商行政管理部门依法撤销其营业执照。

第二百三十六条　对拒不执行公安机关依法作出的责令停产停业决定的，公安机关可以依法强制执行或者申请人民法院强制执行。

第二百三十七条　对被决定强制隔离戒毒、收容教养的人员，由作出决定的公安机关送强制隔离戒毒场所、收容教养场所执行。

对被决定社区戒毒的人员，公安机关应当责令其到户籍所在地接受社区戒毒，在户籍所在地以外的现居住地有固定住所的，可以责令其在现居住地接受社区戒毒。

第十三章　涉外行政案件的办理

第二百三十八条　办理涉外行政案件，应当维护国家主权和利益，坚持平等互利原则。

第二百三十九条　对外国人国籍的确认，以其入境时有效证件上所表明的国籍为准；国籍有疑问或者国籍不明的，由公安机关出入境管理部门协助查明。

对无法查明国籍、身份不明的外国人，按照其自报的国籍或者无国籍人对待。

第二百四十条　违法行为人为享有外交特权和豁免权的外国人的，办案公安机关应当将其身份、证件及违法行为等基本情况记录在案，保存有关证据，并尽快将有关情况层报省级公安机关，由省级公安机关商请同级人民政府外事部门通过外交途径处理。

对享有外交特权和豁免权的外国人，不得采取限制人身自由和查封、扣押的强制措施。

第二百四十一条　办理涉外行政案件，应当使用中华人民共和国通用的语言文字。对不通晓我国语言文字的，公安机关应当为其提供翻译；当事人通晓我国语言文字，不需要他人翻译的，应当出具书面声明。

经县级以上公安机关负责人批准，外国籍当事人可以自己聘请翻译，翻译费由其个人承担。

第二百四十二条　外国人具有下列情形之一，经当场盘问或者继续盘问后不能排除嫌疑，需要作进一步调查的，经县级以上公安机关或者出入境边防检查机关负责人批准，可以拘留审查：

（一）有非法出境入境嫌疑的；

（二）有协助他人非法出境入境嫌疑的；

（三）有非法居留、非法就业嫌疑的；

（四）有危害国家安全和利益，破坏社会公共秩序或者从事其他违法犯罪活动嫌疑的。

实施拘留审查，应当出示拘留审查决定书，并在二十四小时内进行询问。

拘留审查的期限不得超过三十日，案情复杂的，经上一级公安机关或者出入境边防检查机关批准可以延长至六十日。对国籍、身份不明的，拘留审查期限自查清其国籍、身份之日起计算。

第二百四十三条 具有下列情形之一的，应当解除拘留审查：

（一）被决定遣送出境、限期出境或者驱逐出境的；

（二）不应当拘留审查的；

（三）被采取限制活动范围措施的；

（四）案件移交其他部门处理的；

（五）其他应当解除拘留审查的。

第二百四十四条 外国人具有下列情形之一的，不适用拘留审查，经县级以上公安机关或者出入境边防检查机关负责人批准，可以限制其活动范围：

（一）患有严重疾病的；

（二）怀孕或者哺乳自己婴儿的；

（三）未满十六周岁或者已满七十周岁的；

（四）不宜适用拘留审查的其他情形。

被限制活动范围的外国人，应当按照要求接受审查，未经公安机关批准，不得离开限定的区域。限制活动范围的期限不得超过六十日。对国籍、身份不明的，限制活动范围期限自查清其国籍、身份之日起计算。

第二百四十五条 被限制活动范围的外国人应当遵守下列规定：

（一）未经决定机关批准，不得变更生活居所，超出指定的活动区域；

（二）在传唤的时候及时到案；

（三）不得以任何形式干扰证人作证；

（四）不得毁灭、伪造证据或者串供。

第二百四十六条 外国人具有下列情形之一的，经县级以上公安机关或者出入境边防检查机关负责人批准，可以遣送出境：

（一）被处限期出境，未在规定期限内离境的；

（二）有不准入境情形的；

（三）非法居留、非法就业的；

（四）违反法律、行政法规需要遣送出境的。

其他境外人员具有前款所列情形之一的，可以依法遣送出境。

被遣送出境的人员，自被遣送出境之日起一至五年内不准入境。

第二百四十七条　被遣送出境的外国人可以被遣送至下列国家或者地区：

（一）国籍国；

（二）入境前的居住国或者地区；

（三）出生地国或者地区；

（四）入境前的出境口岸的所属国或者地区；

（五）其他允许被遣送出境的外国人入境的国家或者地区。

第二百四十八条　具有下列情形之一的外国人，应当羁押在拘留所或者遣返场所：

（一）被拘留审查的；

（二）被决定遣送出境或者驱逐出境但因天气、交通运输工具班期、当事人健康状况等客观原因或者国籍、身份不明，不能立即执行的。

第二百四十九条　外国人对继续盘问、拘留审查、限制活动范围、遣送出境措施不服的，可以依法申请行政复议，该行政复议决定为最终决定。

其他境外人员对遣送出境措施不服，申请行政复议的，适用前款规定。

第二百五十条　外国人具有下列情形之一的，经县级以上公安机关或者出入境边防检查机关决定，可以限期出境：

（一）违反治安管理的；

（二）从事与停留居留事由不相符的活动的；

（三）违反中国法律、法规规定，不适宜在中国境内继续停留居留的。

对外国人决定限期出境的，应当规定外国人离境的期限，注销其有效签证或者停留居留证件。限期出境的期限不得超过三十日。

第二百五十一条　外国人违反治安管理或者出境入境管理，情节严重，尚不构成犯罪的，承办的公安机关可以层报公安部处以驱逐出境。公安部作出的驱逐出境决定为最终决定，由承办机关宣布并执行。

被驱逐出境的外国人，自被驱逐出境之日起十年内不准入境。

第二百五十二条　对外国人处以罚款或者行政拘留并处限期出境或者驱逐出境的，应当于罚款或者行政拘留执行完毕后执行限期出境或者驱逐出境。

第二百五十三条　办理涉外行政案件，应当按照国家有关办理涉外案件的规定，严格执行请示报告、内部通报、对外通知等各项制度。

第二百五十四条　对外国人作出行政拘留、拘留审查或者其他限制人身自由以及限制活动范围的决定后，决定机关应当在四十八小时内将外国人的姓名、性别、入境时间、护照或者其他身份证件号码，案件发生的时间、地点及有关情况，违法的主要事实，已采取的措施及其法律依据等情况报告省级公安机关；省级公安机关应当在规定期限内，将有关情况通知该外国人所属国家的驻华使馆、领馆，并通报同级人民政府外事部门。当事人要求不通知使馆、领馆，且我国与当事人国籍国未签署双边协议规定必须通知的，可以不通知，但应当由其本人提出书面请求。

第二百五十五条　外国人在被行政拘留、拘留审查或者其他限制人身自由以及限制活动范围期间死亡的，有关省级公安机关应当通知该外国人所属国家驻华使馆、领馆，同时报告公安部并通报同级人民政府外事部门。

第二百五十六条　外国人在被行政拘留、拘留审查或者其他限制人身自由以及限制活动范围期间，其所属国家驻华外交、领事官员要求探视的，决定机关应当及时安排。该外国人拒绝其所属国家驻华外交、领事官员探视的，公安机关可以不予安排，但应当由其本人出具书面声明。

第二百五十七条 办理涉外行政案件，本章未作规定的，适用其他各章的有关规定。

第十四章 案件终结

第二百五十八条 行政案件具有下列情形之一的，应当予以结案：

（一）作出不予行政处罚决定的；

（二）按照本规定第十章的规定达成调解、和解协议并已履行的；

（三）作出行政处罚等处理决定，且已执行的；

（四）违法行为涉嫌构成犯罪，转为刑事案件办理的；

（五）作出处理决定后，因执行对象灭失、死亡等客观原因导致无法执行或者无需执行的。

第二百五十九条 经过调查，发现行政案件具有下列情形之一的，经公安派出所、县级公安机关办案部门或者出入境边防检查机关以上负责人批准，终止调查：

（一）没有违法事实的；

（二）违法行为已过追究时效的；

（三）违法嫌疑人死亡的；

（四）其他需要终止调查的情形。

终止调查时，违法嫌疑人已被采取行政强制措施的，应当立即解除。

第二百六十条 对在办理行政案件过程中形成的文书材料，应当按照一案一卷原则建立案卷，并按照有关规定在结案或者终止案件调查后将案卷移交档案部门保管或者自行保管。

第二百六十一条 行政案件的案卷应当包括下列内容：

（一）受案登记表或者其他发现案件的记录；

（二）证据材料；

（三）决定文书；

（四）在办理案件中形成的其他法律文书。

第二百六十二条　行政案件的法律文书及定性依据材料应当齐全完整，不得损毁、伪造。

第十五章　附　　则

第二百六十三条　省级公安机关应当建立并不断完善统一的执法办案信息系统。

办案部门应当按照有关规定将行政案件的受理、调查取证、采取强制措施、处理等情况以及相关文书材料录入执法办案信息系统，并进行网上审核审批。

公安机关可以使用电子签名、电子指纹捺印技术制作电子笔录等材料，可以使用电子印章制作法律文书。对案件当事人进行电子签名、电子指纹捺印的过程，公安机关应当同步录音录像。

第二百六十四条　执行本规定所需要的法律文书式样，由公安部制定。公安部没有制定式样，执法工作中需要的其他法律文书，省级公安机关可以制定式样。

第二百六十五条　本规定所称"以上"、"以下"、"内"皆包括本数或者本级。

第二百六十六条　本规定自 2013 年 1 月 1 日起施行，依照《中华人民共和国出境入境管理法》新设定的制度自 2013 年 7 月 1 日起施行。2006 年 8 月 24 日发布的《公安机关办理行政案件程序规定》同时废止。

公安部其他规章对办理行政案件程序有特别规定的，按照特别规定办理；没有特别规定的，按照本规定办理。

法律法规
新解读丛书

实用附录

治安管理处罚法
解读与应用

询问查证（传唤）

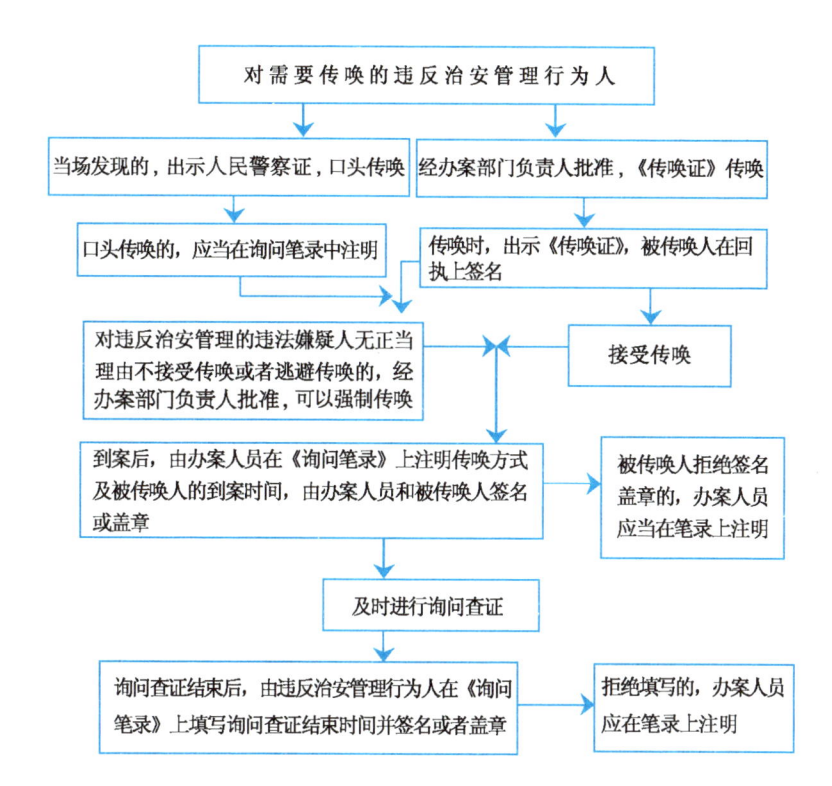

```
            ┌─────────────────────────────────┐
            │  对需要传唤的违反治安管理行为人  │
            └─────────────────────────────────┘
                │                       │
                ▼                       ▼
  ┌──────────────────────────┐  ┌──────────────────────────────┐
  │ 当场发现的，出示人民警察证，口头传唤 │  │ 经办案部门负责人批准，《传唤证》传唤 │
  └──────────────────────────┘  └──────────────────────────────┘
                │                       │
                ▼                       ▼
  ┌──────────────────────────┐  ┌──────────────────────────────┐
  │ 口头传唤的，应当在询问笔录中注明 │  │ 传唤时，出示《传唤证》，被传唤人在回执上签名 │
  └──────────────────────────┘  └──────────────────────────────┘
                │                       │
                ▼                       ▼
  ┌──────────────────────────────────┐     ┌──────────┐
  │ 对违反治安管理的违法嫌疑人无正当理由 │────▶│ 接受传唤 │
  │ 不接受传唤或者逃避传唤的，经办案部门 │     └──────────┘
  │ 负责人批准，可以强制传唤          │
  └──────────────────────────────────┘
                │
                ▼
  ┌──────────────────────────────────┐     ┌──────────────────────┐
  │ 到案后，由办案人员在《询问笔录》上注明传唤方式 │────▶│ 被传唤人拒绝签名盖章的， │
  │ 及被传唤人的到案时间，由办案人员和被传唤人签名 │     │ 办案人员应当在笔录上注明 │
  │ 或盖章                            │     └──────────────────────┘
  └──────────────────────────────────┘
                │
                ▼
  ┌──────────────────┐
  │ 及时进行询问查证  │
  └──────────────────┘
                │
                ▼
  ┌──────────────────────────────────┐     ┌──────────────────┐
  │ 询问查证结束后，由违反治安管理行为人在《询问 │────▶│ 拒绝填写的，办案人员 │
  │ 笔录》上填写询问查证结束时间并签名或者盖章  │     │ 应在笔录上注明    │
  └──────────────────────────────────┘     └──────────────────┘
```

询问违反治安管理行为人

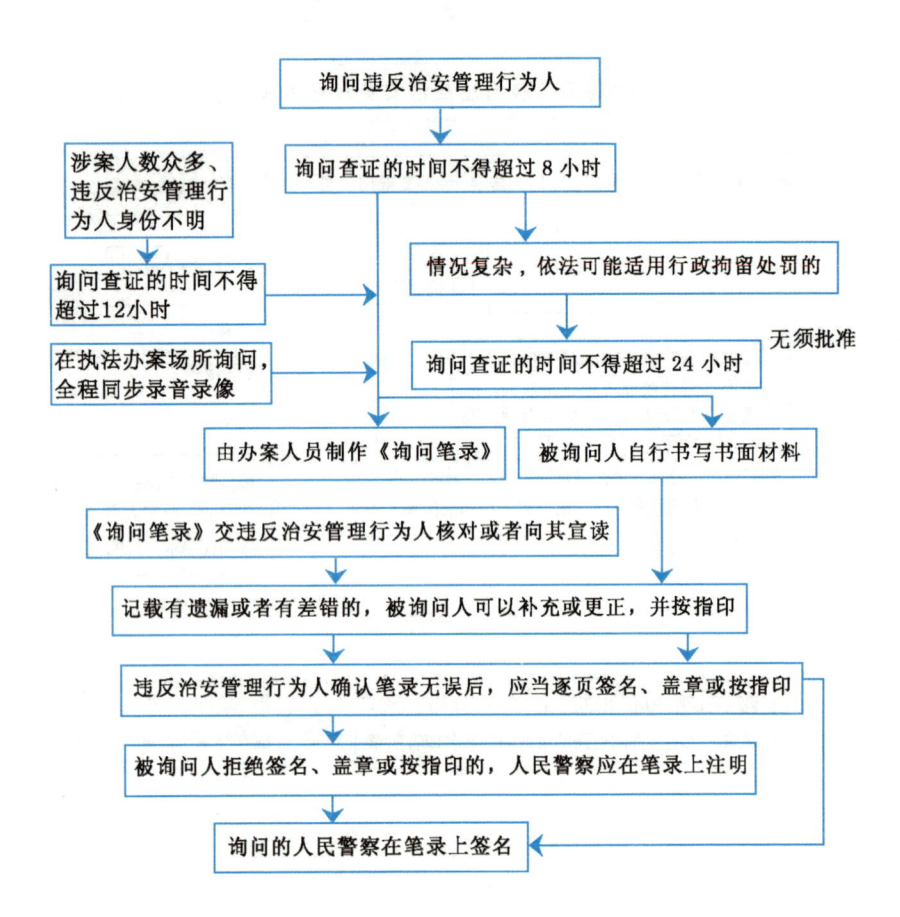

```
                    ┌──────────────────────────┐
                    │  询问违反治安管理行为人  │
                    └────────────┬─────────────┘
                                 │
┌──────────────┐    ┌────────────▼─────────────┐
│ 涉案人数众多、│    │ 询问查证的时间不得超过8小时│
│ 违反治安管理行│    └────────────┬─────────────┘
│ 为人身份不明  │                 │
└──────┬───────┘    ┌────────────▼─────────────┐
       │            │情况复杂，依法可能适用行政拘留处罚的│
┌──────▼───────┐    └────────────┬─────────────┘
│询问查证的时间不│                 │             无须批准
│得超过12小时   │    ┌────────────▼─────────────┐
└──────┬───────┘    │询问查证的时间不得超过24小时│
       │            └────────────┬─────────────┘
┌──────▼─────────┐               │
│在执法办案场所询问，│             │
│全程同步录音录像  │             │
└──────┬─────────┘               │
       │         ┌───────────────┴────────────┐
       │         ▼                            ▼
       │ ┌──────────────────┐        ┌──────────────────┐
       └─▶│由办案人员制作《询问笔录》│        │被询问人自行书写书面材料│
         └────────┬─────────┘        └────────┬─────────┘
                  │                           │
         ┌────────▼─────────────────────────┐ │
         │《询问笔录》交违反治安管理行为人核对或者向其宣读│◀┘
         └────────┬─────────────────────────┘
                  │
         ┌────────▼─────────────────────────┐
         │记载有遗漏或者有差错的，被询问人可以补充或更正，并按指印│
         └────────┬─────────────────────────┘
                  │
         ┌────────▼─────────────────────────┐
         │违反治安管理行为人确认笔录无误后，应当逐页签名、盖章或按指印│
         └────────┬─────────────────────────┘
                  │
         ┌────────▼─────────────────────────┐
         │被询问人拒绝签名、盖章或按指印的，人民警察应在笔录上注明│
         └────────┬─────────────────────────┘
                  │
         ┌────────▼─────────────────────────┐
         │询问的人民警察在笔录上签名│
         └──────────────────────────┘
```

听证的告知、申请和受理

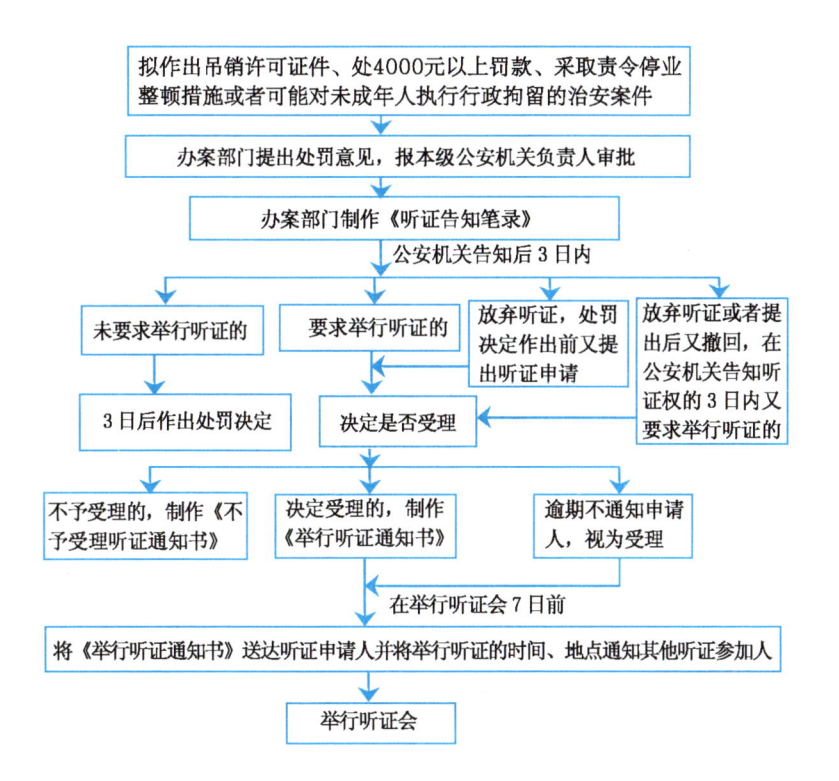

```
┌─────────────────────────────────────────────┐
│ 拟作出吊销许可证件、处4000元以上罚款、采取责令停业 │
│ 整顿措施或者可能对未成年人执行行政拘留的治安案件    │
└─────────────────────────────────────────────┘
                      ↓
┌─────────────────────────────────────────────┐
│   办案部门提出处罚意见,报本级公安机关负责人审批     │
└─────────────────────────────────────────────┘
                      ↓
┌─────────────────────────────────────────────┐
│           办案部门制作《听证告知笔录》              │
└─────────────────────────────────────────────┘
              公安机关告知后3日内

┌───────────┐  ┌───────────┐  ┌─────────────┐  ┌─────────────┐
│未要求举行听证的│  │要求举行听证的│  │放弃听证,处罚 │  │放弃听证或者提 │
└───────────┘  └───────────┘  │决定作出前又提│  │出后又撤回,在 │
      ↓              ↓        │出听证申请   │  │公安机关告知听 │
┌───────────┐  ┌───────────┐  └─────────────┘  │证权的3日内又 │
│3日后作出处罚决定│  │决定是否受理 │←──────────│要求举行听证的 │
└───────────┘  └───────────┘                 └─────────────┘
                      ↓
┌─────────────┐  ┌─────────────┐  ┌─────────────┐
│不予受理的,制作《不│  │决定受理的,制作│  │逾期不通知申请 │
│予受理听证通知书》│  │《举行听证通知书》│  │人,视为受理   │
└─────────────┘  └─────────────┘  └─────────────┘
                      ↓
              在举行听证会7日前
┌─────────────────────────────────────────────────┐
│将《举行听证通知书》送达听证申请人并将举行听证的时间、地点通知其他听证参加人│
└─────────────────────────────────────────────────┘
                      ↓
              ┌───────────┐
              │  举行听证会  │
              └───────────┘
```

听证的举行

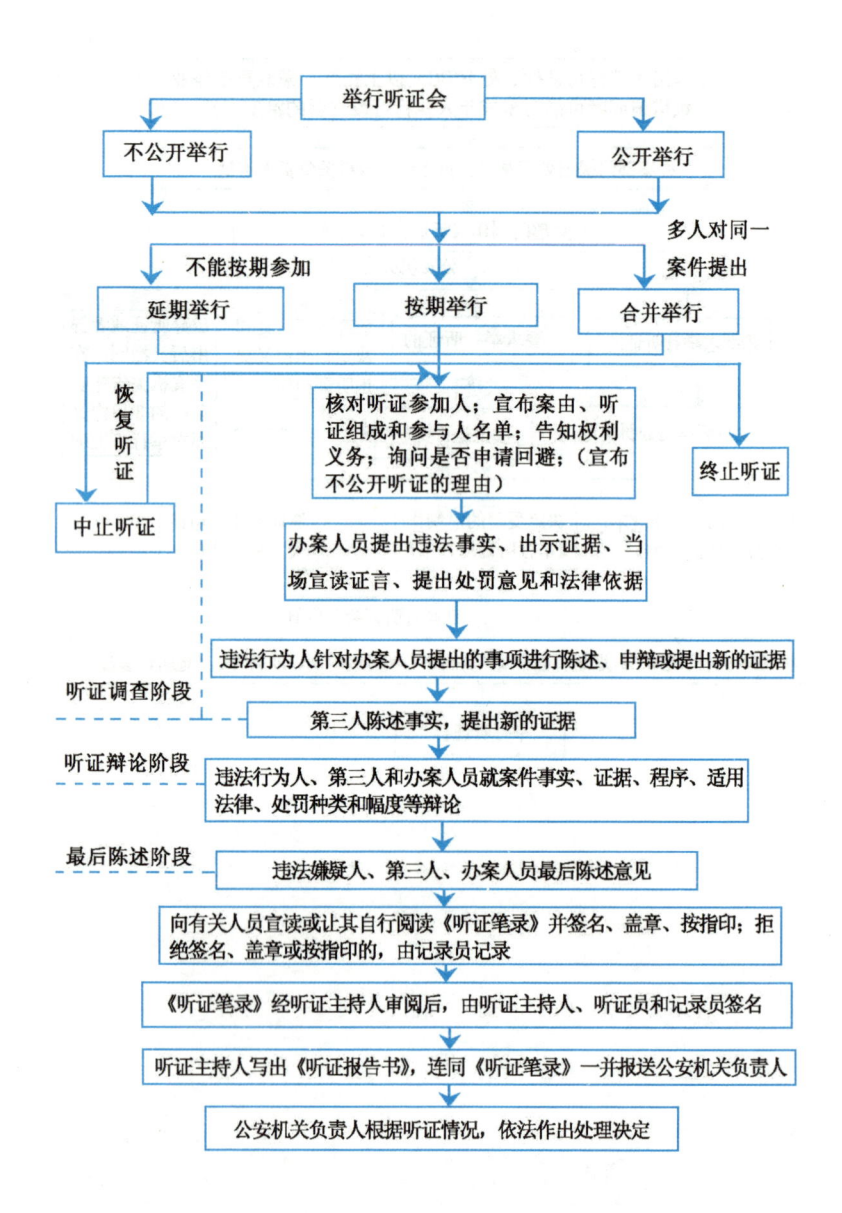

```
                         举行听证会
                              │
         ┌────────────────────┴────────────────────┐
         ▼                                         ▼
      不公开举行                                  公开举行
         │                                         │
         │                              多人对同一案件提出
         ▼                                         │
  ┌──────────────┬──────────────────────┐          │
  ▼              ▼                      ▼          ▼
不能按期参加   按期举行                            合并举行
  │              │                                 │
  ▼              │                                 ▼
延期举行         │                               终止听证
  │              │
  ▼              ▼
恢复听证    核对听证参加人；宣布案由、听证组成和参与人名单；
  │         告知权利义务；询问是否申请回避；（宣布不公开听证的理由）
  ▼              │
中止听证         ▼
            办案人员提出违法事实、出示证据、当场宣读证言、提出处罚意见和法律依据
                 │
                 ▼
            违法行为人针对办案人员提出的事项进行陈述、申辩或提出新的证据
  ─── 听证调查阶段 ───
                 ▼
            第三人陈述事实，提出新的证据
  ─── 听证辩论阶段 ───
                 ▼
            违法行为人、第三人和办案人员就案件事实、证据、程序、适用法律、处罚种类和幅度等辩论
  ─── 最后陈述阶段 ───
                 ▼
            违法嫌疑人、第三人、办案人员最后陈述意见
                 ▼
       向有关人员宣读或让其自行阅读《听证笔录》并签名、盖章、按指印；拒绝签名、盖章或按指印的，由记录员记录
                 ▼
       《听证笔录》经听证主持人审阅后，由听证主持人、听证员和记录员签名
                 ▼
       听证主持人写出《听证报告书》，连同《听证笔录》一并报送公安机关负责人
                 ▼
       公安机关负责人根据听证情况，依法作出处理决定
```

行政拘留

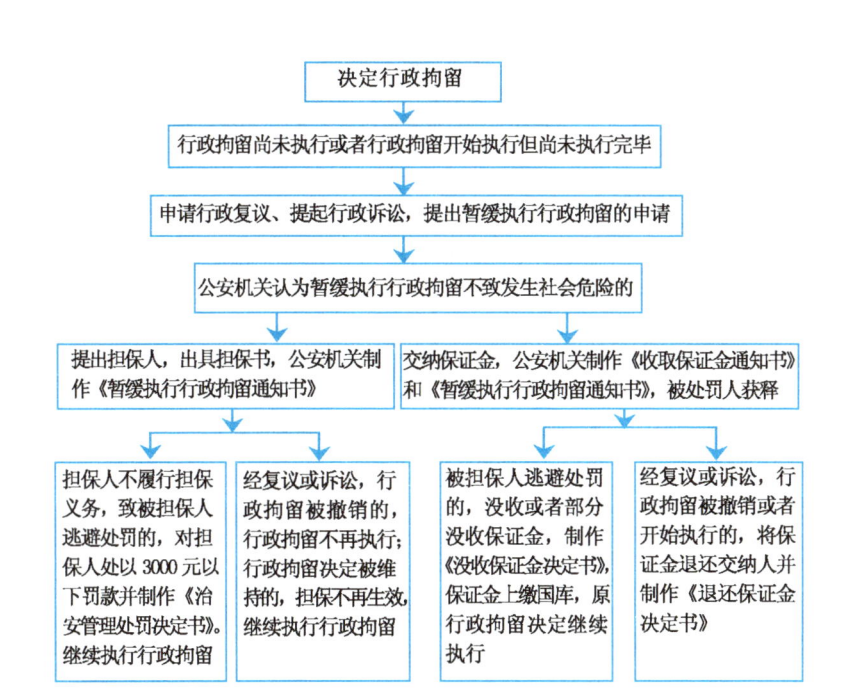

```
决定行政拘留
    ↓
行政拘留尚未执行或者行政拘留开始执行但尚未执行完毕
    ↓
申请行政复议、提起行政诉讼,提出暂缓执行行政拘留的申请
    ↓
公安机关认为暂缓执行行政拘留不致发生社会危险的
    ↓
```

提出担保人,出具担保书,公安机关制作《暂缓执行行政拘留通知书》		交纳保证金,公安机关制作《收取保证金通知书》和《暂缓执行行政拘留通知书》,被处罚人获释	
担保人不履行担保义务,致被担保人逃避处罚的,对担保人处以3000元以下罚款并制作《治安管理处罚决定书》。继续执行行政拘留	经复议或诉讼,行政拘留被撤销的,行政拘留不再执行;行政拘留决定被维持的,担保不再生效,继续执行行政拘留	被担保人逃避处罚的,没收或者部分没收保证金,制作《没收保证金决定书》,保证金上缴国库,原行政拘留决定继续执行	经复议或诉讼,行政拘留被撤销或者开始执行的,将保证金退还交纳人并制作《退还保证金决定书》

269

当场收缴罚款

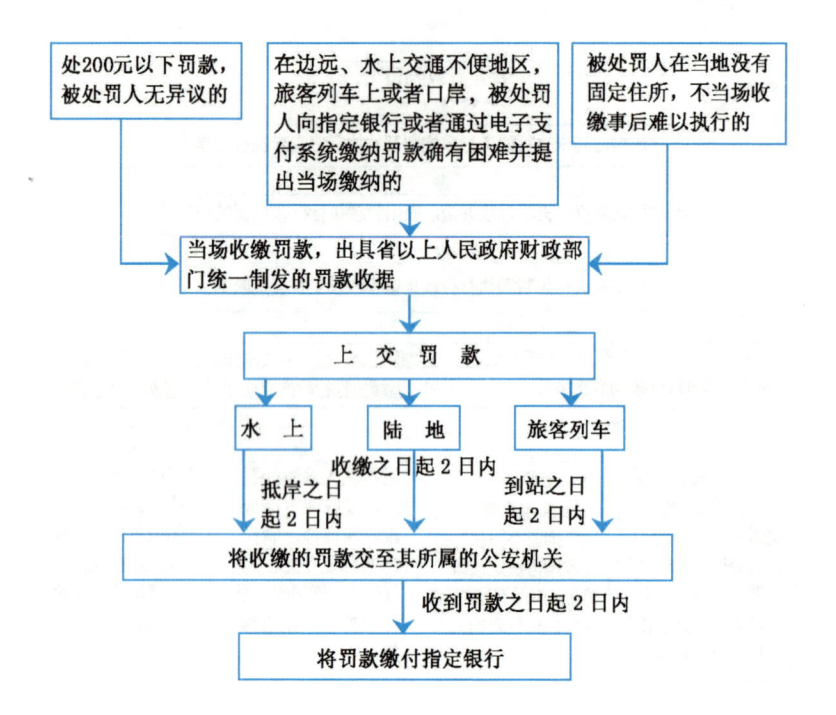

```
┌─────────────────┐  ┌─────────────────────┐  ┌─────────────────┐
│ 处200元以下罚款,│  │ 在边远、水上交通不便地区,│  │ 被处罚人在当地没有│
│ 被处罚人无异议的│  │ 旅客列车上或者口岸,被处罚│  │ 固定住所,不当场收│
│                 │  │ 人向指定银行或者通过电子支│  │ 缴事后难以执行的 │
│                 │  │ 付系统缴纳罚款确有困难并提│  │                 │
│                 │  │ 出当场缴纳的        │  │                 │
└────────┬────────┘  └──────────┬──────────┘  └────────┬────────┘
         │                      ▼                      │
         └──────────▶┌─────────────────────────┐◀──────┘
                    │ 当场收缴罚款,出具省以上人民政府财政部│
                    │ 门统一制发的罚款收据     │
                    └──────────┬──────────────┘
                               ▼
                        ┌─────────────┐
                        │  上 交 罚 款 │
                        └──┬────┬────┬┘
                           │    │    │
                    ┌──────┘    │    └──────┐
                    ▼           ▼           ▼
                 ┌─────┐    ┌─────┐    ┌────────┐
                 │水 上│    │陆 地│    │旅客列车│
                 └──┬──┘    └──┬──┘    └───┬────┘
              抵岸之日    收缴之日起2日内   到站之日
              起2日内                      起2日内
                    ▼           ▼           ▼
              ┌─────────────────────────────────┐
              │ 将收缴的罚款交至其所属的公安机关 │
              └──────────────┬──────────────────┘
                       收到罚款之日起2日内
                              ▼
                     ┌──────────────────┐
                     │ 将罚款缴付指定银行│
                     └──────────────────┘
```

重点法律术语速查表

法律术语	页码
按照国家规定需要由公安机关许可的行业	第 99 页
办案协作	第 139 页
保证金	第 174 页
报案	第 127 页
辨认	第 147 页
处罚适当原则	第 9 页
传唤	第 134 页
担保人	第 172 页
当场处罚	第 162 页
当场收缴罚款	第 169 页
吊销许可证件	第 99 页
罚缴分离	第 169 页
法律规定的国家考试	第 43 页
非法集会、游行、示威	第 100 页
分别处罚	第 32 页
分别决定	第 31 页
个人信息	第 131 页
个人隐私	第 131 页
公开原则	第 9 页
公正原则	第 9 页
共同违反治安管理	第 32 页
国家机关工作人员依法执行职务	第 92 页

续表

法律术语	页码
国家秘密	第 130 页
合并执行	第 31 页
回避	第 132 页
计算机信息系统	第 60 页
检查	第 142 页
检查笔录	第 143 页
鉴定	第 146 页
教唆、胁迫、诱骗	第 33 页
教育与处罚相结合原则	第 10 页
紧急状态	第 92 页
举报	第 127 页
聚众淫乱活动	第 115 页
控告	第 127 页
扣押	第 144 页
虐待被监护、看护的人	第 84 页
虐待家庭成员	第 84 页
赔偿责任	第 183 页
赔礼道歉	第 183 页
煽动、策划	第 100 页
商业秘密	第 131 页
社会团体	第 99 页
听证程序	第 158 页
违法行使职权	第 183 页
行政拘留的折抵	第 150 页
询问	第 136 页

续表

法律术语	页码
询问笔录	第 138 页
移送	第 127 页
遗弃	第 84 页
暂缓执行行政拘留	第 171 页
治安案件办理期限	第 160 页
治安管理处罚的决定机关	第 149 页
重证据不轻信口供	第 151 页
主动投案	第 127 页
组织播放淫秽音像	第 115 页
组织或者进行淫秽表演	第 115 页
尊重和保障人权原则	第 10 页
作弊器材	第 44 页

图书在版编目（CIP）数据

治安管理处罚法解读与应用 / 张润编著. -- 2 版. -- 北京：中国法治出版社，2025.7. --（法律法规新解读）. -- ISBN 978-7-5216-5433-2

Ⅰ. D922.145

中国国家版本馆 CIP 数据核字第 2025GS0398 号

责任编辑：潘环环　成知博　　　　　　　　　　封面设计：李　宁

治安管理处罚法解读与应用
ZHI'AN GUANLI CHUFAFA JIEDU YU YINGYONG

编著/张润
经销/新华书店
印刷/三河市国英印务有限公司
开本/880 毫米×1230 毫米　32 开　　　　　　印张/ 9.25　字数/ 199 千
版次/2025 年 7 月第 2 版　　　　　　　　　　2025 年 7 月第 1 次印刷

中国法治出版社出版
书号 ISBN 978-7-5216-5433-2　　　　　　　　定价：25.00 元

北京市西城区西便门西里甲 16 号西便门办公区
邮政编码：100053　　　　　　　　　　　　　传真：010-63141600
网址：http://www.zgfzs.com　　　　　　　　编辑部电话：010-63141813
市场营销部电话：010-63141612　　　　　　　印务部电话：010-63141606

（如有印装质量问题，请与本社印务部联系。）